21 世纪高等学校
经济管理类规划教材

高校系列

U0649534

ACCOUNTING INFORMATION SYSTEMS

会计信息系统
实践教程——用友 ERP-U8

✚ 龚中华 何平 编著

ECONOMICS AND MANAGEMENT

人民邮电出版社

北　京

图书在版编目（CIP）数据

会计信息系统实践教程：用友ERP-U8 / 龚中华，何
平编著. -- 北京：人民邮电出版社，2013.2（2015.7 重印）
21世纪高等学校经济管理类规划教材. 高校系列
ISBN 978-7-115-30879-5

Ⅰ. ①会… Ⅱ. ①龚… ②何… Ⅲ. ①会计－管理信
息系统－应用软件－高等学校－教材 Ⅳ. ①F232

中国版本图书馆CIP数据核字(2013)第022373号

内 容 提 要

本书以"用友 ERP-U8 系统"为蓝本，依据教育部颁发的教学大纲，结合企业实际业务，以"理论联系实际，实操提升能力"为写作思想，让读者轻松、快速和灵活地应用用友 ERP-U8 会计信息系统。

本书以实例操作步骤模式编写，突破了某些书籍以理论为主、实操性差的局限性。全书共分为 11 章，内容包括会计信息系统概述、账套管理、基础资料设置方法、总账系统、报表与财务分析系统、应收款应付款管理系统、固定资产管理系统、薪资管理系统、出纳管理系统、业务系统，每一章节后面配有实验题；附录为三份实操考试题，使读者提前熟悉企业实际业务场景，并同步检验读者独立操作会计信息系统的能力。本书配有教学资源包，提供学习素材，可以在人民邮电出版社教学服务与资源网（www.ptpedu.com.cn）免费下载。

本书可作为高等院校财经类专业相关课程的教材，也可作为会计人员岗位培训教材和相关财务工作者和经营管理人员的参考用书。

21 世纪高等学校经济管理类规划教材——高校系列

会计信息系统实践教程——用友 ERP-U8

◆ 编　　著　龚中华　何　平
　　责任编辑　武恩玉

◆ 人民邮电出版社出版发行　　北京市丰台区成寿寺路 11 号
　　邮编 100164　电子邮件 315@ptpress.com.cn
　　网址 http://www.ptpress.com.cn
　　北京隆昌伟业印刷有限公司印刷

◆ 开本：787×1092　1/16
　　印张：19.5　　　　　　　　　2013 年 2 月第 1 版
　　字数：471 千字　　　　　　　2015 年 7 月北京第 3 次印刷

ISBN 978-7-115-30879-5
定价：39.00 元
读者服务热线：(010) 81055256　印装质量热线：(010) 81055316
反盗版热线：(010) 81055315

前 言 Forward

"会计信息系统"是一门实操性强的学科,让学生轻松、快速和熟练地掌握会计信息系统,是本书编写的主要目的。

本书以"用友 ERP-U8 系统"为蓝本,依据教育部颁发的教学大纲,结合企业实际业务,以"理论联系实际,实操提升能力"为写作思想,让读者轻松、快速和灵活地应用用友 ERP-U8 会计信息系统。

本书详细讲述用友 ERP-U8 系统的安装、初始设置、日常单据处理和各种账簿报表查询方法,分章讲述用友 ERP-U8 系统基础知识、财务系统应用方法和业务系统使用方法。本书在编写上具有以下特点。

(1)系统功能强。本书所采用的"用友 ERP-U8 系统"功能强大,可以实现财务与业务一体化,包括财务系统、供应链系统、生产管理系统和人力资源系统等。该系统经过 10 年时间的开发,并被几十万用户验证。本书采用图文并茂的方式,让学习者轻松、快速地学会应用软件。

(2)实战性强。本书模拟"深圳和氏电子有限公司"的业务数据,详细讲述用友 ERP-U8 系统的安装、日常单据处理和各种报表查询等操作。通过实例练习,在校学生可以尽快理解企业部门组织结构和企业所涉及的业务单据内容,从而更好地学习会计信息系统;作为已踏入社会并参加工作的读者,通过实例练习,然后结合自身企业情况,可以融会贯通地学习会计信息系统,提高财务核算水平和管理水平。

(3)内容全面。全文讲述了会计信息系统基本知识、财务系统和业务系统应用。财务系统讲解有账务处理、报表与分析、固定资产、工资管理和出纳管理系统的应用。业务系统讲解有销售管理、采购管理、库存管理、应收应付和存货核算系统的应用。

(4)配有课后实验题。读者在每一章节根据书中步骤学习完以后,再自行实验,以检验其知识掌握的程度。

(5)配有实操考试题三份。笔者根据各企业可能采用的不同系统方式,通过实操考试题让读者提前熟悉企业的实际业务场景,并且同步检验读者独立操作会计信息系统的能力。

(6)自学性好。笔者在模拟实例数据讲解时,采用步骤清晰化讲解方式,即使用每一功能时,按照实际情况分成几个步骤,每一步骤尽量配以操作图片,使读者在实操时能快速掌握会计信息系统。

(7)适用面广。本书使用了大量实例数据,配合详细讲解,使本书可以作为财经类专业教材,也可以作为财务人员岗位培训教材和自学用书,同时可以作为会计信息系统管理员岗位的参考书籍。

在学习过程中,读者可以根据书中操作实例,先学习操作方法,以对软件有所认识,然后再详细理解其中的理论知识和具体功能应用。

本书采用用友 ERP-U8(V8.72)版本,并配有教学资源包,提供学习素材,读者可以在人民邮电出版社教学服务与资源网(www.ptpedu.com.cn)免费下载。

由于作者水平有限,书中难免存在不足,殷切希望读者批评指正,可发邮件至 book_better@sina.com。

编 者
2012 年 12 月

目 录 Content

第1章 | 会计信息系统概述

【学习重点】

通过本章学习，了解会计信息系统的产生、内涵、特点及其组成；认识到会计信息系统组织与规划的重要性及会计信息组织建立的途径，了解会计信息系统的发展历史，学习实施会计信息系统的基础。

1.1 会计信息系统的内涵

1.1.1 信息系统

信息系统是指通过计算机对输入的原始数据进行收集、存储、传输、分析等变换处理，并输出有用信息的计算机系统。

1. 信息系统的基本功能

信息系统的基本功能可归纳为以下几个方面：

（1）数据的收集和输入。数据的收集和输入功能是指将待处理的原始数据集中起来，转化为信息系统所需要的形式，输入系统中。在衡量一个信息系统的性能时，必须考虑以下内容，收集数据的手段是否完善，准确性和及时性如何，具有哪些校验功能，输入手段是否方便易用，数据收集和输入的制度是否严密等。

（2）信息的存储。数据进入信息系统后，经过加工或处理，得到了对操作用户有用的信息。信息系统负责把信息按照一定的方法存储、保管起来。

（3）信息的传输。为了让信息的使用者更方便地使用信息，信息系统能够迅速、准确地将信息传递到各个使用部门。

（4）信息加工。信息系统对进入系统的数据进行加工处理，包括查询、计算、排序、归并、汇总等。

（5）信息的输出。信息输出的目的是将信息系统处理的结果以各种形式提供给信息的使用者。

2. 信息系统的类型

随着通信和网络技术的不断发展，信息系统出现了各种分支，主要有以下类型：

（1）电子数据处理系统（Electronic Data Processing System, EDPS）。20 世纪 50 年代中期到 70 年代初期，由于当时计算机硬件、软件功能的限制，计算机主要用于单纯的数据处理，主要解决数据计算、检索问题，没有将管理模型与数据处理有机结合起来。因此，传统的 EDPS 是信息系统各分支中唯一较少涉及管理的系统，而是以计算机应用技术、通信技术和数据处理技术为主的系统，不进行任何预测、规划、调节和控制。如会计数据处理系统、状态报告系统等。EDPS是其他类型信息系统的基础，能够向其他类型的信息系统提供数据。

（2）管理信息系统（Management Information System，MIS）。20世纪70年代中期，随着数据库和网络技术的不断发展，现代管理信息系统逐渐成熟。它以EDPS为基础，充分利用EDPS的数据和大量定量化的科学管理方法来实现对生产经营和管理过程的预测、管理、调节、规划和控制。该系统主要采用管理决策模型和最优化技术，辅助管理者进行决策。MIS主要支持例行的高度结构化（可程序化的）管理决策问题。如会计管理信息系统、企业管理信息系统。

（3）决策支持系统（Decision Support System，DSS）。20世纪70年代后期，人工智能和数据库技术进一步发展，促进了MIS的进一步发展，为高层决策提供更多决策的决策支持系统应运而生。它是以MIS为基础，充分利用各数据、知识、人工智能和模块技术，辅助高级决策者解决复杂决策问题的人机交互系统。它改善和加强了MIS的"决策支持"能力，更加强调管理决策中的人工作用，支持面向决策者处理半结构化（不可完全程序化）的管理决策问题。DSS的研究方向是以不确定型的、多方案综合比较的、智能型的、充分考虑人（决策者）的因素以支持其决策的方法为主。如投资决策信息系统、生产决策信息系统。

（4）专家系统（Export System，ES）。专家系统是指根据某一领域的专家在长期实践中积累起来的经验和知识，特别是他们在处理该领域问题时所用的事实和决策准则，编成计算机程序，供决策人员使用，从而提高决策质量的系统。实质上专家系统属于人工智能的范畴，是一个具有很大发展潜力的新领域，如远程医疗系统、中医专家系统。

（5）办公自动化系统（Office Automation，OA）。20世纪80年代，随着计算机技术、网络技术和数据库技术等的迅速发展而产生了多功能综合信息系统，其目标是提高办公室工作人员的工作效率，如文字处理系统、电子邮件系统、网上会议系统等。OA的出现正在改变传统的机关事务型办公业务，改变人们的观念和劳动力就业比例结构，为未来信息化的社会提供一个高效、迅速甚至智能化的办公环境。

（6）国际电子商贸系统（International Electronic Business Processing System，IEBPS）。将数据处理技术运用于商业和贸易领域中的信息处理，最早起源于20世纪60年代。90年代随着区域（或全球）商贸一体化和Internet的出现，特别是EDI技术的兴起，国际电子商贸系统得到了快速发展。国际电子商贸系统是一个以电子数据处理、环球网络、数据交换和资金汇总技术为基础，集订货、发货、运输、报关、保险、商检和银行结算为一体的综合商贸信息处理系统。IEBPS的出现不但大大地简便了商贸业务的手续，加速了业务开展的全过程，而且规范了整个商贸业务的发生、发展和结算过程，如电子报税、网络商业系统等。

上述信息系统的划分只是一个粗略的分类，实际上，各分支既相互独立又相互渗透，同时，各分支本身随着科技的进步和发展不断丰富和完善，使其满足社会的需要。

1.1.2　会计信息系统

会计信息系统（Accounting Information System，AIS）是管理信息系统的一个子系统，是专门用于企事业单位处理会计业务，收集、存储、传输和加工各种会计数据，输出会计信息，并定期反馈给各有关部门，为企业的经营活动和决策提供帮助，为投资人、债权人、政府部门提供财务信息的系统。它运用本身特有的一套方法，从价值方面对企业、事业、团体的生产经营活动和经营成果，进行全面、连续、系统的定量描述。会计的各项活动都与信息有关，取得原始凭证是收集原始数据，填制记账凭证和记账是把会计数据转换成会计信息并进行信息的传递和存储，提供账簿和报表是会计信息的输出和使用。显然，会计活动的每个步骤都有信息处理任务，每一步都服从于一个统一的目标，所有步骤以及在各步骤中所采用的方法和程序加起来就形成了一个可以活动的有机整体，这个整体就是会计信息系统。

若从处理手段的角度来看，会计信息系统分为计算机会计信息处理系统（或称为电算化会计信息系统）和手工会计信息系统（或称为传统会计信息系统）。但随着手工会计信息系统的进一步减少，人们习惯将"计算机会计信息系统"简称为"会计信息系统"或"电算化会计"。电算化是我国经济领域对计算机处理经济事务通俗、笼统的称呼。"会计电算化"一词，是 1981 年中国会计学会在长春市召开的"财务、会计、成本应用电子计算机专题讨论会"上提出，它是指将电子计算机技术应用到会计业务处理工作中，用计算机来辅助会计核算和管理，通过会计软件指挥计算机替代手工完成或手工很难完成的会计工作。

1.1.3 会计信息系统的分类

按照会计信息系统所能提供的会计信息深度和服务层次划分，可以分为以下三种类型。

1. 会计核算系统

会计核算系统是会计信息系统的基础，也是其基本构成。不论会计信息系统在会计信息处理上有何种深度和广度，这一层次是必不可少的。其主要功能是处理传统财务信息，并向会计管理系统和会计决策支持系统提供来自企事业单位经济事项的最原始的会计核算数据。如总账核算、工资核算、材料核算、成本核算和固定资产核算等。

2. 会计管理系统

会计管理系统是会计决策支持系统的基础，是会计信息系统的中间层次。其主要作用是在核算处理的基础上根据会计决策支持系统的会计决策信息完成对资金、成本、销售收入和利润等方面的管理和控制，并将决策执行的结果反馈给会计决策系统，充分发挥出会计信息系统的监督、管理和控制职能，如资金管理子系统用于对资金的使用、周转、控制和分析。

3. 会计决策支持系统

会计决策支持系统是会计信息系统的最高层次。其主要理论依据是一些数字经济预决策模型。同时，它建立在前两个系统之上，其规模是具有弹性的。由于各组织的实际情况和管理水平差别很大，因此每个组织对会计决策支持系统的要求也有很大不同，但其基本功能是帮助会计问题的决策者进行科学的经营决策和预测工作。其基本内容包括长短期投资预测、风险预测与控制、利润预测、不同情况下的投入产出预测和决策等。

需要强调指出，会计核算系统、会计管理系统、会计决策支持系统不是截然分开的，而是有着密切联系的。

按照不同组织类型可以划分为以下几种系统。

1. 工业企业的会计信息系统

主要对供、产、销等过程进行核算、反映和控制。它一般分为总账、会计报表、工资管理、固定资产管理、材料管理、往来处理和销售管理等子系统。

2. 商业企业的会计信息系统

主要反映商品的采购、存放管理和销售业务。它一般分为总账、会计报表、工资、采购管理、库存管理和销售管理等子系统。

3. 行政事业单位的会计信息系统

主要核算国家财政的拨入款项，对各种费用支出进行监督和控制。它一般分为总账、会计报表、工资管理、预算管理和专项费用支出等子系统。

4. 科技贸易及服务类型组织的会计信息系统

主要核算所提供的劳务和归集的费用，同时对债权和债务进行分析和控制。它一般分为总账、应收款管理、应付款管理和工资管理等系统。

5. 金融机构的会计信息系统

可以核算、反映和监督银行本身的正常经营活动情况，而且核算、反映和监督各部门、各组织的资金活动情况。一般分为柜台业务系统、同城资金核算系统、电子联行系统、转账系统、国际资金结算系统、固定资产管理系统、会计报表和决策支持系统。

按照会计信息的开展范围和组织形式划分，可以划分为以下几种系统。

1. 单位会计信息系统

单位会计信息系统指一个法人单位或独立核算单位的会计部门开展的会计信息系统。此处单位包括各行各业的单位，它是行业会计信息化系统和地区会计信息化系统的基础。但是行业不同，其核算范围和深度也有所不同。

2. 行业会计信息系统

此种信息系统有两种含义：一是行业各单位的会计部门实现会计信息化；二是全行业的会计部门实现报表和报表汇总的会计信息化。行业会计信息系统的第一种含义有待于单位的会计信息化全部实现，所以各个行业的主管领导在开展会计信息化工作时，应把近期的工作着眼点放在此项工作上。实现行业内报表的收集和汇总相对简单一些，但也不可轻视。

3. 地区会计信息化

地区会计信息化也有两种含义：一是全地区所有单位的会计部门已全实现会计信息化；二是全地区的会计部门实现报表的收集和汇总会计信息化。

1.1.4 会计信息系统的特点

1. 提高了数据的准确性

由于计算机具有高精度、高准确性和逻辑判断的特点，使得数据的准确性有了明显的提高。例如，在审核记账凭证的过程中，如果一张凭证不满足"填制人与审核人不能为同一人"的原则，则计算机会立即给出错误提示，并不允许该凭证通过审核。记账过程完全由计算机自动、准确、快速地完成。显然，在会计信息系统中，减少了由于人为因素造成的错误，提高了会计信息的质量。

2. 提高了数据的处理速度

计算机具有调整处理数据的能力。会计信息系统利用计算机自动处理会计数据，数据处理速度大大提高，极大地提高了数据处理的效率，增强了系统的及时性。例如，如果需要查某张凭证，只要告诉计算机有关该凭证的数据（凭证号、审核人、日期等数据中的一个或多个数据的组合），计算机就会迅速从数万张凭证中找出该凭证，并显示在屏幕上。如果需要查看某本账，只需将科目代码和日期告诉计算机，计算机就会迅速将该账簿显示在屏幕上。如果需要任意期间的会计信息，只要告诉计算机日期，计算机便能及时、准确按年、季、月、日提供信息。会计信息系统从根本上改变了手工系统反应迟缓的弊病，同时使广大财会人员从繁杂的数据抄写和计算中解脱出来，大大减轻了财务人员的工作强度。

3. 提高了会计信息的系统性、全面性

计算机的运用，一是扩大了信息的存储量，在磁性介质上可以存放多年的数据；二是提高了信息的反映程度，由过去粗放型向精细型转变。在手工方式下，财务人员由于劳动强度较大，对会计信息的处理较粗糙，带来了会计信息的失真；而在计算机方式下，这种情况得到了有效地改变，极大地提高了会计信息的全面性、系统性，增强了信息处理的深度。

4. 提高了会计信息的共享性

Internet 的全面普及，计算机网络的建设、运作、管理和发展已成为一个国家经济发展的重要环节。Internet 作为日益扩大的世界最大网络，已连通了 150 多个国家和地区，而且 Internet 作为世界信息高速公路的基本框架，正成为连接未来信息化社会的桥梁。信息的使用者可从地球的任何一个地方，只需几秒钟即可以将信息传递到另一个地方，又可以从不同的地方获取所需的信息。网络会计信息系统的发展实现了企业内部、企业与企业之间、海内外数据共享和信息的快速传递，极大地提高了信息的使用效率和共享速度，加快了信息的披露，更好地为管理者、投资人、债权人、政府部门提供信息。

1.1.5 会计信息系统的组成

会计信息系统从物理组成来看，是由计算机硬件、计算机软件、数据、会计规范、人员组成的；从职能结构来看，是由若干个职能子系统组成的。

1. 会计信息系统的物理组成

（1）计算机硬件。计算机硬件是指进行会计数据输入、处理、存储及输出的各种电子设备。输入设备有键盘、光电扫描仪、条形码扫描仪等；处理设备有计算主机；存储设备有硬盘、光盘和 U 盘等；输出设备有显示器和打印机等；通信设备有传输介质、路由器等。硬件设备不同的结构及组合方式决定了会计信息系统的不同工作方式。目前，常见的有单用户结构、多用户结构、局域网结构和广域网结构四种类型。

（2）计算机软件。计算机软件包括系统软件和应用软件。系统软件主要是指中文操作系统、数据库管理系统等，一般在购买硬件设备时由计算机厂商提供或购买。应用软件主要指会计软件，是会计信息系统的一个重要组成部分。有关会计软件的一些文档资料也包括在会计软件之内，会计软件可由使用单位组织开发设计或购买商品化会计软件。

（3）数据。会计信息系统的数据包括输入的原始数据，如原始凭证；处理后的中间结果数据，如明细账、总账、多栏账等；还有系统处理结果向组织内部和外部有关部门人员提供的会计数据，如会计报表等。由操作人员把发生的会计数据输入计算机内，计算机进行处理后，再输出相应的各种数据。由于会计信息涉及面广、量大，必须有专门的数据库系统集中处理这些数据，而且其结构也是十分复杂和庞大的。

（4）会计规范。会计规范是指保证会计信息系统正常运作的各种制度和控制程度，如硬件管理制度、数据管理制度、会计人员岗位责任制度、内部控制制度、会计制度、会计准则等。

（5）人员。人员一般是指从事系统的规划、开发、维护和使用的人员，有系统管理员、系统分析员、系统维护员和会计档案保管员等。人员也是会计信息系统中的一个重要因素，如果没有一支高水平、高素质的会计人员队伍和系统管理员队伍，硬件、软件再好，系统也难以稳定、正常的运作。

2．会计信息系统的职能结构

会计信息系统从其系统职能结构来看，可分为会计核算职能和会计管理职能。会计核算职能目前较为成熟，以工业企业会计信息系统为例来介绍其构成。

（1）会计核算职能。

① 总账系统，用于日常账务处理，从记账凭证的录入开始，完成凭证的复核、记账、结账等业务处理，并对凭证、总账、明细账、日记账、科目汇总表和多栏账等账表进行查询，提供各种形式的查询打印功能。总账系统是整个会计信息系统的核心。各业务系统如工资核算、材料核算等生成的凭证需要转入总账系统进行登账，同时，总账、明细账等会计信息也是会计报表系统的基础。

② 会计报表系统，根据总账系统有关账簿、凭证的数据，自动生成会计报表，包括资产负债表、利润表和现金流量表等。根据企业管理的要求，也可以设计相应的内部报表，自动从账务处理系统或其他业务系统提取数据，进行会计信息的分析。

③ 应收款、应付款系统，专门负责企业的应收款和应付款管理，从发票的登记，收款和付款的录入，进行往来数据的核销，随时查询、分析往来数据的汇总报表和明细表，即时了解往来单位的余额等情况，并可进行账龄分析等查询。

④ 固定资产系统，用于管理固定资产卡片信息，根据原始固定资产卡片信息自动登记固定资产明细账，每月根据折旧方法计提折旧凭证传递到账务处理系统，可以随时出具固定资产卡信息和折旧分配表等账表。

⑤ 工资管理系统，用于处理职工工资核算，以及考勤记录、扣款、扣税等基础数据，自动计算职工应发工资和实发工资等，完成工资的汇总、分配和福利费的提取等工作，编制输出工资条和分析报表等，自动生成与工资核算有关的凭证并传递到账务处理系统。

⑥ 销售系统，负责针对客户的产成品销售业务，进行销售发货单的处理，销售发票的登记，销售费用、税金的处理，可以查询销售收款、欠款和利润等情况，并将有关系统凭证传递到总账系统。

⑦ 采购系统，负责采购原材料的采购业务处理，进行采购收货的处理，采购发票的登记，采购费用和税金的处理，可以查询采购付款、欠款和成本降低等情况，并将有关系统凭证传递到总账系统。

⑧ 库存系统，主要负责材料的收、发、存储和使用的核算工作。通过录入材料入库凭证、发料凭证以及委托加工凭证，自动登记库存台账、进出库流水账和收发存汇总表等。

（2）会计管理职能。

① 投资决策系统，根据不同的决策方法对组织的投资方案进行测算、对比和分析，从中选择最优的方案。

② 销售预测分析系统，根据预测的对象、目的、时间及精确程度等不同的预测方法对事物的未来销售做出预测和分析。

③ 全面预算系统，根据不同的管理理念采用不同的预算编制方法。在销售预测的基础上，对组织未来特定时期生产经营活动所做的数量说明。

④ 成本控制系统，根据不同的成本控制目的采用不同的成本控制方法对产品进行事前、事中、事后控制，分析实际成本与标准成本的差异，找出成本升降的原因，为成本决策提供依据。

⑤ 存货控制系统，根据不同的存货控制方法分析构成存货成本的各个项目，得出最适当的存货存储数量，使库存存货的成本总额最小化。

1.1.6 会计信息系统的意义

会计信息系统是传统会计信息处理技术的重大变革，对提高会计工作在管理工作中的地位，实现会计工作现代化，促进微观管理和宏观管理的现代化有着十分重要的意义。

1. 会计信息系统促进了会计工作的现代化

会计信息系统要求会计凭证规格化、标准化，账簿体系也要重新规划与设计，这为会计改革以及有效使用现代管理理论和方法提供了条件。同时，传统的内部控制制度很多都与会计信息系统不相适应，应当建立权限控制、硬件控制、运行控制、保密控制等新的内部控制制度。

2. 会计信息系统减轻了财务人员的劳动强度，并提高了工作效率

实现会计信息系统后，只要将原始数据输入计算机，大量的数据计算、分类、归集、汇总和分析工作全部由计算机完成。这将使会计人员从繁重的登账、算账和报账中解脱出来，减轻了劳动强度。同时，由于计算机处理速度每秒达百万次，是手工处理速度的无数倍，从而使大量的会计信息得到及时、迅速的处理，提高了工作效率。例如，当手工编制资产负债表和损益表时，少则几天，多则十几天才能完成，但使用会计信息系统后，少则几秒，多则几分钟就可以全部自动生成相应的报表。

3. 会计信息系统提高了会计工作质量

实现会计信息系统后，规范统一的输入/输出格式，简洁、清晰、友好地输入/输出数据的多重校验，极大地提高了会计工作的质量。当出现凭证借贷不平、科目缺少等情况时，计算机不允许保存，以保证数据质量。

4. 会计信息系统促进了会计工作职能的转变，使财务人员有时间和精力参与经营决策

手工处理模式下，财务人员整天忙于登账、算账、报账，很难有时间和精力对会计信息进行分析、控制或参与经营决策；同时，由于手工处理方式的客观限制，会计信息难以得到全面、详细、及时、准确的处理，使分析、预测缺少科学的依据。实现会计信息系统后，不仅可以将财务人员从繁重的事务中解放出来，将主要精力用于经济活动的分析、预测，同时也提供了更全面、更科学的决策依

据，可以更加充分地发挥会计的预测和决策作用。

5. 会计信息系统不仅实现了会计信息的共享，而且及时地为利益相关者提供了所需的会计信息

随着Internet的出现、运用和普及，为会计信息的远程传递、及时传递提供了可能，使利益相关者在世界任一角落都能及时了解某组织在某一时期的会计信息。

6. 会计信息系统对财务人员提出了更高的要求

会计信息系统的实现，促进了会计队伍素质的提高。一方面会计信息处理方式的改变，要求财务人员学习和掌握更新的知识；另一方面会计职能的转变，需要财务人员更多地参与经济活动的分析和预测，探索经济活动的规律。

7. 会计信息系统加快信息流速，促进了组织管理全面现代化

实现会计信息系统后，会计信息可以得到及时、准确的处理，加快了信息流速，有助于管理者及时做出决策。同时，实现会计信息系统后，大量的信息可以得到共享，促进和带动其他业务部门、管理部门的计算机应用，促进整个管理现代化。事实证明，只有先实现会计信息系统，才能比较顺利地实现其他系统和管理信息系统的现代化。

1.2 会计信息系统的发展历程

会计信息系统在短短的20多年中，从刚起步的会计核算发展到现在的ERP系统，并逐步派生出适合网络时代发展的新功能。

从会计信息系统的软件结构和功能划分，可分为核算型会计软件阶段、管理型会计软件阶段、业务一体化阶段和ERP阶段。

从会计信息系统的软件开发及商品化过程划分，可分为理论研究与定点开发阶段，商品化会计核算软件开发阶段，商品化会计软件不断成熟阶段和管理财务一体化（ERP）阶段。

1.2.1 理论研究与定点开发阶段

在20世纪70年代后期，随着计算机技术在我国的发展与应用，部分单位开始考虑将计算机应用于企业管理工作中。这种将计算机应用于企业管理工作中的尝试，首先起始于易于解决的会计核算工作和工资发放管理工作。在这种背景下，部分高校和研究所的一批学者开始了对会计电算化的研究，框架性提出了会计信息系统的结构与主要功能。在进行会计电算化教学和研究的同时，部分单位开始了会计信息系统的定点开发工作。

这一时期的定点开发工作进行得非常艰难，由于应用单位并不完全了解计算机技术，不懂得计算机管理与手工处理的差异是什么，不能系统、全面地描述自己的业务需求，更不能站在系统的高度提出较高的设想，只能阐述手工记账、算账与形成报表的过程。而软件开发人员对会计业务不熟悉，对计算机技术与会计业务处理的结合尚不能达到整合贯通，因此形成了系统开发人员与使用者之间在相互表达和理解上的差异，这种差异最终会影响到软件的质量，开发的软件只能依靠个人的理解，仅限于模拟手工业务处理过程。

可以说早期的开发工作处于非常盲目的状态，尽管后来随着定点开发工作的深入，开发工作的盲目性逐渐减少，会计信息系统开发的规律也逐渐被人们掌握，定点开发的成功率在一定程度上也有所提高，但总体来说，早期会计信息系统定点开发工作的成功率还是处于一个非常低的水平。

会计信息系统的定点开发工作大多是在 DOS 操作系统下的 dBASE Ⅲ 等小数据库上进行的，开发出的软件功能也比较简单，主要集中在账务处理、报表、工资核算等功能模块上。由于早期的会计信息系统开发主要是企业请大专院校、科研院所进行合作开发，研究与探索过程是必然要付出一定代价的。一些软件开发出来之后，一是由于服务跟不上，造成一些软件没有发挥应有的作用；二是因为企业没有自己的管理维护人员，企业的业务稍有变化，就会影响软件的运行，甚至整个系统废弃。

1.2.2 第一批商品化会计软件开发时期

1. 第一批商品化会计软件的产生背景

为了克服专用财务软件重复开发会导致资源浪费这一缺陷，业界提出了开发和使用通用化和商品化财务软件的要求，并为此于 1988 年 8 月在吉林市召开了财务管理信息化专业讨论会，也称为第一届会计电算化学术讨论会，其主题是会计核算软件的通用化问题。该讨论会还提出了设计开发此类软件的几项措施。

（1）第一批商品化会计软件的开发措施具体如下。

① 确定通用化财务软件的适用范围。因为不可能设计开发出适用于所有企事业单位的通用化财务软件，而且若适用范围过大，则设计开发难度极大；反之，适用范围过小则缺乏实用及推广价值。所以一般应按工业、商业、外贸、金融、保险、机关、学校、科研等单位的特点，分别开发适用于各行业不同特点的通用财务软件。

② 找出各行业应用单位的共同点，设计出通用功能模块。由于国家会计制度上的统一性，以及同一行业机构设置、业务处理等内容和计算机财务数据处理技术上的相似性，同一类企事业单位财务数据处理中有许多相同或相似之处。针对一些具体的账务处理、财务报表编制方法等，可以设计出通用化功能模块。不同单位之间的财务管理虽然有很多不同点，但这些功能模块还是可以通用的。

③ 同一类型企事业单位的业务处理还有一些完全不同的部分。工业企业由于生产组织，技术流程的不同，成本计算和管理也不完全相同。这时可以根据各单位的不同特点，在采用结构化、模块化设计原则的前提下，开发和设计适用于本单位的选用功能模块，并将适用于本单位特点的选用功能模块和通用功能模块组装起来使用。

④ 设计通用化财务软件时，不要做得太"死"。有些内容可以留待用户根据本单位的需求选用后，由用户自己来定义，而且要尽量扩大自定义内容。

⑤ 如上述几项措施仍不能满足用户特殊需求，必要时可以做二次开发。但作为通用化软件，二次开发不宜过多，一般限制在编程总量的 10% 左右，最多不能超过 20%。

（2）第一批商品化会计软件产生的环境具体如下。

① 计划经济体制向市场经济体制过渡时期。企业管理主要注重按照一定的生产计划进行生产管理，财务只是作为记账或会计核算部门，在企业管理中发挥的作用很小，在这种体制下开发出的会计软件，其开发和应用必然只注重会计核算。

② 核算型会计软件开发仍然处在探索阶段。软件开发一般从账务处理功能开始，然后逐步扩大系统的边界和范围，扩展系统功能，软件开发缺乏总体设计环节。不断推出的外围专项业务处理系统与账务处理系统之间不存在真正的结构关联性，众多模块不能构成一个系统整体。

③ 软件设计以用户描述为准则。在会计人员与计算机开发人员结合的过程中，会计人员总是强调对手工会计业务处理过程的模拟而不考虑计算机信息处理的特点，计算机软件开发人员在不精通会计业务的情况下只能根据会计人员对业务的描述进行模拟，所以发挥的就是机械地追求在计算机屏幕上模仿手工凭证与印刷账簿的逼真性。

④ 模块功能局限于业务部门。由于核算型会计软件开发主要是模拟手工业务处理流程，而在手工业务处理过程中，财务部门与材料、销售等部门业务相对独立，资金与实物管理相分离。

2．第一批商品化会计软件的特点和局限性

（1）第一批商品化会计软件的特点。

这期间开发出的商品化会计软件主要是以计算机替代手工会计核算和减轻会计人员的记账工作量为目的，一般人称之为"核算型"会计软件，其主要功能包装账务处理、报表生成、工资核算、固定资产核算、材料核算、销售核算和库存核算。各模块可以独立运行，模块之间在结构关联上是松散的，不能称为一个系统整体，未能解决数据重复录入和数据一致性控制等问题，其功能结构如图1-1所示。

图1-1

（2）第一批商品化会计软件的局限性。

① 在工资系统中录入的工资数据不能自动生成工资费用分配凭证以及其他工资核算凭证，只能从工资系统中打印输出工资汇总表、工资费用分配表等信息，再到账务处理系统中手工制作工资核算凭证。

② 固定资产变动时，不能在进行固定资产卡片信息维护的同时，自动生成固定资产核算凭证，而必须由会计人员到账务处理系统中依据相关原始票据手工制作凭证。

③ 材料采购必须在材料系统录入采购单和入库单以便进行材料数量、单价和金额的管理，而材料核算则只能由会计人员在账务处理系统中依据相同的原始单据的制作核算凭证。

1.2.3 商品化会计软件不断成熟时期

财政部提出的会计核算软件功能规范和财政部门对会计核算软件进行的规范化评审，对提高会计核算软件质量和促进商品化发展起到了积极作用。在 20 世纪 90 年代，用友、金蝶、浪潮等公司得到迅速发展。该阶段的软件与前一阶段相比，其优势体现在以下几方面。

1. 开发过程规范化

在开发过程中，以系统总体设计为指导，实现了会计信息系统各模块数据关联的融合化与集成化。

2. 功能结构的变化

在 20 世纪 90 年代中期先后推出的商品化会计核算软件从一开始就进行规范化总体设计，力求克服第一批商品化会计核算软件结构上的缺陷，并在功能上做了较大的调整，主要功能包括：账务处理、资金管理、报表、工资核算、固定资产核算、采购与应付账款核算、销售与应收账款核算和存货核算等。

（1）实现数据的一次录入与共享使用的机制。

① 由工资模块进行工资计算并自动生成工资费用分配以及其他工资核算凭证进入账务处理模块。

② 由固定资产模块录入固定资产变动原始资料，以便对固定资产进行管理，与此同时自动生成固定资产变动核算凭证进入账务处理系统，此外，在自动计算每月固定资产折旧额的同时，也能自动生成折旧核算凭证进入账务处理系统。

③ 在采购模块录入采购原始单据对采购业务、应付账款及其核销进行管理的同时，自动生成采购核算凭证进入账务处理系统。

④ 在销售模块录入销售原始单据对销售业务、应收账款及其核销进行管理的同时，自动生成销售核算凭证进入账务处理系统，同时自动结转销售成本。

⑤ 采购和销售模块的信息变动自动改变原材料和产成品库存信息，在实现对库存数量、警戒线等管理的同时，自动按照预先设置的库存成本计价方法进行库存核算。

（2）加强凭证往来管理功能。明细划分为应收账款管理和应付账款管理，并成为相对独立的功能模块，加强了对客户与供应商信息，信誉和应收账款与应付账款余额的管理，强化了对应收账款、应付账款等流动货币资金的管理功能，体现了企业强化对流动资金管理的意识，也满足了企业为适应新时期社会主义市场经济发展的需要。

（3）将材料管理模块划分为采购和库存管理两个模块。采购与应付账款管理模块相结合，以便于企业对订单、供应商、采购价格、应付账款及其核销的管理，并为企业制定科学的资金支付策略提供支持。此外，库存管理模块的功能不仅注重对生产过程原材料使用的管理，而且增强了对在产品的库存管理。

从商品化会计核算软件的功能结构和特点，不难看出该阶段的软件在逐步向核算管理型转变，凸显了数据共享机制和往来管理，并将应收账款管理和应付账款管理从总账系统独立出来，实现与相关的销售、采购业务管理系统协同运作。

3. 商品化会计核算软件运行环境的变化

为了满足不同应用规模的单位要求，会计核算软件开发商逐渐将软件分为大、中、小三个层次来进行开发，核算软件更具有针对性。商品化会计核算软件基本上具备了网络功能，网络结构体系主要有 F/S（文件/服务器）和 C/S（客户/服务器）两种。部分会计核算软件使用了服务器数据库，如 Sybase、Oracle、Informix、SQLServer、Db2 和 Access 等，提高了数据的安全性。网络操作系统除了 NetWare 之外，还有 Windows NT 和 UNIX 等。

1.2.4 财务业务一体化软件

随着市场经济体制改革的不断深入，越来越多的中国企业迈进了市场，走向了规模，企业管理的自主性和自主权越来越高，单纯记账与核算已经无法满足企业管理决策的需求，Novell 局域网的应用配合着财务管理和决策设计理念的软件产品，丰富着财务（管理）软件的阵营。

Windows 平台的问世带来了技术上的革命，财务软件模块从分离走向整合，集成管理思想的技术实现成为可能，从而掀起了中国财务管理软件第二次革命的浪潮。在 1997 年年末，一股 ERP 风潮迅速在中国财务软件市场中蔓延开来。当时的所谓 ERP 软件仅仅是 ERP 的部分模块，就是我们现在所说的一体化企业管理软件。

1. 财务业务管理一体化软件产生的背景

（1）信息技术的发展。计算机技术、网络技术、分布式数据库等技术的飞速发展，ODBC 开放式接口技术以及强大的开发工具，为管理一体化软件提供了技术支撑。

（2）全球经济一体化进程在飞速加快。中国企业参与世界市场的竞争逐步推进，这就要求企业尽快在内部管理和财务制度方面与国际接轨，实现管理的现代化。

（3）企业经营转型。企业由过去的计划管理转身经营决策型，企业需要将经营方面情况和多方面情况相联系，形成以财务核算数据为基础的全面动态分析和判断企业的经营成效和财务状况的理论体系和理论方法。

（4）国外厂商拉动。到 1995 年以后，外国财务软件和 ERP 软件厂商开始进入我国。当时认识我国是财务软件巨大市场的外国企业管理软件公司还不多，多数财务软件都是由其在国外的用户"移植"到我国的，并通过外资企业或合资企业逐步向我国渗透。

2. 一体化管理软件的目标

实现企业资金流与物流的一体化管理，从企业经营管理的角度进行设计，实现购销存业务管理、会计核算和财务管理的一体化，提供经营决策的预测、控制和分析手段，能有效控制成本和经营风险，帮助企业提高竞争力。这种建立在一体化基础之上的会计信息系统能够跨部门应用，使信息资源充分共享，企业管理中各部门都能够第一时间得到其最需要的相关信息，从而以最快速度做出经营决策，实现企业资金流、物流、信息流的一体化管理目标。

3. 一体化管理软件的功能与特点

（1）软件开发平台与开发技术大型企业管理软件主要采用 32 位的开发工具，运行在 Windows

95 以上的平台上，数据库将不再使用桌面数据库，而多数使用服务器数据库。网络体系结构主要采用三层（数据库服务器／应用服务器或事务处理服务器／客户）或多层结构，以克服传统的 C/S 结构易于出现的网络瓶颈现象。此外，在企业管理软件系统中，还采用浏览与 Web 服务器技术（B/S 结构），以实现软件系统数据的标准化、跨地区和跨平台运行，同时已经开始考虑电子商务（E-Business）在软件功能中的应用。

（2）有效控制工业生产成本。在成本数据归集方面，设计了与相关子系统的数据接口，可实现动态成本核算。在成本计划方面，可以编制全面的成本计划，并可用成本计划控制实际发生的成本，实现动态成本控制。

（3）有效控制企业财务运营风险。信用控制机制由信用等级、信用发生控制及信用分析等一系列流程组成。付款控制机制由预付款信用控制、付款节奏控制、应付款分析等一系列流程组成。库存资金占用控制机制由存货控制、库存资金占用规划及库存资金占用分析等业务流程来保障实现。

（4）提供企业级的分析决策信息。提供了完善的现金流量表解决方案。提供了全面而深入的企业财务分析手段，通过财务分析模块来完成这种具体要求。提供完整而及时的企业决策支持手段，通过可与财务核算及业务管理各模块连接的决策支持模块来完成。

1.3

MRP Ⅱ /ERP 与会计信息系统之间的关系

1.3.1 ERP 与 MRP Ⅱ 的区别

ERP 与 MRP Ⅱ 主要在以下方面存在差别：

（1）财务系统的核心位置差别。在 MRP Ⅱ 中，财务系统只是一个信息的归结者，它的功能是将供、产、销中的数量信息转变为价值信息，是物流的价值反映。而 ERP 系统则将财务计划和价值控制功能集成到了整个供应链上。

（2）在资源管理范围方面的差别。MRP Ⅱ 主要侧重对企业内部人、财、物等资源的管理，ERP 系统在 MRP Ⅱ 的基础上扩展了管理范围，它把客户需求和企业内部的制造活动，以及供应商的制造资源整合在一起，形成一个完整供应链，并对供应链上的所有环节如订单、采购、库存、计划、生产制造、质量控制、运输、分销、服务与维护、财务、人事、项目等进行有效管理。

（3）在生产方式管理方面的差别。MRP Ⅱ 系统把企业归类为几种典型的生产方式进行管理，如重复制造、批量生产、按订单生产、按订单装配、按库存生产等，对每一种类型都有一套管理标准。而在 20 世纪 80 年代末 90 年代初期，为了紧跟市场的变化，多品种、小批量生产以及看板式生产等则是企业主要采用的生产方式，由单一的生产方式向混合型生产发展，ERP 能很好地支持和管理混合型制造环境，满足企业的这种多元化经营需求。

（4）在管理功能方面的差别。ERP 除具有 MRP Ⅱ 系统的制造、分销、财务管理功能外，还增加了支持整个供应链上物料流通体系中供、产、需各个环节之间的运输管理和仓库管理，支持生产保障体系的质量管理设备维修和备品备件管理，支持对工作流（业务处理流程）的管理。

（5）在事务处理控制方面的差别。MRP Ⅱ是通过计划的及时滚动来控制整个生产过程，它的实时性较差，一般只能实现事中控制。而ERP系统支持在线分析处理（on line analytical processing，OLAP）、售后服务即质量反馈，强调企业的事前控制能力，它可以将设计、制造、销售、运输等通过集成来并行地进行各种相关的作业，为企业提供对质量、适应变化、客户满意、绩效等关键问题的实时分析能力。

（6）在跨国（或地区）经营事务处理方面的差别。现在企业的发展，使得企业内部各个组织单元之间、企业与外部的业务单元之间的协调变得越来越多并越来越重要，ERP系统应用完整的组织架构，从而可以支持跨国经营的多国家地区、多工厂、多语种、多币制应用需求。

（7）在计算机信息处理技术方面的差别。随着IT技术的飞速发展，网络通信技术的应用，使ERP系统得以实现对整个供应链信息进行集成管理。主流ERP系统采用浏览器/服务器（B/S）体系结构，部分ERP产品采用客户/服务器（C/S）体系结构和分布式数据处理技术，支持Internet/Intranet/Extranet、电子商务（E-business、E-commerce）、电子数据交换（EDI）。此外，ERP还能实现在不同平台上的互操作。

1.3.2　财务会计模块在ERP的演进

计算机技术特别是数据库技术的发展为企业建立管理信息系统，甚至对改变管理思想起着不可估量的作用，管理思想的发展与信息技术的发展是互成因果的环路，而实践证明，信息技术已在企业的管理层面扮演越来越重要的角色。

正如美国APICS的ERP定义一样，财务会计一直是ERP的核心及导向，国内的老牌ERP厂商，比如用友、金蝶、新中大等，就是沿着这样一条轨迹清晰的路走向成功的。

实际上，无论在传统的MRP Ⅱ还是在ERP中，财务管理始终是核心的模块，会计和财务管理的对象是企业资金流，是企业运营效果和效率的衡量和发现，因而财务信息系统一直是各行业实施ERP关注的重点。随着企业外部经营环境和内部管理模式的不断变化，企业对财务管理功能提出了更高的要求。主要的ERP供应商，如SAP、用友、金蝶等，都提供了功能强大、集成性好的财务系统。

1.4　实施会计信息系统的基础

会计信息系统不仅仅是会计电算化，它涉及人、财、物、供、产、销等诸多方面，覆盖企业生产经营活动的所有领域，是有效利用企业资源集成化的企业级信息系统，是一个具有系统复杂、实施难度大、应用周期长等特点的企业管理系统工程。因此，企业在实施会计信息系统时，必须从系统工程和科学管理的角度出发，建立健全管理体系和运作机制，打好系统实施所需的基础。这些工作主要包括：① 企业的领导班子具有改革进取的决心，对实施的系统有一致的明确目标；② 建立现代企业制度、制定明确、量化的应用目标；③ 扎实做好信息资源的基础管理工作；④ 建立一支高素质的信息技术队伍；⑤ 制定和完善企业信息化工作规范；⑥ 建立与会计信息系统相匹配的网络环境。

通过实施会计信息系统可促进企业解决以下问题：① 基础管理不扎实，具体表现在人财物、供产销与制度化、规范化、科学化有相当大距离，人为因素和主观因素的影响都非常大；② 战略管理不到位，这是由于企业对内部资源的状况以及环境资源的状况不了解，对市场变化的趋势不能很好地把握，尤其在信息不够的情况下，决策往往容易盲从；③ 信息资源不共享，由于企业内部的物资、财务、技术以及其他的部门信息不共享、不集成，沟通严重不足，结果大量的信息是孤岛式的、滞后的，甚至是虚假的和部门利益化的，管理的依据失真严重。即使是某个部门做得很好，但企业整体的管理水平却很难提高。通过实施会计信息系统，可利用计算机的准确性和非情感性，使基础管理硬化，使综合管理集成，大大减少决策者日常管理时间的消耗，大大增加投入市场和研发上的精力，提高战略管理的准确性。

实施会计信息系统要进行总体规划、分步实施。第 1 阶段是基础管理阶段。基础阶段重点解决基础数据管理、基本业务流程设计、内部控制设计、员工业务规范的管理等方面。企业通过对这些基础的梳理和规范化，初步形成对企业资源的了解，从而能够有选择地对重点资源进行控制和把握。第 2 个阶段是理顺业务流程，规范企业管理。在实施会计信息系统的过程中，借助管理理念对企业的流程进行优化，当优化后的流程（流程步骤和岗位相结合）借助软件和计算机硬件得以实现后，任何业务操作就必须遵守制定的规则。企业的业务流程集中体现在采购流程、库存管理流程、生产制造流程、销售流程和财务结算流程，不同的步骤由不同的岗位来处理，且严格按照系统控制流程，对企业内部所有环节进行有效的控制和管理，这样就从管理范畴的深度上为企业提供了更丰富的功能和工具。

1.4.1 管理基础

实现财务管理与业务处理的协同，必须科学地规范企业的管理工作、设计业务流程、统一基础数据管理，如果这些工作做不好，再先进的系统也无法实现系统的设计目标。首先要扎实地做好信息资源的基础管理工作，包括财务管理、人事劳资管理、采购管理、存货管理、生产管理、成本管理、固定资产管理、销售管理、计量数据采集管理等，做到数据准确、完备、客观、及时，为会计信息系统提供足够的基础支持。

1. 管理工作制度化

管理工作必须有相配套的管理制度，这些制度是为使用系统的"人"和系统制定的"规矩"，必须严格遵守这些"规矩"，才能保证会计信息系统的有效运作，实现会计信息系统的高度集成，物流、资金流、信息流的同步。并通过业务处理系统，预制每个业务的财务处理凭证，当特定的业务触发相应的处理时，系统自动生成凭证，保证会计信息及时从业务系统获取。

从企业内部的高层管理制度来讲，每个企业都有自己独特的管理模式，大致可分为以下几种。

（1）企业管理模式。

企业管理模式包括：

1）内部核算制。我国大部分大型企业推行内部核算制度，如邯郸钢铁公司、涟源钢铁公司、水口山有色金属有限责任公司等。采用内部核算制，必须制定与该制度相配套的内部价格和内部利润的核算办法，以及考核指标、奖惩制度等，开成一套量化指标和相对稳定的制度。

2）集中管理制。有些大型企业采用集中管理制度，总部设立财务部、物资部、销售部将各分厂的财务、采购、销售进行一级管理，二级厂只负责生产。这种管理制度需要清楚地界定各自的权力和责任以及明确的目标，并且均以量化的指标表示。

当企业决定采用某种模式后，根据选定的管理模式，进行基础资料的整理、系统参数和设置、工作流程的设计等工作。管理模式是会计信息系统设置的大前提，必须由最高层领导集体决定。

3）同时兼顾集权与分权。在传统的手工进行信息处理和传递的情况下，由于信息反馈不及时，使得集团公司管理模式选择遭遇两难境地。企业若要增加基础部门的经营灵活性，就要弱化企业的集中管理权；反之，要加强组织的集权管理，势必要牺牲基础部门的经营灵活性。运用信息系统可以使企业摆脱这种顾此失彼，两者无法兼顾的选择。信息网络使企业总部与基层部门能同时获得同样的信息，共享信息资料，每一个基层部门实际上成为企业总部的一部分，这意味着企业能实现集权与分权的有机统一。

（2）企业管理制度化。

管理制度是指导职工进行各项管理活动（即调整人、机、环境之间的关系）的规范和准则，是根据企业生产、经营、管理的客观规律要求，对各项管理工作的范围、内容、程序和办法所作的规定。管理制度涉及的面广、包括的内容繁杂，要使管理制度与会计信息系统的设计要求相匹配，才能真正发挥出信息系统的作用。因此管理制度标准化是实施会计信息系统的首要基础。

1）采购管理所涉及的制度具体包括：

① 采购计划制度。编制采购计划时，必须根据部门的主生产计划、物料需求计划、库存管理需要、销售订货或零星需求等实际情况，审核各部门提交的采购申请单，将已审核的采购申请单进行归类、合并处理，编制统一的采购计划，并依此作为向主管领导报批的采购申请单，经批准审核后方可执行。

② 采购管理制度。采购过程的管理制度包括：采购执行情况的考核，采购过程中各种费用的控制指标，各种物资采购价格的限定，采购部门的业绩考核指标等。这些指标都必须进行具体的量化，以便进行管理和控制。

2）存货管理制度。存货管理涉及的部门很多，各项具体管理办法的内容也不相同。因此，存货核算与管理就要按照国家制度的要求，协同有关部门共同研讨、共同协商，把各项规章制度拟定好。例如，要同供应部门共同拟定材料管理办法，要同销售部门共同拟订产成品管理办法。拟定规章制度是一件相当复杂的工作，既要熟悉国家有关政策，又要了解本企业具体情况，还要总结工作经验，按照当前管理需要，提出新的举措。必要的存货管理方面的规章制度应有：

① 材料的采购、验收、领退、保管制度；

② 材料的节约、代用、综合利用办法；

③ 低值易耗品的领用、摊销、报废管理办法；

④ 包装物的出租、出借及押金管理办法；

⑤ 委托外单位加工合同管理制度；

⑥ 在产品、半成品的内部转移、定期盘点以及领、退、保管制度；

⑦ 产成品收发、退货、保管办法；

⑧ 存货定额管理制度；

⑨ 存货归口分级管理责任制度；

⑩ 存货清查盘点制度。

3）生产管理制度包括生产计划的编制、生产任务单的下达与排程。

4）成本管理制度包括成本计算方法的确定、成本分配标准的制订、计划成本的制定、标准成本的制定及成本考核制度等。

5）销售管理制度包括制定销售信用政策、制定销售折扣标准及制定客户信用额度。

不同的企业有不同的管理制度，在此不一一列举，只是通过上述所列内容让读者理解，管理制度是规范和约束管理行业的"规矩"，是人和系统共同遵守的"规矩"，只有按照规定的"规矩"进行管理，才能实现系统设计的目标。

（3）管理制度标准化。

国家标准对管理标准作出以下定义：在企业标准化领域中，需要协调统一管理的事项所制定的标准。管理事项主要指在营销、设计、采购、工艺、生产、检验、能源、安全、卫生、环保等管理中与实施技术标准有关的重复性事物和概念。管理标准也是为了调整人、机、环境之间的关系，是指导职工进行与实施技术标准有关的各项管理活动的规范和准则，并按标准化制定程序，对有关的管理工作范围、内容、程序、方法、检查与考核等进行统一规定。

管理制度产生的基础是实践经验，往往在工作中有了失误之后再建立。而管理标准是在原制度的基础上，纳入科技最新成果，运用标准化原理方法，经过提炼、加工、升华而来，因而管理标准比原管理制度更具有科学性。由于它具有特定的格式和严格的审批、发布手续，因而管理标准比原管理制度具有更高的规范化程度。

可以转化为管理标准的管理制度是那些涉及生产、经营全过程的技术性管理，主要包括营销管理、设计和开发管理、采购管理、生产管理、设备管理、产品检验管理、测量和试验设备控制、不合格及纠正措施管理、科技档案管理、定额管理、安全合理、环保卫生管理、质量成本管理、能源管理等。企业应将这些管理制度标准化，使管理目标数字化，做到一切用数字说话，真正实现企业的"数字化"管理。

2. 业务流程科学化

会计信息系统涉及人、财、物、供、产、销等诸多方面，覆盖企业生产经营活动的所有领域，是物流、信息流、资金流高度集中统一的系统，这就要求企业对原有的组织机构、人员设备、工作流程进行重新安排，以保证系统功能的实现。实施信息系统的过程就是依据市场竞争规则的企业再造过程，所以企业实施会计信息系统必须进行业务流程重组，也就是打破企业基于职能结构为基础的、流程被肢解成碎片分布于企业各职能部门的框架，重新整合流程，使之以一种全新而完整的方式运转起来。

（1）以流程为中心。

管理者坚持以流程为导向的原则，使再造的目标始终围绕将企业由过去的"以任务为中心"改造为"以流程为中心"。以流程为中心还意味着企业形态的弹性特征，即流程是直接面对客户需求的，随着市场的变化，流程也必须随之变化。贯彻以流程为导向的原则，使企业真正走上以流程为中心的模式。如会计信息系统的协同业务篇，所有业务从销售系统的客户订单市场需求预测开始，进行物料需求计划管理，指导采购计划的编制，安排车间生产任务，它是企业内部的物流管理与控制过程。

（2）整体最优。

管理者要具有注重整体流程最优的系统思想，在工作中不断理顺和优化业务流程，强调流程中每一个环节上的活动尽可能实现最大化增值，尽可能减少无效的或不增值的活动，从整体流程全局最优来设计和优化流程。

（3）强化流程管理。

管理一个企业的核心是管理它的流程，确保它们是在发挥其潜力。任何一家企业，无论是资源型企业、商业企业、还是金融企业、制造企业以及社会中介机构，都有它独特的主营业务，即核心业务，而核心业务的运作过程就是企业的主导流程。

许多成功的企业在搞企业信息化时，都是紧紧地围绕着企业的核心业务和主导流程来开展的。零售帝国沃尔玛的核心业务是商品零售，而要保证其遍布全球的连锁店能够正常经营，货物配送就成为它的主导流程，因此，沃尔玛不惜花费巨资来"强化"它的核心业务和主导流程。再比如，青岛海尔是一家制造型企业，它在国内率先采用了CIMS（计算机集成制造系统），取得了非常好的效果。现在，海尔全面实行了"索酬、索赔、跳闸"的内部市场链（SST）管理制度。"市场链"实质上是以订单信息流为中心，带动物流和资金流的运行。

一种系统化的管理模式必须讲求管理优化的整体性、管理目标的系统性、管理过程的完整性、管理主体的全员性、管理职能的综合性、管理方法的先进性以及管理程序的循环性，系统模式的这些特点为流程的再造指明了方向。柔性化的管理模式是3C因素的要求，只有柔性化管理模式才能做到快速响应和弹性运作。而网络化管理为实现企业信息集成提供了基础，信息网络对企业内部各个部门、各个岗位的普遍覆盖，使员工可以通过网络得到与自己业务相关的任何信息，大大节省了报表、数据在不同职能部门间的流转，缩短了整个生产周期，精简了管理人员，提高了工作效率，从而使生产技术柔性自动化，智能化以及组织结构扁平化成为可能。

企业必须从自身的实际条件出发，逐步推进企业信息化与流程再造进程。企业流程再造必须同企业的信息化水平相适应，充分发挥信息化对流程再造的催化作用。再造以信息化为基础的企业作业流程，才能真正发挥信息系统的强大功能，在全球化、知识化、信息化的新经济时代取得竞争优势。

1.4.2　数据基础

1. 基础数据规范化

实施会计信息系统要从基础工作抓起，必须保证基础数据的完整性、准确性和可靠性，同时要对原来管理系统的每一环节进行整顿提高。实施信息化成功的企业和专家总结出了这样的名言："三分技术，七分管理，十二分数据。"可以说，数据是信息系统的基础和核心，一个数据失真、不完整或采集不及时的信息化系统，无论其功能多么完善，使用如何方便，都不会有任何意义。然而，要做到系统中的数据准确、及时、全面，没有一套与之适应的管理规范是难以保证的。

（1）业务数据的规范化。

业务数据是会计信息的基础和载体，因此必须从根本上保证业务数据的准确、及时、全面、完整，下面以主要业务为例，来说明对业务数据规范整理如何是一项艰巨而细致的工作。它所涉及的面之广、量之大、不是任何单个部门能够独立承担的。它的完成需要多部门遵守共同的设计规范标准协同工作。

1）BOM 数据的规范整理。在工业制造为中，物料清单（Bill of material，BOM）描述了物料（包括成品、半成品）的组成情况，即该物料是由哪些原材料、半成品组成的，每一组成成分的用量是多少及成分之间的层次关系如何。在流程型行业中 BOM 被配方取代，它描述的是产品由哪些原料配合而成，并说明各原料所占的比重。BOM 是工业企业最基本的资料之一，应用于企业销售、计划、生产、供应、物料、成本、设计、工艺等各个业务环节，充分体现了企业业务数据共享和信息集成。BOM 数据的准确与否，直接影响到其他系统。在建立 BOM 清单时，必须同时规范并确定与 BOM 相关的数据，通常包含以下内容：物料单位、成品率、BOM 状态、子件编码、子件规格、用量、工位、发料仓库、损耗率和工序等内容。

2）与 BOM 相关的数据。BOM 数据项中的工序号是产品在某一工作中心加工的过程，而工艺路线是生产产品的一组工序的有机序列。所以直接与 BOM 相关的数据是划定工作中心，建立相关的部门、工作中心与工序，建立工艺路线组，最后才能建立工艺路线清单。

工作中心主要应用于工艺路线、能力需求计划、工序计划、工序排程与工序汇总以及成本归集等。在编制工艺路线前，先要划定工作中心。

工艺路线的每道工序要消耗资源，每个资源对应一个工作中心，也可以几道连续串行工序对应一个工作中心。工件经过每个工作中心要发生费用，产生加工成本，在作业成本中可定义一个或几个工作中心为一个成本中心。在建立工艺路线前，首先要建立工艺路线组，每一个工艺路线必须归属于某个工艺路线组。

BOM 数据贯穿了企业的物流过程，是联系与沟通各业务部门的纽带，它涉及企业内部的销售、计划、生产、供应、物料、成本、设计、工艺等部门，体现了数据共享和信息集成。通过物料清单可以查询任何一个物料从属的上层父项物料和顶层的最终成品，也可以查询物料的需求量。物料清单是网络层次结构的扩展，这种网络性质使它可以扩展到多方面的用途。例如，赋予每项物料以成本信息，构成成本 BOM，利用子项和父项的数量关系，形成计划 BOM。

（2）采集数据的计量设施。

科学管理的基础是计量管理，而计量数据是科学管理的重要依据，因此计量数据管理，应成立计量管理中心。为加强企业内部管理，企业都在推行成本、费用的考核制度。首要的是把各种产品在生产过程中投入产出的各种数据搞清楚，这些数据经测量后都要整理成计量结算数据。因此，计量结算数据管理体制的建立，是企业实行成本否决经营机制的必要计量条件。计量数据中，对企业管理最直接相关的就是计量结算数据，它是企业财务结算、产品统计、指标考核、成本核算的依据。具体阐述如下：

1）生产过程中水、电、汽、燃料消耗的计量。生产过程的消耗构成不同的成本要素，准确采集其数据是成本核算的基础。如果企业没有在应该采集的数据点配备计量仪表或计量不准，就无法获取结算数据,因而也不能进行正确的费用分配。例如,成本核算要以产品或工作步骤为对象,进行费用的归集与分配,但是整个分厂只安装一个总电表、一个水表,由此造成水费、电费的分配只能按某种比例在各车间分配。这种分配比例一般不变,不管浪费由哪个车间造成,均由分厂共同承担。

2)生产过程中物料投入的计量。生产过程中各物料投入的计量设施,例如炼钢厂的电子秤和轨道衡等,是自动采集数据的必要条件,只有精确计量投入量,才能精确地计算成本,因为这些物料构成产品的直接材料成本。计量设施的不完备或不准确,会直接影响到系统的输出结果。

2. 财务数据规范化

财务基础数据包括为财务系统提供信息的各种业务数据、各种材料和产品信息、工艺配方、客户和供应商档案、固定资产及人事信息等。这些数据是企业最重要的资源,是企业信息化建设的基石。通过实施会计信息系统,可以强行规范各种数据的建立,如在输入销售订单时,一定要输入客户编码信息、产品销售的行业流向等。这些规范的数据和特征值为今后信息的查询和决策分析提供了强有力的支持。

财务的基础数据主要有两类:一类是进行管理和会计监督所必需的定额和费用开发的标准和预算(或计划);另一类是各种核算对象如原材料、零配件、包装物、产成品、固定资产、低值易耗品等的名称和编码。对第一类基础数据,要结合管理制度和具体的管理办法制定出科学、合理、完整的标准,并规定相应的审核、批准权限。第二类基础数据是会计信息系统实施的基础,也是系统能够按照设计要求运行的基本保证,必须对这类数据进行系统的分类整理,为会计信息系统的顺利实施打好基础。

(1)完善各项定额。

定额是会计信息系统进行预测、计划、核算、分析的依据,是评价经济效益的标准。这些定额包括原料及主要材料、辅助材料、燃料及动力、修理用备件等消耗定额,以及各部门管理费用定额、工程项目预算定额等,是事中控制的主要依据之一。

(2)制定企业内部价格。

企业内部价格是内部核算的必要条件之一,也是财务会计与责任会计有机结合的基础。在制定企业内部价格时,要结合企业的内部核算制度以及责任单位的成本水平,确定合理的互供材料、燃料、动力、半成品、劳务等内部价格。这是计算成本及内部利润的依据。

(3)完善会计科目编码体系。

会计科目编码体系是会计信息系统的核心,它的二级科目或明细科目必然会与其他系统产生联系,这是以账务系统为核心,实现与专业核算系统集成的关键。因此,要明确每一会计科目的经济意义、核算范围、与其他科目的对应关系以及与其他系统的关系。总之,应从本单位具体情况出发,遵照国家的统一规定,并充分考虑到单位的变化和发展,建立规范完整的会计科目体系。

(4)完善与会计科目体系相关的各项辅助编码。

下面进行分项阐述:

1)单位往来核算科目。这些科目具体而言就是应收账款和应付账款,应收账款下设的科目是具体的客户，必须对每一个客户编一个码。客户编码必须在账务系统、销售系统、应收款管理系统保持一致，实现三者共享客户资料，保证基础资料的统一。应付账款下设的科目是具体的供应商，必须对每一个供应商确定一个编码。供应商编码必须在账务系统、采购系统、应付款管理系统保持一致，实现三者共享供应商资料，保证基础资料的统一。

2）部门核算科目。部门核算科目主要涉及的是费用科目如管理费用，设置部门核算科目的主要目的是控制各部门的费用，此处的部门编码必须与存货系统、制造与成本系统所使用的部门编码一致。

3）个人核算科目。个人往来核算科目涉及其他应收款，需要对每一个职工进行编号，该编号应与人事、劳资系统的职工编号一致，成为系统的共享资料。

（5）建立各系统主要管理对象的编码。

下面进行分项阐述：

1）物料编码。物料编码是贯穿采购管理系统、存货管理系统、制造与成本管理系统以及账务系统的项目核算管理编码，是协同业务的主要编码。物料编码包括原料及主要材料、辅助材料、外购半成品（外购件）、修理用备件（备品备件）、包装材料、燃料等。要按照系统的编码规则，为企业所使用的每种物料进行逐一编码。

2）产品编码。产品是销售管理系统、存货管理系统、制造与成本管理系统的主要管理与核算对象，并且是账务系统项目核算管理的对象之一，是协同业务的主要编码。产品编码指本企业所生产的所有产品，包括生产过程中产生的副产品。

3）半成品编码。半成品是生产与制造管理系统和存货系统的主要管理对象之一，并且是非常复杂的。这是因为半成品编码，不仅仅考虑它的唯一性，而且必须考虑它与产成品的联系，还要考虑它与生产工艺的联系，即要知道它是处于哪道工序，构成哪种产成品。

4）固定资产编码。固定资产管理系统是一个相对独立的系统，但它必须考虑与账务系统会计科目的衔接，以便计提的折旧可直接生成转账凭证。同时要考虑与备品备件联系，要保证备品备件的管理符合设备维修的需要。由于固定资产包括的类别较多，存放地点遍及企业各个角落，进行规范整理是一项繁重的工作。在启用固定资产管理系统前，必须要先进行资产的清查，然后再进行逐一编码。

3. 历史数据规范化

为了保证会计信息系统初始化工作顺利进行，还需要对有关的历史数据进行必要的规范整理。

（1）规范会计科目体系，整理期初数据。

按照选择的软件要求，设计企业的企业科目体系，然后对已使用的科目按照新的标准进行调整，使之与新系统对接，并按新科目准备期初数据。这些数据包括如下几个方面：

1）各科目（包括明细科目）的年初数、累计发生数、期末数。

2）辅助核算项目的期初余额，如在建工程项目的明细科目期初余额。

3）待清理的往来款项、数量金额账的数量和单价、外币金额账的外币和汇率等。

初始数据准备完毕之后，应进行正确性校验，包括明细科目与一级科目的平衡、辅助核算项目与一级科目的平衡，以保证会计信息系统有一个良好的运行基础。

（2）往来账户的清理。

对于历史遗留下的无望收回的呆账、乱账和难账，应组织整理和处理，不宜进入会计信息系统的往来账户。根据不同的用户对往来账款的管理不同，可将往来账分设为客户往来、供应商往来、个人往来辅助账。系统在登记往来账户明细账、总账的同时，还应按单位名称或个人姓名在辅助账数据文件中，按辅助账的特点进行汇总登记和明细登记。如果往来项目较少，也可把往来账当做普通明细账管理。有的会计软件为了加强往来账管理，单独设置为应收、应付款管理。不论采用哪一种方式，都有必要清理手工方式下的往来账户，还应对往来账户的有关资料，如企业名称、个人姓名、地址、电话、邮政编码等资料进行认真的清理，做到名称使用规范，相关资料齐全，从而为建立会计信息系统打好基础。

（3）银行账的清理。

银行账的清理就是将单位的银行账与银行对账单进行核对，并查清未达账项的原因，以保证会计信息系统中银行账初始数据的准确性。

（4）存货的清理。

存货的清理就是将各仓库中的物料、半成品、产成品进行盘点，对盘点结果进行相应的处理，如物料编码、物料名称、型号规格、计量单位、计划价格、实际价格、库存量等，然后按照软件的设计要求进行整理。

（5）固定资产的清理。

固定资产的清理首先要对所有在册固定资产进行实地盘点，对于盘亏、毁坏的资产进行清理处理，然后按照软件的设计要求对固定资产进行分类整理。具体工作包括整理卡片资料，确定每一资产的编号、原始价值、累计折旧、维修资料等变动项资料。

历史数据的正确与否，是决定系统运行结果是否准确可靠的前提条件，因为会计信息系统中大多数数据的处理，都以期初数作为处理和结转的依据。

1.5 会计信息系统——用友 ERP-U8 介绍

用友 ERP-U8 系统是一套财务与业务高度集成的会计信息系统软件，既可以管理财务业务，又可以与购销存和精益生产等业务集成使用，实现财务业务一体化的目的。

用友 ERP-U8 财务功能模块组成和各模块之间的数据流向如图 1-2 所示。

1. 财务系统

财务系统包括总账、报表与分析、应收款管理、应付款管理、工资管理、固定资产管理和出纳管理系统。

（1）总账。总账系统是以凭证为原始数据，通过凭证输入和处理，完成记账和结账、账簿查询及打印输出等工作，同时提供往来款核算和管理、部门核算和管理、项目核算和管理。总账系统与其他业务连接使用时，可以接收从业务传递过来的凭证进行会计核算，以达到财务业务一体化目的。

（2）报表与财务分析。报表与财务分析系统主要根据会计核算数据（如总账系统产生的总账及明细账等数据）完成各种会计报表的编制工作，如资产负债表、利润表等，同时可以自定义报表，如部门费用情况表等。分析功能可以根据报表数据生成各种分析表和分析图等。

图 1-2

（3）应收款和应付款管理。应收款系统主要管理销售发票、应收单、应收票据及销售收款单据的录入、审核，并进行应收款项与收款单的核销。应收款系统对企业的应收账款综合管理，生成相关单据和凭证并传递到总账系统，具有客户信用管理、现金折扣管理和坏账管理、抵销应付款及催收管理等功能，同时它还能生成应收账龄分析、欠款分析、回款分析、资金流入预测等销售业务的统计分析报表。应收款系统与销售系统联用时，能接收销售系统传递的销售发票并进行审核。本系统可单独使用，也可与总账系统联接使用，所生成的凭证即时传递到"总账"系统，确保财务信息的一致性。

应付款系统的功能与应收款系统类似，但是数据为应收款的反向数据。

（4）固定资产。固定资产系统主要是对设备进行管理，即存储和管理固定资产卡片，灵活地进行增加、删除、修改、查询、打印、统计与汇总。该系统可进行固定资产的变动核算，输入固定资产增减变动或项目内容变化的原始凭证后，自动登记固定资产明细账，更新固定资产卡片。固定资产系统完成计提折旧和分配，费用分配转账凭证可自动转入总账系统，可灵活查询、统计和打印各种账表。

（5）工资管理。工资管理系统是以职工个人的原始工资数据为基础，完成职工工资的计算，工资费用的汇总和分配，计算个人所得税，查询、统计和打印各种工资表。自动编制工资费用分配表、转账凭证传递给账务处理等功能。

（6）出纳管理。出纳管理系统对现金业务和银行业务进行管理，可以登录现金日记账、银行日记账，录入银行对账单数据可以与银行日记账进行对账处理，随时可以与总账科目进行对账，以保证双方系统数据的一致性，同时提供支票管理功能。

2. 工业会计系统

工业会计系统即为供应链系统，主要包括销售管理、采购管理、仓存管理和存货核算管理系统。

（1）销售管理。销售管理系统是以销售业务为主线，兼顾辅助业务管理，实现销售业务管理与核算一体化。销售系统提供销售报价、销售订单、销售出库和销售开票功能，用户可随时查询各种销售明细账等账簿。

（2）采购管理。采购管理系统是可以实现对采购业务的全程管理。采购管理提供采购订单、采购入库和采购开票功能，可能从"生产管理"中生成采购建议后，直接生成采购订单传递到采购管理系统，用户可随时查询各种采购订单执行情况明细账等账簿。

（3）仓存管理。仓存管理系统主要以物料流动为处理对象，做到账实相符的目的。系统提供采购入库、产品入库、其他入库、盘盈入库、销售出库、生产领料、其他出库、调拨和组装业务处理。用户可以随时查询即时库存和收发存汇总表等账簿。

（4）存货核算。存货核算系统主要针对企业存货的收、发、存业务进行成本核算，首先核算出入库成本，再计算出库成本，从而即时掌握存货的耗用情况，及时、准确地把各类存货成本归集到各成本项目和成本对象上，为企业的成本核算提供基础数据；动态反映存货资金的增减变动，提供存货资金周转和占用的分析，为降低库存，减少资金积压，加速资金周转提供决策依据。各业务单据可以根据凭证模板生成凭证传递到账务处理系统进行财务核算，使业务与财务形成无缝连接。

由于计划和生产系统在财务实际工作中使用很少接触，在本书中将不再讲述。

课 后 习 题

（1）请解释"会计信息系统"的含义。

（2）会计信息系统按照所能提供的会计信息深度和服务层次划分可以分为哪几类系统？

（3）会计信息系统的特点有哪些？

（4）会计信息系统的物理组成有哪些？

（5）请简述会计信息系统发展的几个时期？

（6）在实施会计信息系统时对历史数据的规范有哪些要求？

（7）请画出用友ERP-U8财务功能模块组成和各模块之间数据流向。

第2章 安装用友软件

【学习重点】

通过本章的学习，了解用友 ERP 的安装方法，学习导入演示账套数据。

由于用友软件在安装时对系统环境要求比较高，所以常有读者反馈到在自己计算机上不能顺利安装的情况，所以用友公司也建议读者在干净的计算机上进行安装（所谓干净的计算机是指计算机上除操作系统之外还没有安装任何应用程序的计算机），就应该没有问题了。

2.1 安装用友 ERP-U8（V8.72）软件

如果用户从用友公司购买用友软件，用友公司将上门指导，为用户安装好该系统，也可以自行安装。

使用用友 V8.72 系统的网络拓扑图，如图 2-1 所示。

（1）在局域网环境下，如果有多台计算机都要使用用友软件，则可以指定一台计算机作为主机（服务器），其他计算机作为客户端。主机兼有计算、保存数据和响应客户端请求等功能，因此配置要求更高。在服务器上安装用友 V8.72 的服务器程序，在客户端上安装用友 V8.72 的应用客户端程序。

图 2-1

> 提示　一般的中小型企业在使用用友 U8 系统时，只使用了一台服务器来进行数据处理，用友 U8 系统根据一些型企业也提供多台服务器部署功能，服务器可以分为数据服务器、应用服务器、加密服务器等。

（2）如果单机使用用友 V8.72，则该计算机既做服务器又做客户端，需要在该计算机上安装 SQL Server 数据库，还要安装用友系统的服务器和客户端程序。

> 提示　本书中所介绍的就是在单机上如何安装用友 U8 系统的方法。

2.1.1 用友 V8.72 对硬件和软件环境的需求

1. 硬件环境

● 服务器：主频 700MHz 以上，内存 1GB 以上，硬盘剩余空间大于 20GB，分区的文件系统格式应为 NTFS。

- 客户端：主频 500MHz 以上，内存 512MB 以上，硬盘剩余空间大于 5GB 以上。

2. 软件环境

- 服务器：操作系统为 Windows 2000 Server 或 Windows 2003 Server（建议使用 Windows 2003 Server），后台数据库为 SQL Server 2000/2005/2008。
- 客户端：操作系统建议使用 Windows XP。
- 网络协议：TCP/IP。

> 注　　本书以下介绍在 Windows XP 操作系统下单机使用用友系统的安装方式。

2.1.2　安装数据库

用友 V8.72 使用的后台数据库是 Microsoft 公司开发的 SQL Server，支持 SQL 以下几个版本：

- SQL Server 2000+SP4
- SQL Server 2005+SP2
- SQL Server 2008

本书所配"教辅资源"包中有 SQL Server 2008 的安装程序，下载链接，读者可自行将其下载到教辅资源包中，以下就介绍 SQL Server 2008 的安装方法。

（1）打开下载到教辅资源包中的"SQL Server 2008"文件夹，如图 2-2 所示。

（2）双击"setup"安装命令，系统进入 SQL2008 安装程序，系统首先提示安装 SQL Server 2008 要求安装"Microsoft.NET Framework 和更新 Windows Installer"，如图 2-3 所示。

图 2-2

图 2-3

（3）单击"确定"按钮，系统首先安装 Microsoft.NET Framework，如图 2-4 所示。

（4）选择"我已经阅读并接受许可协议中的条款"项，然后单击"安装"按钮开始安装 Microsoft.NET Framework，如图 2-5 所示。

（5）系统最后安装完成 Microsoft.NET Framework，如图 2-6 所示，单击"退出"按钮。

（6）系统开始进行软件更新安装向导，如图 2-7 所示。

图 2-4

图 2-5

图 2-6

图 2-7

（7）单击"下一步"按钮，系统进入许可协议窗口，如图 2-8 所示。

（8）阅读完许可协议之后，选择"我同意"项，然后单击"下一步"按钮，系统给出安装提示，如图 2-9 所示。

图 2-8

图 2-9

（9）选择"继续"按钮，系统开始进行系统更新程序安装，最终给出安装完成提示，如图2-10所示。

（10）单击"完成"按钮，系统提示已安装和某个必备组件要求得新启动计算机，如图2-11所示。

图 2-10

图 2-11

（11）单击"确定"按钮重新启动计算机，然后再次选择本书所配教辅资源包中的数据库文件夹，仍然双击"setup"文件继续进行 SQL Server 2008 安装，系统进入"SQL Server 安装中心"窗口，如图 2-12 所示。

图 2-12

（12）选择"SQL Server 安装中心"窗口左边的"安装"项，然后选择右边的"全新 SQL Server 独立安装或向现有安装添加功能"命令，系统进入安装程序支持规则，如图 2-13 所示。

（13）单击"确定"按钮，系统要求录入产品密钥，如图 2-14 所示，当然也可以选择"指定可用版本"项，选择"Enterprise Evaluation"项，如果使用该项，则该实例在激活后将具有 180 天的有效期，如果读者只是为了学习用友软件，则选择该项进行安装。

（14）单击"下一步"按钮，系统给出许可条款提示，如图 2-15 所示。

（15）勾选"我接受许可条款"项，然后单击"下一步"按钮，系统提示安装"安装程序支持文件"，如图 2-16 所示。

图 2-13

图 2-14

图 2-15

图 2-16

（16）单击"安装"按钮，系统进行"安装程序支持文件"安装，最后系统给出"安装程序支持规则"提示，如图 2-17 所示。

（17）单击"下一步"按钮，系统进入"功能选择"窗口，如图 2-18 所示。

图 2-17

图 2-18

（18）单击"全选"命令，然后单击"下一步"按钮，系统进入"实例配置"窗口，如图2-19所示。

（19）选择"默认实例"项，然后单击"下一步"按钮，系统给出安装程序对磁盘空间要求，如图2-20所示。

图 2-19

图 2-20

（20）确认磁盘空间足够后，单击"下一步"按钮，系统要求进行服务器配置，如图2-21所示。

（21）单击"对所有 SQL Server 服务器使用相同的账户"按钮，系统提示选择账户名，单击下拉选择按钮，选择一个账户名，然后单击"确定"按钮，然后返回到服务器配置设置窗口，单击"下一步"按钮，系统提示进行数据库引擎配置设置，如图2-22所示。

图 2-21

图 2-22

（22）在"账户设置"页中的身份验证模式中勾选"混合模式（SQL Server 身份验证和Windows 身份验证）"项，录入内置的 SQL Server 系统管理员账户密码，要记住该密码，因为该密码会在进行用友软件安装后使用到，然后单击"添加当前用户"按钮，系统将当前进入 Windows系统的用户添加为 SQL Server 管理员，然后单击"下一步"按钮，系统要求进行 Analysis Services配置，如图2-23所示。

（23）在"账户设置"页中，单击"添加当前用户"作为指定的 Analysis Services 管理权限，然后单击"下一步"按钮，系统要求指定 Reporting Services 配置模式，如图 2-24 所示。

图 2-23

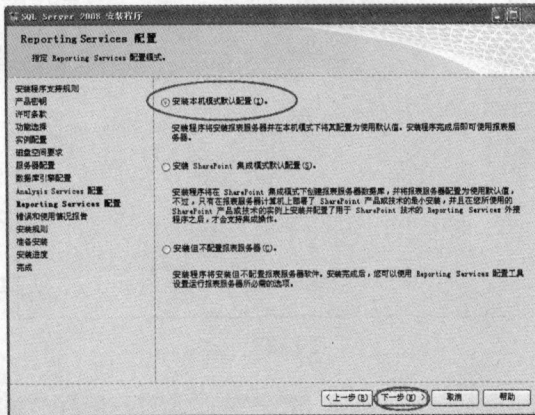

图 2-24

（24）勾选"安装本机模式默认配置"项，然后单击"下一步"按钮，系统要求安装"安装规则"，如图 2-25 所示。

（25）单击"安装"按钮，系统安装"安装规则"，安装完成之后，单击"下一步"按钮，系统给出准备安装提示，如图 2-26 所示。

图 2-25

图 2-26

（26）此时如果需要重新更新之前的安装设置，则可以单击"上一步"按钮逐级返回安装设置进行修改，如果确认没有问题可以进行安装了，则单击"安装"按钮正式进行 SQL Server 2008 的安装了，如图 2-27 所示。

（27）系统给出安装进度提示（安装过程时间稍长，请耐心等待），最后系统给安装进度完成提示，如图 2-28 所示。

（28）单击"下一步"按钮，系统最终提示安装完成，如图 2-29 所示。

（29）单击"关闭"按钮，然后重新启动计算机系统，选择"开始 \ 所有程序 \Microsoft SQL Server 2008\SQL Server Management Studio"命令，系统打开"SQL Server Management Studio"窗口，并提示连接到服务器配置，如图 2-30 所示。

图 2-27

图 2-28

图 2-29

图 2-30

（30）服务器类型、服务器名称、身份验证、登录名都使用系统默认，密码就是在安装 SQL Server 2008 时输入的密码（请参阅图 2-22），然后单击"连接"按钮，系统无错误提示，则表示连接成功，此时则表示 SQL Server 2008 成功安装了，如图 2-31 所示。

图 2-31

2.1.3 安装用友 ERP-U8（V8.72）

由于用友 V8.72 对软件系统的配置要求比较完善，在服务器安装用友 V8.72 时，要尽量安装服务器操作系统的补丁，否则有可能无法成功安装用友 V8.72。

安装应用服务器的操作系统一定要安装 IIS 组件，安装 IIS 的方法是从"控制面板"的"添加 / 删除程序"中选择"添加 / 删除 Windows 组件"，安装 IIS，如图 2-32 所示。

图 2-32

如果"Internet 信息服务（IIS）"选项没有被勾选，则勾选该项，然后单击"下一步"按钮，进行 IIS 安装。

注	安装 IIS 时，需要准备好操作系统盘。

接下来开始安装用友 V8.72 系统。

（1）以系统管理员或具有同等权限的人员登录操作系统，然后打开"教辅资源包"中的"用友 872 安装程序"目录，双击 Setup 文件，系统进入安装界面，如图 2-33 所示。

（2）系统给出安装的欢迎界面，如图 2-34 所示。

图 2-33

图 2-34

（3）单击"下一步"按钮，系统列出许可证协议信息，如图 2-35 所示。

（4）选择"我接受许可证协议中的条款"项，然后单击"下一步"按钮，系统提示输入客户信息，如图 2-36 所示。

图 2-35

图 2-36

（5）在此可以输入用户名、公司名称，然后单击"下一步"按钮，系统提示选择安装的目的文件夹，如图 2-37 所示。

（6）单击"更改"按钮可以修改安装的目的文件夹，单击"下一步"按钮进入安装类型选择窗口，如图 2-38 所示。

图 2-37

图 2-38

（7）在此可以选择安装类型和语种资源。

● 标准：除 GSP、专家财务评估之外的"全产品安装"。

● 全产品：安装全部产品。

● 服务器：只安装用友的服务器端程序。

● 客户端：只安装用友的客户端程序。

● 自定义：用户可根据需要，完成定制安装。

● 语种资源可以复选简体中文（系统默认必选）、繁体中文、英语。

提示　　如果本书读者是为了在自己的单机上安装用友软件进行学习使用，建议安装类型选择"标准"最为方便。

最后单击"下一步"按钮，系统进入环境检测提示窗口，如图 2-39 所示。

图 2-39

（8）由于在安装用友 V8.72 时，需要适合的系统的环境，如果环境检测不过关，则无法完成用友 V8.72 的正确安装，单击"检测"按钮，系统给出系统环境检查结果，如图 2-40 所示。

（9）系统列出"基础环境"中符合和不符合项，"缺省组件"已安装和未安装项，并且系统在"信息"资料中给出了要使基础环境和缺省组件完全符合，则需要在在用友 8.72 安装程序文件夹下的"3rdProgram"目录下就有这些安装程序，如图 2-41 所示。

图 2-40

图 2-41

（10）根据环境检测提示，分别选择"3rdProgram"目录中的相关程序进行安装，最终使用系统环境能够完全满足用友软件的安装要求。

（11）环境检测合格之后，就可以继续安装用友软件了，如图 2-42 所示。

（12）单击"安装"按钮，系统进入安装状态，如图 2-43 所示。

图 2-42

图 2-43

（13）最终系统提示安装完成，要求重新启动计算机，如图 2-44 所示。

（14）选择"是，立即重新启动计算机"项，然后单击"完成"按钮，系统重新启动计算机。

（15）计算机重新启动之后，系统自动进入数据源配置窗口，如图 2-45 所示。

图 2-44

图 2-45

（16）在数据库处录入安装 SQL Server 2008 时的数据库名称，如果安装 SQL Server 2008 时数据库名称是使用的系统默认的名称，则是指本台计算机的电脑名称，录入 SA 口令（提示 SA 口令就是安装 SQL Server 2008 时的口令，请参阅图 2-22），然后单击"测试连接"按钮，系统显示连接成本，则表示用友软件已经安装成功了。

（17）单击"完成"按钮，系统提示是否进行系统初始化，单击"是"按钮，用友系统开始系统初始化处理。

每一次打开用友软件，用友系统会提示是否需要建账（建账操作请参阅本书第 3 章建立新账套），如果暂不建账，则可以单击"取消"按钮暂不建账。

2.1.4 删除用友软件

如果用友软件安装有误，则可以将其删除，之后再重新安装。

双击"控制面板"中的"添加/删除程序"图标，选中"用友 ERP-U8"选项，单击"更改/删除"按钮，之后按照系统提示对用友软件进行安装、更改或删除，如图 2-46 所示。

图 2-46

2.2 系统管理注册和导入演示账套

本书附赠教学资源包中,提供了1套演示账套数据(账套编号999)

账套是指一组相互关联的数据,每一个企业(或者每一个核算部门)的数据在系统内都体现为一个账套。

2.2.1 系统管理注册

系统管理模块是用友软件用来完成账套的建立、修改、删除和备份,操作员的建立、角色的划分和权限的分配等操作的一个集中管理平台。

软件安装完后,首先要做的就是注册进入系统管理,因为此时系统内尚未有任何账套数据,所以只能使用 admin 名称进行注册进入系统管理(admin 是用友 V8.72 指定的系统管理员名称,不能更改),该用户的密码为空。如果以后有了账套数据,则可以用账套主管的身份进行注册进入系统管理。具体登录方法如下。

单击"开始"菜单,选择"程序\用友 EPR-U8\系统服务\系统管理"选项,如图 2-47 所示。

> **提示** "U8企业应用平台"以后会长期使用,可以考虑在桌面上建立快捷方式,以便于使用。

系统弹出"登录"窗口,如图 2-48 所示。

图 2-47

图 2-48

- 登录到:服务器电脑名(单机使用时,系统默认为本机电脑名)
- 操作员:admin(系统默认)
- 密码:无(系统默认无密码,可勾选"改密码"项,账套选择完成后,单击"确定"按钮,系统会提示更改新密码)
- 账套:系统默认为 default

● 语言区域：（可选择显示语言，分别为简体中文、繁体中文和英文，如果安装用友 U8 时没有安装勾选安装指定语言，则在此不可选择）

最后单击"确定"按钮完成登录。

由于系统中还没有任何账套数据，因此系统首先进入"创建账套"窗口，在此可以建立账套，如图 2-49 所示。

建立账套方式将在本书第 3 章进行讲解，所以在此我们单击"取消"按钮，系统进入"用友 ERP-U8[系统管理][演示版]"窗口，如图 2-50 所示。

图 2-49

图 2-50

2.2.2 引入账套

以 admin 的身份注册进入用友系统管理之后，需要将企业数据导入系统（即建账），然后进行日常操作。但是对于刚学习使用用友软件的读者来讲，他可能并不知道该如何建立一套新账套，为此用友 V8.72 提供了一套演示账套（999 电子行业演示账套）供使用者学习。

注	账套只能在应用服务器导入。

999 电子行业演示账套是以生产、销售手机和计算机为主要业务的企业模拟账套，该套账基础数据都设置完毕，并且模拟了该企业从 2008 年 1 月建账到 2008 年 3 月的财务、供应链、生产、人力资源等方面的运行数据。初学者在正式使用用友软件做账之前，最好先引入这套账中的数据来进行学习。

导入 999 电子行业演示账套的步骤如下。

（1）在系统管理窗口中，以 admin 的身份注册，单击"账套"菜单下的"引入"项，弹出"引入账套数据"窗口，选择"教辅资源包"中的"999 演示账套"，然后选定其文件夹的"UfErpAct. Lst"文件，如图 2-51 所示。

图 2-51

（2）然后单击"确定"按钮，系统给出一个默认的引入目录提示，单击"确定"之后，系统提示"未配置文件服务器，继续还原将丢失备份文件中的文件服务器数据，继续吗？"，如图2-52所示。

（3）单击"是"按钮，系统提示可以重新选择引入目录，如图2-53所示，最后单击"确定"按钮，系统提示正在引入999账套，最后系统提示"账套[999]引入成功！"。

图2-52

图2-53

（4）此时可以注册进入999账套中，进行相关操作。单击"开始"菜单，选择"程序\用友ERP-U8\企业门户"，或者双击桌面图标"企业应用平台"（可以在用友软件安装完成后将"企业应用平台"以快捷方式发送到桌面上，以方便使用），系统弹出"企业门户注册"界面，如图2-54所示。

注册进入999演示数据账套的方法如下。

● 登录到：如果本机是服务器端（网络中的服务器或单机），系统会自动出现本机电脑名，如果本机是客户端，则应录入服务器电脑名。

图2-54

● 操作员：demo（demo是999演示账套的账套主管）

● 密码：DEMO（注意，是大写的英文字母，可勾选"改密码"项，登录信息录入完成，单击"确定"按钮，系统会提示录入新密码）

● 账套：999电子行业演示数据（需单击下拉键进行选择）

● 语言区域：可选择显示的语言种类（提供简体中文、繁体中文和英文供选择）

● 操作日期：2008-2（注意年度与月份之间用短横线隔开）

> **提示** 只有操作员和密码录入正确，才能选择该操作员有权限操作的账套，如果没有权限操作的账套，在此系统不会显示出来供选择，这一点很好地起到了账套的保密功能。如果没有一个账套可供选择，系统将提示"读取数据源出错：口令不正确！"。

（5）单击"确定"按钮就可以注册进入用友 ERP-U8 操作界面，如图 2-55 所示。此时，可以对 999 演示账套内的数据进行操作。

图 2-55

> **注** "教辅资源包"中的用友软件是用友公司提供的演示版程序，系统会显示"演示教学版"字样，里面所涉及的每一套单独的账套数据时间跨度不能超过 3 个月，也不能进行年终结转等操作，所以也不能跨年度操作数据。比如建立"555 何氏企业"账套，初始的建账时间为 2009 年 1 月 1 日，对该账套进行操作时，所有的数据时间只能在 2009 年 1 月 1 日至 2009 年 3 月 31 日之间。如不小心录入了 2009 年 4 月份的数据，一旦保存退出用友软件，再次打开此账套时，系统就会提示"账套过期"而无法使用，此时只能重新建账或者购买用友公司的正式版软件。
>
> 每套账的有效时间都是 3 个月，所以在使用时要根据所使用的账套选择进入用友系统的操作日期。
>
> 用友的正版软件会为用户配置一个加密卡（俗称加密狗），插在服务器 USB 接口上，之后上述限制就会消失，在演示版中所处理的数据在插上加密卡之后仍然可以像正式版一样正常使用，而不需要做任何转换工作。

如果导入的账套数据是在用友 ERP-U8（V8.72）之前的版本账套数据，则在导入账套之后，在系统管理中执行 SQL 升级账套数据既可，如图 2-56 所示。

图 2-56

账套升级之后，单击"开始"菜单，选择"程序\用友ERP-U8\企业门户"命令进行账套操作。

"教辅资源包"中包含用友ERP-U8（V8.72）试用版安装程序、数据库（SQL SERVER 2008 中文版试用版）安装程序下载链接、999演示账套数据。

课 后 习 题

（1）请简述安装用友ERP-U8的硬件环境和软件环境。

（2）用友ERP-U8使用什么数据库软件？

第3章 账套管理

【学习重点】

通过本章学习，了解如何新建操作员、账套，如何为操作员设置权限，如何备份账套，如何处理年度账。

用友 V8.72 由财务、业务、生产管理等系统组成，各个系统之间数据相互联系、资料共享。

系统管理是用友 V8.72 的管理平台，可以完成账套的建立、修改、删除和备份，建立操作员、划分角色、分配权限、备份账套等操作。系统管理的使用对象为企业的信息管理人员（即系统管理软件中的操作员 admin）和账套主管。

系统管理对各个模块和资料进行统一管理和维护，其主要功能如下。

（1）对账套进行统一管理，主要包括建立账套、修改账套、引入和输出账套。

（2）对操作员及其功能权限实行统一管理，设立统一的安全机制，包括用户和角色的权限设置。

（3）设置自动备份计划，系统根据这些设置定期自动备份。

（4）对年度账进行统一管理，包括建立、引入、输出年度账，结转上年资料和清空年度资料。

（5）记录工作日志。

（6）实时监控各客户端的用友使用。

第一次使用系统管理，要以系统管理员（admin）身份注册进入系统管理，设置角色（如销售总监、采购文员等）和用户（如张三、李四等），然后建立新账套，之后再为角色和用户设置权限（如为张三设置出纳权限）。

在需要时，为了数据安全，需要账套进行备份（设置自动备份方式或手工备份方式）。

可以以账套主管（一个具有指定账套主管权限的操作员）的身份注册，对账套信息进行修改和年度账的结转等操作。

3.1 注册

打开"开始"菜单，选择"所有程序\用友 EPR–U872\系统服务\系统管理"命令，弹出"系统管理"窗口，如图 3–1 所示。

在"系统管理"窗口中，单击"系统"菜单，选择"注册"功能，系统会弹出"登录"窗口，如图 3–2 所示。

图 3-1

图 3-2

此时可以根据需要选择不同的注册方式，以系统管理员（admin）身份或账套主管（在已经存在账套的情况下）身份进行注册。系统管理员和账套主管的功能是有区别的，如表 3-1 所示。

表 3-1　　　　　　　　　　　　　　　　系统管理员和账套主管的区别

	系统管理员（admin）	账套主管
系统	（1）设置 SQL Server 口令 （2）设置备份计划（可进行年度账或账套备份） （3）升级 SQL Server 数据库 （4）注销功能 （5）设置安全策略	（1）注销功能 （2）设置年度账备份计划
账套	建立、引入和输出账套，但无法修改账套信息	修改所管的账套信息
年度账	无	可清空、引入、输出年度账
操作员及其权限	设置账套主管，增加或注销角色和操作员，修改角色或操作员权限	改变角色或操作员权限
视图	（1）能刷新，阅读系统和上机日志 （2）清除异常任务，清除选定任务、清除所有任务、清退站点、清除单据锁定、刷新阅读上机日志	

系统管理员（admin）负责整个用友系统的总体控制和维护，管理该系统中的所有账套。系统管理员可以建立、引入和输出账套，设置用户、角色及其权限，进行备份计划设置，监控系统运行过程以及清除异常任务等。系统管理员的名称是用友系统默认并固定的（用户名为 admin，初始密码默认为空，可修改）。

账套主管是系统管理员在建立账套过程中指定的管理该套账的主管。账套主管负责账套的维护，主要包括对账套进行修改，对所选年度内的账套进行管理（包括账套的创建、清空、引入、输出以及各子系统的年末结转），以及设置该账套操作员权限。

账套主管可以登录企业应用平台对有权限的账套进行业务操作，但系统管理员不能对账套业务进行操作。

3.2 | 角色和用户（操作员）

用户（操作员）是指有权限登录用友系统，并进行操作的人员，类似 Windows 的登录用户。每次注册登录用友系统时，用友系统要对操作员身份的合法性进行检查，只有合法的用户才能登录用友系统。

角色可以理解为岗位（或职位）的名称（如财务总监、销售总监、仓库主管等）。

职员（用户）的岗位（职位）变动时，重新给他分配操作权限会很繁琐，可以在系统中设置不同岗位角色，然后为该角色设置相应的权限。设置用户时，为用户赋予相应角色，用户就自动继承了该角色的权限，当用户岗位发生变化时，只需更改该用户所属的角色即可。当然，也可以独立给该用户赋予权限。用户可以不归属于任何角色。

建立新账时，需要整理统计使用用友软件的人员和岗位角色，以便随时调整，角色和用户一旦在作账过程中被引用，就不能删除。

提示
- 用户和角色设置不分先后顺序，用户可以根据自己的需要进行设置。但对于自动传递权限来说，应该首先设定角色，然后分配权限，最后进行用户的设置。这样在设置用户的时候，如果选择其归属哪一个角色，则用户将自动具有该角色的权限。
- 一个角色可以拥有多个用户，一个用户也可以分属于多个不同的角色。
- 若角色已经设置过，系统则会将所有的角色名称自动显示在角色设置中的所属角色名称的列表中。用户自动拥有所属角色所拥有的所有权限，同时可以额外增加角色中没有包含的权限。
- 若修改了用户的所属角色，则该用户对应的权限也跟着角色的改变而相应地改变。
- 所有新增用户默认都属于"普通用户"角色。
- 只有系统管理员有权限进行本功能的设置。

提示
一个角色可以赋予多个用户，一个用户也可以拥有多个不同的角色，只有系统管理员才可以增加、删除、修改用户和角色。

（1）在"系统管理"窗口中单击"系统"菜单下的"注册"项，弹出系统管理注册窗口，在操作员处输入 admin（首次登录时密码为空），在账套选择处，单击下拉箭头，选择 [default]，单击"确定"按钮注册进入系统管理，如图 3-3 所示。

图 3-3

注	如果进行角色、用户、新建账套、备份或导入账套的操作，则需要以用友系统的系统管理员身份进行注册，默认的系统管理员名称为admin，初始密码为空。为了保证系统安全，系统管理员应及时修改并牢记密码。勾选"改密码"项，单击确认之后，系统会提示系统管理员录入新的密码。

（2）在系统弹出的窗口中单击"权限"菜单下的"角色"项，系统弹出"角色管理"窗口，如图3-4所示。单击"增加"按钮，系统弹出"增加角色"窗口，在角色编号中输入"yskj"，在角色名称中输入"应收款会计"，单击"增加"按钮保存设置并新增角色。

（3）在"所属用户名称"选项中，系统列出了当前系统中存在的用户名称，可勾选属于该角色的用户，为此用户赋予该角色权限。

（4）单击"增加"按钮保存新增的角色设置，此时会重新弹出"增加角色"窗口以再增加角色。单击"退出"按钮可以退出新增角色窗口。

图3-4

例3-1 参照表3-2，进行操作员设置。

表3-2 用户档案

编号	姓名
111	仁渴
112	何平
113	龚冰冰
114	龚解园
105	何玉琪
106	何国俊
116	何国俊
cj	陈静
Wl	王丽

（1）单击"权限"菜单下的"用户"项，系统弹出"用户管理"窗口，单击"增加"按钮，

系统弹出"增加用户"窗口，在编号中输入"111"，在姓名中输入"仁渴"，单击"增加"按钮保存并增加新用户。

（2）接着录入其他操作员资料，如图 3-5 所示。

图 3-5

> **提示**　● 此时可以不设置用户口令，而由各用户在登录进入用友系统时再自行设置。如果用户忘记了口令，则可以让系统管理员注册进入系统管理之后，在此直接删除该用户口令中的内容，即将口令置为空，然后重新设置口令。用友系统为了安全起见，口令字符均以"*"显示。
>
> ● 认证方式：用友 U8 软件提供多种的用户身份认证方式，"用户 + 口令"方式为最普通方式，用友系统还可以通过第三方系统来进行认证，以提高安全性。（为了练习方便，建议大家都选择"用户 + 口令"方式）。
>
> ● 默认语言：指该用户在登录用友时，系统默认的语言（简体中文、繁体中文、英文）。

（3）在"用户管理"窗口中，可以查看到已经存在的用户信息，如图 3-5 所示，单击鼠标左键选择需要修改的用户，然后单击"修改"按钮可以修改用户信息。

（4）如果要停止该用户使用用友软件（如该职员辞职），则可以在修改用户信息对话框中，单击"注销当前用户"按钮。被注销的用户，在需要继续使用用友时，仍然可以在修改操作员对话框中单击"启用当前用户"按钮启用该操作员，如图 3-6 所示。

（5）在"用户管理"窗口中，单击"转授"按钮可以将指定操作员的权限转授给指定的操作员，如图 3-7 所示，则表示将用"陈亮"的权限转授给操作员"仁渴"。

图 3-6

图 3-7

3.3 | 建立新账套

会计知识：会计主体

会计主体（Economic Entity）也被称为会计实体、会计个体或经济主体，是指会计核算、监督的特定单位或组织。每一个会计主体在社会上应具有独立性，成为一个有独立资金、能独立地进行生产经营活动和业务活动的独立会计核算单位。所有的会计业务工作都是在这个会计主体内进行的，而相应的会计报表也是只能反映这个主体的报表。会计主体有以下几种情况。

1. 一个企业、一个公司、某个政府部门、某个事业单位和某个社会团体等，都可以是一个会计主体。

2. 对于集团企业，母公司下面有多个子公司，企业集团是一个会计主体，而核算时将每一个子公司看做一个会计主体进行核算，然后编制合并会计报表来反映整体的企业集团实施业务。

3. 企业根据管理需要，也可以将企业内部各部门单独看成是一个会计主体进行核算。

建立新账套，即将会计的核算主体的名称、所属行业、启用时间和编码规则等信息设置到系统中，称为建账，建账完成之后，才可以启用各个子系统，进行相关的业务处理。

用友 V8.72 中一共可以建立 999 套账套（账套编号从 001 到 999，账套编号不能重复），这就好似在 Word 系统中可以同时建立 999 篇文章一样。

例 3-2 参照表 3-3，建立模拟企业账套。

表 3-3	账套基本信息
账套名称	深圳市和氏电子有限公司
账套号	011
企业类型	工业
账套启用日期	2010 年 1 月 1 日
账套存储路径	系统默认路径
账套主管	何平
电子邮件	He_ping_love@sohu.com
本位币	人民币
行业性质	2007 年新会计制度科目
启用模块	总账、应付、应收、存货核算、采购、销售、库存，启用日期为 2010 年 1 月 1 日
备注	将会计科目级次分类编码设置为 "4-2-2-2"

（1）在"系统管理"窗口中，以系统管理员（admin）身份注册，然后单击"账套"菜单下的"建立"选项，系统弹出"创建账套"窗口，如图 3-8 所示。

图 3-8

● 已存账套：为了避免重复建账，系统在此列出已存在的账套供浏览参考，不能输入或修改。

● 账套号：新建账套的编号，也称为"账套代码"，为 3 位数字，即 001 ~ 999，并且不能与已存在的账套号重复。在此输入"011"。

● 账套名称：新建账套的名称。其作用是标识新账套，在显示和打印账簿或报表时都会使用，输入"深圳市和氏电子有限公司"。

● 账套路径：新建账套的保存路径（最好用系统默认路径，以便日后资料出错时维护）。系统不支持网络路径，在此选择"C:\U8SOFT\Admin"。

● 启用会计期：账套的启用时间，便于确定应用系统的起点，确保证、账、表资料的连续性。启用会计期一旦设定，就不能更改（建议年初启用），在此设置为2010年1月。

会计知识：会计期间

会计期间（Accounting Periodicity）是将会计主体的持续经营活动，按特定的时间量度分为均等的时间段落，这些时间段落就是会计期间。新《企业会计准则—基本准则》第七条规定："企业应当划分会计期间，分期结算账目和编制财务会计报告。会计期间分为年度和中期。中期是指短于一个完整的会计年度的报告期间。"这就是对"会计分期前提"的规定和要求。

会计期间的划分是正确计算收入、费用和损益的前提，只有进行会计期间划分，才会产生上期、本期、下期等不同会计期间的区别，才能分别计算各会计期间的收入、费用和损益等。

会计期间分为以下4种。

1. 年度会计期间：又称为会计年度。按年度编制的财务会计报表也称为年报。我国的《会计法》规定，年度会计期间是从公历的1月1日到12月31日。

2. 半年度会计期间：我国的《会计法》规定，半年度会计期间是从公历的1月1日到6月30日，按半年度会计期间编制的财务会计报告称为中期报告，或称为中报。

3. 季度会计期间：即按一年中的四个季度划分的会计期间，按季度会计期间编制的财务会计报告称为季报。

4. 月度会计期间：即按公历每个月份都为一个月度会计期间，也是最常见的会计期间，按月度会计期间编制的财务会计报告称为月报。

说明　企业的实际核算期间可能和正常的自然日期不一致，会计期间设置就用来解决此问题。系统根据"启用会计期"的设置，自动将启用月份以前的日期标识为不可修改；而将启用月份以后的日期（仅限于各月的截止日期，至于各月的初始日期则随上月截止日期的变动而变动）标识为可以修改。用户可以任意设置。例如，本企业由于需要，每月25日结账，那么可以在"会计日历-建账"界面双击可修改日期部分（灰色部分），在显示的会计日历上输入每月结账日期，系统自动将下月的开始日期设置为上月截止日期+1（26日），每个月都以此类推，年末12月份仍然以12月31日为截止日期。设置完成后，企业每月25日为结账日，25日以后的业务记入下个月。每月的结账日期可以单独设置，但其开始日期为上一个截止日期的下一天。

（2）单击"下一步"按钮，结果如图3-9所示。输入单位信息，单位信息用于记录本次新建账套的单位基本信息，在此输入"深圳市和氏电子有限公司"，单位简称处输入"和氏电子"。

提示　公司Logo，可以用于在进行业务单据打印格式设置时，设置到单据的页眉或页脚中（请参阅本书第4章中的单据格式设置）。

（3）单击"下一步"按钮，弹出"核算类型"设置界面，如图3-10所示。

图 3-9

图 3-10

- 本币代码：如 RMB、HKD 等，输入"RMB"。
- 本币名称：如人民币、港币、美元等，输入"人民币"。

会计知识：本位币

货币计量（Monetary Unit）是指会计主体在会计核算过程中采用货币作为计量单位，记录、反映会计主体的经营情况。我国的《会计法》和《企业会计准则》都规定，会计核算以人民币为记账本位币，如果业务收支以人民币以外（如美元）的货币为主的单位，可以选定其中一种货币作为记账本位币，但是编制的财务会计报告应当折算为人民币。

- 企业类型：分为工业和商业两种类型在此选择"工业"。选择工业，则系统可以处理材料领用、产成品入库等业务，而选择商业则不可以处理这些业务（在库存管理系统中都不会显示这些业务命令的菜单）。
- 行业性质：为以后"是否按行业预置科目"确定科目范围，并且系统会根据企业所选企业类型（工业和商业）预制一些行业的特定方法和报表，如工业有"原材料"科目，而商业则没有。在此选择"2007 年新会计制度科目"。

会计知识：2007 年新会计制度科目

会计制度是进行会计工作所遵循的规则、方法和程序的总称。我国会计制度是国家财政部门通过一定的行政程序制定的，具有一定强制性的会计规范的总称。我国财政部于 2000 年 12 月 29 日颁布的《企业会计制度》称为新会计制度。

我国财政部于 2006 年 2 月 15 日颁布了新企业会计准则和审计准则体系（包括 1 项基本准则和 38 项具体准则、48 项审计准则），2007 年 1 月 1 日起在上市公司中率先执行，其他企业鼓励执行，"2007 年新会计制度科目"就是此类科目。

- 科目预置语言：选择会计科目预置语言，在此选择中文 [简体]。
- 账套主管：从下拉列表中选择账套主管，也就是本章中 3.2 节中建立的用户——"[112] 何平"。
- 按行业性质预置科目：勾选该项，由系统根据所选行业性质自动设置标准的会计科目，在此基础上，企业可以根据需求再进行增加或修改会计科目；如果不勾选此项，则所有会计科目都需要用户自己设置。

（4）单击"下一步"按钮弹出"基础信息"设置接口，如图3-11所示。

图3-11

● 存货是否分类：如果核算单位的存货较多，且类别繁多，则可以勾选此项，表明要对存货进行分类管理。如果存货要分类管理，那么在进行基础信息设置时，必须先设置存货分类，然后才能设置存货档案。在此勾选该项。

● 客户是否分类：如果核算单位的客户较多，且希望进行分类管理，则可以勾选此项，表明要对客户进行分类管理。如果客户要分类管理，那么在进行基础信息设置时，必须先设置客户分类，然后才能设置客户档案。在此勾选该项。

● 供货商是否分类：如果核算单位的供货商较多，且希望进行分类管理，则可以勾选此项，表明要对供货商进行分类管理。如果对供货商要分类管理，那么在进行基础信息设置时，必须先设置供货商分类，然后才能设置供货商档案。在此勾选该项。

● 有无外币核算：勾选此项表示核算单位有外币业务。

会计知识：相对于本位的其他币种，都称为外币。

（5）单击"完成"按钮，系统提示"是否可以建账了？"单击"是"开始建账。建账完成后，系统弹出"分类编码方案"窗口，如图3-12所示，这是本套账由系统预设置的编码方案。按要求进行修改，之后单击"确认"按钮即可。编码方案一旦使用就不能更改。若要更改，必须将相应的档案资料删除之后才能进行。

分类编码方案对系统将要用到的一些编码级次及每级位数进行定义，以便录入各类信息目录。编码级次和各级编码长度的设置，将决定核算单位如何对经济业务资料进行分级核算、统计和管理。它通常采用群码方案，这是一种段组合编码，每一段有固定的位数。任何一个系统都必须设置编码。

比如，某企业会计科目编码规则为4-2-2，则科目级次为三级，一级科目编码为4位长（编码"1001"代表现金科目），二、三级科目编码均为2位长（编码"100101"代表现金下面的人民币科目）。

注　　在此将会计科目编码级次定义为4-2-2-2，以便于后期进行会计科目设置（请参阅本书
　　　第4章中的会计科目设置）。

（6）在此使用系统默认编码方案，单击"确认"按钮，系统弹出"资料精度定义"窗口，资料精度表示系统处理资料的小数字数，超过该精度的资料，系统会以四舍五入的方式进行取舍，如图3-13所示。

图 3-12

图 3-13

（7）使用系统默认设置则单击"确认"按钮，账套建立完毕。此时系统提示是否启用模块，如图 3-14 所示，启用时系统记录启用日期和启用人。模块只有启用之后，才能在用友软件中使用。

图 3-14

（8）单击"是"按钮直接进入"系统启用"设置接口，如图 3-15 所示。

图 3-15

（9）勾选相应模块，系统会提示录入启用会计日期。

系统启用日期与功能模块的初始化资料相关，没有启用过的模块，不能使用。在此勾选应付款管理、应收款管理、总账、存货核算、销售管理、采购管理、库存管理，启用日期均设为2010年1月1日。

> **注**　UFO报表系统不需要启用，随时可以使用。
> 只能启用已经安装的模块。
> 在进入系统时，系统会判断该系统是否已经启用，如果没有启用，则不能登录。
> 各系统的启用日期必须大于等于账套的启用日期。
> 各系统的启用日期可以不一致，但是要启用网上银行必须先启用总账。

下面进行登录操作。

（1）单击"程序\用友ERP-U8\企业应用平台"进行登录，如图3-16所示（为了以后使用方便，最好将"企业应用平台"以快捷方式放到桌面上）。

（2）在操作员框中输入"112"，输入密码（如果没有密码，则密码为空），选择011账套，语言区域选择"简体中文"，操作日期处输入"2010-1-1"，单击"确定"按钮，系统打开"用友ERP-U8门户"窗口，如图3-17所示。在此所做的任何操作都是以用户112号何平对011账套进行的。

图3-16

图3-17

> **提示**　只有在操作员编号和密码完全正确的情况下，系统才会显示该操作员有权限操作的账套，而不会显示系统里面的所有账套，从而起到账套保密的作用。

3.4　角色和用户的权限设置

企业对管理要求不断变化、提高，越来越多的信息都表明权限管理必须向更细、更深的方向发展。用友ERP-U8提供集中权限管理，除了可以对各模块操作之外，还提供了金额的权限管理和资料的字段级和记录级控制，通过不同的权限组合方式企业可以更好地对财务业务进行集中控制。

用友V8.72中可同时存在多位操作员，同一操作员可以对多个账套进行管理。

在角色、用户设置完毕，新账套建立完成之后，需要为角色、用户设置具体权限。管理员和账套主管可以随时更改角色和用户的权限。

例 3-3 参照表 3-4，为模拟账套中的各操作员设置权限。

表 3-4　　　　　　　　　　　　操作员权限

操作员编号	姓名	权限
111	仁渴	和氏电子账套 2010 年度的账套主管权限
113	龚冰冰	和氏电子账套 2010 年度会计权限
114	龚解园	和氏电子账套 2010 年度出纳权限

提示　　为了更好地学习用友软件，建议读者以账套主管的身份登录账套进行操作，因为账套主管权限不受限制。

（1）打开"系统管理"，以"admin"身份注册，单击"权限\权限"菜单，系统弹出"操作员权限"窗口，在此可以查询到角色和用户针对于不同套账不同年度所拥有的权限（如操作员 112 号何平，享有 [011] 深圳和氏电子有限公司 2010 年度的账套主管权限）。

（2）单击选中操作员"111"，选择 001 账套，选择 2010，然后勾选"账套主管"项，则将编号为"111"的操作员设置成为了 001 账套 2010 年账套主管，如图 3-18 所示。

（3）选择操作员 114，然后单击"修改"按钮，系统弹出"增加和调整权限"窗口，选择好账套和年度，然后单击"修改"按钮，勾选总账系统中的出纳和凭证出纳签字等相应权限，然后单击"保存"按钮保存设置，如图 3-19 所示。

图 3-18

图 3-19

（4）然后再为其他操作员设置权限。

（5）权限设置完毕，单击"确定"按钮，可以在"操作员权限"窗口中看到该操作员对指定年限的账套拥有的权限。

会计知识：凭证制单和审核不能为同一个人。

新账中至少有一位账套主管，他管理整套账务，拥有套账的全部权限。此外，还应有另一个用户进行一些日常的账务处理工作，如填制凭证等。系统中必须有两个用户，因为用友系统中凭证的制单人与审核人不能为同一个人。

如果企业规模较小，只有一名财务人员，也必须创建两个用户。在进行凭证制单与审核工作时，需要用不同的用户身份登录系统（制单操作员和审核操作员不能为同一人）。

操作员登录到用友系统时，系统只给其使用该操作员拥有的权限，当点击该操作员没有权限的命令菜单时，系统会提示"网络无法访问或该操作员权限受限不能访问此节点"，如图

图 3-20

3-20 所示。如以操作员 114 登录到 2010 年的 011 账套中，系统只会显示该操作员可以使用的出纳功能菜单。

3.5 账套备份

将企业资料备份保存到不同的介质上（如光盘、网络磁盘等）是非常重要的，如果因为外界的原因（如地震、火灾、电脑病毒或人为的误操作等）使软件失效，备份资料可以将企业的损失降到最小。

企业不仅应做好备份工作，还要处理好信息化系统的安全问题，如安装杀毒软件，使用 UPS（不间断电源）等，加强资料的安全性；将备份的资料复制到不同的机器上进行保存；年度资料刻录为光盘进行保存等。

下面介绍如何在系统管理中对账套数据进行备份。

3.5.1 手工备份

手工备份就是人为地根据需要进行资料备份。

（1）打开"系统管理"窗口，用 admin 身份进行注册，单击"账套"菜单下的"输入"选项，系统弹出"账套输出"窗口，选择需要备份的 011 账套，如果希望备份完成之后删除账套数据，则需勾选"删除当前输出账套"项（注意：是删除用友系统内的账套数据，而不是删除经过备份好的账套数据），如图 3-21 所示。

（2）单击"确认"按钮，系统开始账套备份处理，然后系统提示选择备份的路径，如图 3-22 所示。

（3）单击下拉菜单，选择目标活页夹"C:\ 011 账套备份"，单击"确认"按钮，系统将 011 账套备份在指定的文件夹中。如果事先勾选了"删除当前输出账套"项，则此时系统会提示"真要删除该套账吗？"，单击"是"按钮删除用友系统内的 011 账套，单击"否"按钮则不删除。

图 3-21

图 3-22

3.5.2 自动备份

用友 V8.72 具有自动备份功能，能够自动对账套进行备份。系统可以定时备份账套，也可以同时备份多个账套，在很大程度上减轻了系统管理员的工作量。

（1）打开"系统管理"，以 admin 身份登录。

（2）在"系统"菜单下选择"设置备份计划"项，系统弹出"备份计划设置"窗口，如图 3-23 所示。

图 3-23

（3）单击"增加"按钮，系统弹出"增加备份计划"窗口，输入计划编号为"011"，计划名称"备份011账套数据"，备份类型选择"账套备份"，发生频率选择"每天"。

- 开始时间：即备份时间，最好在无人使用用友软件的时候。在此输入"13:00:00"。
- 有效触发：选择3小时。
- 保留天数：选择4天。

- 备份路径：可以选择备份的目的地，但只能选择本地硬盘。在此选择"c:\011账套备份数据"。

在"选择账套和年度"中，勾选"011深圳市和氏电子有限公司"。

（4）单击"增加"按钮保存设置，单击"退出"按钮退出设置。

系统会根据备份计划的设置将账套数据备份到指定的文件夹中，并且以日期作为备份文件夹的名称，系统将011账套的备份数据自动备份在"c:\011账套备份\zt011"文件夹中，并且以备份的日期作为自动备份的文件夹名。

3.5.3　账套引入

引入账套功能是指将系统外某账套数据引入本系统中。有时账套数据损坏，也要将原来备份好的资料重新引入进来。

（1）打开"系统管理"窗口，用admin身份进行注册。

（2）单击"账套"菜单下的"引入"选项，系统弹出"引入账套数据"窗口，如图3-24所示。

（3）选择需引入的账套数据，然后单击"确定"按钮，系统提示是否更改引入的目标账套目径，单击"否"按钮，默认系统路径，即可把资料引入进来。

用友V8.72引入用友账套备份数据文件，默认文件名是"UfErpAct.Lst"（读者也可以参阅本书第2章中引入账套）。文件"UfErpAct.Lst"包含有该备份账套的基本信息，所引入账套的账套编号不能与用友V8.72中已存在的账套重复（例如，用友V8.72系统中已存在一个001账套，而现在又引入一个001账套），否则系统会提示是否覆盖或取消引入，有效的方法是更改需引入账套（即备份账套）的基础信息，操作方式如下。

（1）找到账套备份数据中的"UfErpAct.Lst"文件，然后用文本文件方法将其打开，将文件内容中代表账套号更改为另一个编号（如001账套的备份数据，则可以将"001"字符全部更改为"005"字符），然后保存该文件。如图3-25所示。

图 3-24

图 3-25

（2）将该备份数据引入用友系统中，就可以生成另一个与备份账套数据一模一样的账套。该功能常常用于数据测试，为了防止将原有账套数据破坏，所以以复制一套账的方式来进行处理。

3.6

系统管理的其他功能

3.6.1　年度账处理

系统管理注册时，可以选择系统管理员"Admin"注册，也可以以账套主管的身份进行注册，如图3-26所示。

图 3-26

以账套主管的身份注册之后，可以修改注册账套的账套信息，如图3-27所示。

可进行年度账的建立、清空年度数据、引入年度账、备份年度账、删除年度账和结转上年数据处理，如图3-28所示。

图 3-27

图 3-28

会计知识：会计期间中，以一年为一个期间的会计数据，称为年度账。

提示　用友 ERP-U8 软件中账套和年度账是有一定的区别的，体现在以下方面。

1. 账套是年度账的上一级，账套是由年度账组成。一个账套可以拥有多个年度的年度账。例如，某单位建立 001 账套在 2009 年使用，到了 2010 年时，则在 2010 年的期初建 001 账套的 2010 年度账，则 001 账套具有两个子年度账，即 001 账套 2009 年和 001 账套 2010 年。

2. 将账套和年度账分两层处理，便于企业的管理，如进行账套的上报、跨年的数据管理结构调整等；方便数据备份输出和引入；减少数据的负担，提高应用效率（例如一套账做了 10 年的数据，如果进行账套备份或引入，都需要处理前 9 年的数据，则系统的负担将相当重，所以可以使用年度账备份、引入和删除功能）。

　　建立下一年的年度账，需要在上一年的 12 月份月底对各功能子系统进行月末处理，之后方可建账。只有建立好年度账，才能执行结转上年数据操作。建议读者不要进行此操作，因为本书中所带的用友 V8.72 为演示版，一旦建立年度账，该套账即被锁死，无法打开。

3.6.2　安全策略

　　用友 8.72 的安全策略包括：用户身份和密码管理；子系统和用户特权管理；数据、功能等权限管理；安全日志等。

　　在系统管理中，以"admin"登录，然后选择"系统"下的"安全策略"命令，系统弹出"安全策略"设置窗口，如图 3-29 所示。

　　● 用户使用初始密码登录时强制修改密码: 勾选该项，则所有新增用户或老用户，只要没有修改初始密码，登录时都会强制其修改才能登录。

　　● 新增用户初始密码：为了便于给系统管理员管理，在此系统管理员可以设置

图 3-29

一个企业级的用户初始密码，即新增用户时的默认密码，但可修改。

● 设置用户密码最小长度：控制用户设置密码必须达到一定的字符长度，默认为零，即不控制长度。

● 设置密码最长使用期：即用户密码从设置开始计算，最长的使用天数，达到使用期限，用户必须修改密码才能正常登录。只能输入数字，单位为天，默认为 0，即不控制密码最长使用天数。

● 设置密码最小使用期：即用户密码从设置开始计算，最短的使用天数。即用户每次设置的密码都必须使用一定天数之后才可以修改密码。只能输入数字，单位为天，默认为 0，即不控制密码最小使用天数。建议此控制与"强制密码历史 记忆密码个数"结合使用。

● 登录时密码最多输入次数，只能输入数字，为数字型可用的最大位数，默认为 0 表示不限制次数。例如，在此输入数字"1"时，则表示，如果在登录用友系统时，必须一次性将操作员的密码输入正确才能登录进入用友系统，一旦密码录入错误，系统会将该操作员在后台进行注销，而不管你后面输入的密码是否正确，用友系统都拒绝该操作员登录了，如果要再启用该操作员，则需要系统管理员去重新启用该操作员（请参阅本章中的图 3-6），该功能主要是为了防止那些知道操作员编号，而不断地去尝试该操作员密码正确与否的不良企图者。

● 强制密码历史记忆密码个数：U8 保存用户曾经使用过的密码，系统管理员在此处录入的个数，意味着用户修改密码时，不能重复修改为在这数字内的前几个使用过的密码。建议此控制与"设置密码最小使用期"结合使用。

● 拒绝客户端用户修改密码：用以满足用户在 IT 管理方面的需求，如统一分配用户及密码，方便系统维护。

● 登录密码的安全级别：设置密码安全度，分为高、中、中低、低，默认为低。修改密码时，按安全策略的密码安全度设置进行控制。

3.6.3 视图

系统管理主界面还将显示此时网络中各工作端电脑、操作员、打开子系统的运行情况，如图 3-30 所示。

图 3-30

> **提示**　该功能常用来实时监控各用户正在使用用友 V8.72 的情况。当要操作某一功能时（如备份账套），可能需要正在运行的工作端全部退出用友软件，可以在此查看是否还有工作端电脑未退出用友软件。

在系统管理中，以"admin"登录，在"视图"下查看上机日志、清除异常任务等操作，如图 3-31 所示。

图 3-31

● 刷新：由于系统管理可以对各个子系统的运行实施适时的监控，因此，当需要看最新的系统内容时，可以选择该功能来适时刷新功能列表的内容。

● 清除异常任务：如果用户超过异常限制时间未工作或由于不可预见的原因非法退出某系统，则视此为异常任务，在系统管理主界面"运行状态"将显示"异常"，系统会在到达服务端失效时，自动清除异常任务，也可以选择"清除异常任务"菜单，自行删除异常任务。

● 清除所有任务：强制清除所有正在执行的任务。

● 清除选定任务：强制清除指定任务。

● 清退站点：清退选定客户端上的所有任务，同时释放该客户端所占的所有产品许可。

● 清除单据锁定：在使用过程中由于不可预见的原因可能会造成单据锁定（例如，正在填制业务单据时，电脑突然断电，则有可能出现这种情况），此时单据将不能正常操作，可以使用"清除单据锁定"功能使其恢复正常。

● 上机日志：为了保证系统的安全运行，系统随时对各个产品或模块的每个操作员的上机时间、操作的具体功能等情况进行登记，形成上机日志，以便使所有的操作都有所记录、有迹可寻。还可以将上机日志备份到指定的文件中保存，以便查看。

3.6.4　升级 SQL Server 数据

系统管理中的"升级 SQL Server 数据"功能用来完成对比用友 8.72 版本更低的用友版本账套数据的升级，也可以对是用友 8.72 的账套数据，但是是当前 SQL 版本更低的版本（如以前在 SQL 2000 上的数据，现在因为安装的是 SQL 2008）进行升级，如图 3-32 所示。

操作方法：首先将原来版本的账套数据引入用友 V8.72 中，然后选择"升级 SQL Server 数据"命令，然后选择需要升级的账套和年度即可。

图 3-32

提示　为了安全起见，在升级之前，一定要备份原有的 SQL 数据。

课 后 习 题

（1）系统管理中注册身份有几种？分别的权限是什么？

（2）用友 ERP-U8 对账套数量有没有限制？

（3）账套备份的方法有几种？

实验一　账套管理和用户管理

【实验目的】

1. 掌握用友 ERP-U8 账套建立、备份和恢复方法。

2. 掌握用户管理方法。

3. 掌握操作员授权方法。

【实验内容】

1. 建立账套

2. 启用账套

3. 备份账套

4. 恢复账套

5. 删除账套

6. 建立用户档案

7. 权限设置

8. 登录账套

【实验资料】

1. 公司信息

机构名称：宇纵科技有限公司

地址：广州天河区

电话：020-12345678

本位币：RMB

启用会计期间：2012-01

2. 用户表与权限

用户名	密码	权限
贺君兰	111	所有权限
李丽	222	基础资料、总账、固定资产、现金管理、工资、应收款、应付款、仓存管理和存货核算使用，销售发票和采购发票
叶小英	333	基础资料查询权，采购管理、供应链系统公用设置
王力保	444	基础资料查询权，销售管理、供应链系统公用设置

【实验步骤】

1. 建立账套。

账套号：100

账套名称：宇纵科技有限公司

采用默认账套路径

2. 账套属性设置，并启用账套。

机构名称：宇纵科技有限公司

地址：广州天河区

电话：020-12345678

本位币：RMB

启用会计年度：2012

启用会计期间：1

设置完成保存并启用账套

3. 备份账套，备份文件保存路径自定义。

4. 恢复账套，将刚才备份文件恢复为账套号：101，账套名称：宇纵科技有限公司2。

5. 把刚才恢复的账套从系统中删除。

注　　删除时若提示账套正在使用，则重启服务器后即可删除。

6. 新增用户表信息并进行权限设置。

7. 以"贺君兰"身份登录100宇纵科技有限公司账套，注意密码的录入。

第4章 | 基础设置

【学习重点】

通过本章的学习，了解如何为一套新账套建立基础档案，为后期的业务处理使用。

基础信息设置包括上一章介绍的编码方案和精度设置，还有基础档案信息设置，下面将会分别进行介绍。

以账套主管的身份登录新建账套，打开"UFIDA-ERP"操作平台。

4.1 | 基本信息

在"UFIDA-ERP"操作平台中可以设置基本信息，包括：系统启用、编码方案及数据精度。

（1）打开"UFIDA-ERP"操作平台中的"基础设置"选项卡，单击展开"基本信息"命令，如图4-1所示。

图 4-1

（2）选择"系统启用"命令，可以查询或修改系统启用信息；选择"编码方案"命令，可以查询或修改系统编码方案；选择"数据精度"命令，可以查询或设置数据精度。

注 系统启用、编码方案、数据精度的设置和功能说明请参阅本书第3章中的建立账套内容，在此不再作讲解。

4.2

基础档案

在"UFIDA-ERP"操作平台的"基础设置"选项卡中，展开"基础档案"菜单，在此可以分别设置机构人员信息、客商信息、存货信息、财务信息、收付结算信息、业务信息、对照表及其他信息，如图4-2所示。

> **提示** 基础档案设置在后期业务处理时引用。

图4-2

4.2.1 机构人员设置

机构人员设置包括本单位信息设置、部门档案设置、人员档案设置、人员类别设置、职务档案设置及岗位档案设置。

1. 本单位信息设置

本单位信息主要具有维护企业本身一些基本信息的功能，包括企业的名称、英文名称、法人代表和联系电话等。本单位信息可以在系统建账时输入，这样能够方便用户修改维护；在系统管理中只有系统管理员可以修改此信息；在企业应用平台中，有此功能权限的操作员都可使用此功能，本单位信息在进行业务单据格式设置时可以被引用。

（1）展开图4-2中的"机构人员"菜单，选择"本单位信息"命令，系统弹出"单位信息"设置窗口，如图4-3所示。

（2）在"单位信息"设置窗口中单击"下一步"或"上一步"按钮可详细设置本单位信息。

2. 部门档案

部门指在核算单位管辖下的具有财务核算或业务管理要求的单元体，部门档案信息包含部门编码、名称、负责人和部门属性等信息。

图 4-3

例 4-1 参照表 4-1 录入部门档案信息。

表 4-1 部门档案

部门编码	部门名称	部门编码	部门名称
1	总经理室	502	销售二部
2	行政部	6	采购部
3	人事部	7	工程部
4	财务部	8	生产部
5	销售部	9	库管部
501	销售一部		

（1）打开图 4-2 中的"机构人员"目录，选择"部门档案"命令，系统弹出"部门档案"设置窗口，如图 4-4 所示。部门档案的编码规则为"* **"，表示编码方案为 1-2，即一级部门编号由一位数字（1~9）组成，其下属部门编号由两位数字组成（01~99）。

（2）选择"部门档案"项，然后单击工具栏上的"增加"按钮，在窗口的右边输入部门编码"1"，部门名称"总经理室"，单击"保存"按钮保存设置。

（3）录入其他一级部门信息。

（4）单击"增加"按钮，在窗口的右边输入部门编码"501"，部门名称"销售一部"，单击"保存"按钮保存设置。按此操作，增加"502 销售二部"（这两个部门的编码以 5 开始，是因为上级部门销售部的编码是 5）。

在设置部门档案时，部门负责人暂时不用设置，等职员数据设置完成后再返回到此补充即可。

如果在此发现编码方案不适合，可以在部门档案数据为空时（如果已添加档案，可将档案删除）修改部门编码方案。见表 4-1 中的编码规则为 1-2，所以"销售部"就用数字"5"表示，而"销售一部"和"销售二部"分别用"501"和"502"表示。

信用信息指该部门对所负责的客户的信用额度和最大信用天数，包括信用额度、信用等级和信用天数等，可以为空。

图4-4

3. 人员档案

人员档案是指企业各职能部门中需要进行核算和业务管理的职员信息，不需要将公司所有的职员信息都设置进来，如生产部门只需设置生产部负责人和各生产部文员即可，而生产线员工可以不设置。设置职员档案之前必须先设置部门档案。

例4-2 参照表4-2录入人员档案信息。

表4-2 人员档案资料

人员编码	姓名	人员类别	所属部门	是否业务员	备注
001	仁渴	在职人员	总经理室	否	总经理
002	张平	在职人员	生产部	是	生产主管
003	龚解园	在职人员	生产部	是	仓管
004	陈成	在职人员	工程部	是	技术工程师
005	董风	在职人员	销售一部	是	销售工程师
006	何亮	在职人员	销售一部	是	销售工程师
007	徐明	在职人员	销售二部	是	销售工程师
008	何树财	在职人员	采购部	是	采购经理
009	何平	在职人员	财务部	是	会计主管
010	何玉琪	在职人员	生产部	否	
011	何国俊	在职人员	生产部	否	
012	陈静	在职人员	财务部	是	会计
013	王丽	在职人员	财务部	是	会计
014	王强	在职人员	销售一部	是	销售工程师

（1）打开图 4-2 中的"机构人员"目录，选择"人员档案"命令，系统弹出"人员列表"窗口。

（2）单击"增加"按钮，系统弹出"人员档案"设置窗口，蓝色项目为必录项，人员编码输入"001"，人员姓名输入"仁渴"，人员类别选择"在职人员"，行政部门选择"总经理室"，性别"男"，可选择预先保存好的该人员的照片，选择与操作员"111 仁渴"对应，单击"保存"按钮保存设置，如图 4-5 所示。

图 4-5

● 人员编码具有唯一性，人员姓名可以重复。

● 是否业务员：指此人员是否可操作 U8 其他的业务产品，如总账、库存等，只有勾选了此项，才能在做各种出入库单据、收付款处理等业务时作为业务员被选入。当该人员为业务员时，系统提示设置该业务员的"生效日期"、"失效日期"、"业务或费用部门"、"信用天数"、"信用额度"、"信用等级"。

（3）录入表 4-2 中其他数据，最终结果如图 4-6 所示。

图 4-6

提示	只有在职人员才能在业务处理中被引用。

4.2.2 客商信息设置

此功能用来设置与企业有业务往来的客户信息，包括地区分类设置、行业分类设置、供应商分类设置、供应商档案设置、客户分类设置、客户级别设置和客户档案设置。

1. 供应商分类

供应商分类与供应商档案是分开设置的。

企业对供应商进行分类管理，建立供应商分类体系。可将供应商按行业、地区等进行划分之后，根据不同的分类建立供应商档案（供应商分类设置与客户分类设置原理一样）。

例4-3 参照表4-3，录入供应商分类信息。

表4-3 供应商分类

分类编码	分类名称	分类编码	分类名称
01	电脑配件供应商	03	包装材料供应商
02	散件供应商	04	其他供应商

（1）打开图4-2中的"客商信息"目录，选择"供应商分类"命令，系统弹出"供应商分类"窗口。

（2）单击"增加"按钮，分类编码处录入"01"、分别名称处录入"电脑配件供应商"，单击"保存"按钮保存设置，如图4-7所示。

（3）重复步骤（2），录入表4-3中的其他数据。

由于在设置供应商档案时，可以选择该供应商的所属地区和所属行业，而不必再从所属地区或所属行业分类，因为这样可以多一个角度对供应商进行分析。

图4-7

如果在建账时，没有勾选"供应商分类"项，则在此不能进行供应商分类设置。

2．供应商档案

设置往来供应商的档案信息，便于管理供应商资料，录入、统计和分析业务数据。如果在建立账套时勾选了供应商分类，则必须先设置供应商分类，然后才能编辑供应商档案。

建立供应商档案主要是为企业的采购管理、库存管理和应付账款管理服务。填制采购入库单、采购发票，进行采购结算、应付款结算和有关供货单位统计时都会用到供货单位档案，因此要正确设立供应商档案，以便减少工作差错。在输入单据时，如果单据上的供货单位不在供应商档案中，则需要在此建立该供应商的档案。

例 4-4 参照表 4-4 录入供应商档案信息。

表 4-4　　　　　　　　　　　　　　　　供应商档案信息

供应商编码	供应商名称	所属地区	所属分类	供应商属性
001	苏州新元电子有限公司	华东	电脑配件供应商	货物
002	深圳芳威贸易有限公司	华南	电脑配件供应商	货物
003	深圳信合包装材料厂	华南	包装材料供应商	货物
004	深圳通达电子有限公司	华南	其他供应商	委外

（1）打开图 4-2 中的"客商信息"目录，选择"供应商档案"命令，系统弹出"供应商档案"窗口。

（2）单击"增加"按钮，系统弹出"增加供应商档案"设置窗口，如图 4-8 所示。

图 4-8

（3）参照表 4-4 录入供应商档案。

① "基本"选项页

● 供应商编码：供应商编码必须唯一；可以用数字或字符表示，最多可输入 20 位数字或字符。

● 供应商名称：可以是汉字或英文字母，最多可写 49 个汉字或 98 个字符。供应商名称用于销售发票的打印，即打印出来的销售发票的销售供应商栏目显示的内容为销售供应商的供应商名称。

● 供应商简称：可以是汉字或英文字母，最多可写 30 个汉字或 60 个字符。用于业务单据和账表的屏幕显示。

● 供应商属性：可以勾选"货物"、"委外"、"服务"、"国外" 4 种属性中一种或多种，货物属性的供应商用于采购货物时可选的供应商，委外属性的供应商用于委外业务时可选的供应商，服务属性的供应商用于费用或服务业务时可选的供应商，国外属性的供应商用于进口业务时供应商的选择使用。如果此供应商已被使用，供应商属性则不能被删除修改，可增选其他项。

● 对应客户编码、简称：在供应商档案中输入对应客户名称时不允许记录重复，即不允许有多个供应商对应一个客户的情况出现。如 001 供应商中输入了对应客户编码为 888，则在保存该供应商信息时同时需要将 888 客户档案中的对应供应商编码记录存为 001（请参阅本章中的客户档案设置）。此功能的作用是在做应收或应付处理时，可即时联查该客户或供应商所对应的应付账款或应收账款，并进行相关的业务处理。

● 员工人数：输入该供应商企业的员工人数，只能输入数值，不能有小数。此信息为企业辅助信息可以不填，可以随时修改。

● 所属分类码：选择已设置好了的供应商分类编码。

● 所属地区码：可输入供应商所属地区的代码，输入系统中已存在代码时，自动转换成地区名称，显示在该栏目的右编辑框内。

● 总公司编码：选择供应商总公司编码，同时带出显示供应商简称。供应商总公司指当前供应商所隶属的最高一级的公司，该公司必须是已经通过"供应商档案设置"设置好了的另一个供应商。在供应商开票结算处理时，具有同一个供应商总公司的不同供应商的发货业务，可以汇总在一张发票中统一开票结算。在执行信用额度控制时，也可以执行控制总公司信用额度。

● 所属行业：选择该供应商所归属的行业。

● 税号：输入供应商的工商登记税号，用于销售发票的税号栏内容的屏幕显示和打印输出。

● 注册资金：输入企业注册资金总额，必须输入数值，可以有 2 位小数。此信息为企业辅助信息可以不填，可以随时修改。

● 注册币种：必须输入，可参照选择或输入；所输入的内容应为币种档案中的记录。默认为本位币。

● 法人：供应商的企业法人代表的姓名，长度 40 个字符，20 个字。

● 开户银行：输入供应商的开户银行的名称，如果供应商的开户银行有多个，在此处输入该企业同用户之间发生业务往来最常用的开户银行。

● 银行账号：指供应商在其开户银行中的账号，可输入 50 位数字或字符。银行账号应对应于开户银行栏目所填写的内容。如果供应商在某开户银行中银行账号有多个，在此处输入该企业同用户之间发生业务往来最常用的银行账号。

② "联系"选项页

● 分管部门：选择该供应商归属分管的采购部门。

● 专营业务员：指该供应商由哪个业务员负责联系业务。只有在人员档案设置时，勾选了"是否业务员"项的人员，在此才能被选择。

● 地址：可用于采购到货单的供应商地址栏内容的屏幕显示和打印输出，最多可输入 127 个汉字和 255 个字符。如果供应商的地址有多个，在此处输入该企业同用户之间发生业务往来最常用的地址。

● 电话、手机号码：可用于采购到货单的供应商电话栏内容的屏幕显示和打印输出。

● 到货地址：可用于采购到货单中到货地址栏的缺省取值，它可以与供应商地址相同，也可以不同。在很多情况下，到货地址是供应商主要仓库的地址。

● E-mail 地址：最多可输入 127 个汉字和 255 个字符，手工输入，可为空。

● 到货方式：可用于采购到货单中发运方式栏的缺省取值，输入系统中已存在代码时，自动转换成发运方式名称。

● 到货仓库：可用于采购单据中仓库的缺省取值，输入系统中已存在代码时，自动转换成仓库名称（可设置完成仓库档案之后，回到此补充完成本设置）。

③ "信用"选项页

● 应付余额：由系统自动计算并显示该供应商当前的应付账款的余额，不能手动修改该栏目的内容。

● ABC 等级：可根据该供应商的表现选择 A、B、C 三个信用等级符号表示该供应商的信用等级，可随时根据实际发展情况予以调整。

● 单价是否含税：显示的单价是含税价格还是不含税价格。

● 扣率：显示供应商在一般情况下给予的购货折扣率，可用于采购单据中折扣的缺省取值。

● 信用等级：按照用户自行设定的信用等级分级方法，依据在供应商应付款项方面的表现，输入供应商的信用等级。

● 信用额度：内容必须是数字，可输入两位小数，可以为空。

● 信用期限：可作为计算供应商超期应付款项的计算依据，其度量单位为"天"。

● 付款条件：可用于采购单据中付款条件的缺省取值，输入系统中已存在代码时，自动转换成付款条件表示。

● 最后交易日期：由系统自动显示供应商的最后一笔业务的交易日期。

● 最后交易金额：由系统自动显示供应商的最后一笔业务的交易金额。

● 最后付款日期：由系统自动显示供应商的最后一笔付款业务的付款日期。

● 最后付款金额：由系统自动显示供应商的最后一笔付款业务的付款金额。金额单位为发生实际付款业务的币种。

提示　　应付余额、最后交易日期、最后交易金额、最后付款日期和最后付款金额这 5 个条件项，是由系统在应付款管理系统中计算相关数据并显示的。如果没有启用应付款管理系统，这 5 个条件项不可使用。这 5 项在基础档案中只可查看，不允许修改。

④ "其他"档案页

● 发展日期：该供应商与企业建立供货关系的日期。

● 停用日期：可能因为信用等原因，企业决定停止与该供应商的业务往来，则在此输入该供应商被停止使用的日期。

注	只要是停用日期栏内容不为空的供应商，在任何业务单据开具时都不能使用，但可进行查询。如果要使被停用的供应商放弃停用，将停用日期栏的内容清空即可。

● 使用频度：指供应商在业务单据中被使用的次数。

● 对应条形码中的编码：最多可输入 30 个字符，可以随时修改，可以为空，不能重复。

● 备注：如果还有有关该供应商的其他信息要录入说明的，可以在备注栏录入长度为 120 个汉字的内容，可输可不输，可随时修改备注内容。

● 所属银行：指付款账号缺省时所属的银行，可以为空。

● 建档人：在增加供应商记录时，系统自动将该操作员编码存入该记录中作为建档人，以后不管是谁修改这条记录均不能修改这一栏目，且系统也不能自动进行修改。

● 所属的权限组：该项目不允许编辑，只能查看；该项目在数据分配权限中进行定义。

● 变更人：新增供应商记录时变更人栏目存放的操作员与建档人内容相同，以后修改该条记录时系统自动将该记录的变更人修改为当前操作员编码，该栏目不允许手工修改。

● 变更日期：新增供应商记录时变更日期存放当时的系统日期，以后修改该记录时系统自动将修改时的系统日期替换原来的信息，该栏目不允许手工修改。

提示	建档人、所属的权限组、变更人、变更日期这 4 项只能查看，不能修改。

3. 客户分类

企业可根据业务需要对客户进行分类，以便于管理，例如可将客户按行业、地区等标准进行划分。之后，根据不同的分类建立客户档案。如果建账时未勾选"客户是否分类"项，则不能使用本功能。

例 4-5　参照表 4-5，录入客户分类信息。

表 4-5　　　　　　　　　　　　　　　　客户分类

分类编码	分类名称	分类编码	分类名称
01	国有企业	03	私营企业
02	美资企业	04	

客户分类与供应商分类设置方式一样，在此不再详细介绍，如图 4-9 所示。

4. 客户档案设置

客户档案用于设置往来客户的档案信息，以便于管理客户资料以及资料的录入和统计分析。如果在建立账套时选择了客户分类，则必须设置完成客户分类档案后再编辑客户档案。

建立客户档案主要是为企业的销售管理、库存管理和应收账管理服务。在填制销售出库单、销售发票，进行销售结算、应收款结算和有关客户单位统计时都会用到客户单位档案，因此必须正确设立客户档案,以便减少工作差错。在输入单据时,如果单据上的客户单位不在客户档案中,需要在此建立该客户的档案。

图 4-9

例 4-6 参照表 4-6 录入客户档案信息。

表 4-6 客户档案信息

客户编码	客户名称	所属地区	所属分类
001	北京远东集团	华北	国有企业
002	上海上思实业	华东	美资企业
003	深圳凯丰集团	华南	私营企业

客户档案的设置方式与供应商档案设置方式类似,在此不再详细讲解,如图 4-10 所示。

图 4-10

提示	选择客户档案窗口上的"联系"按钮可以为该客户设置多个联系人，并且可以建立各联系人之间的上下级汇报关系。

4.2.3　存货设置

用友系统中称为存货，即指生产物料、半成品及产成品和库存商品的统称，用友 V8.72 中处理存货的业务处理有两种方法，一是在会计科目下设置明细科目，例如，在会计科目"原材料"下面再设置原材料的明细科目（该科目可进行数量金额式的核算），然后通过直接填制记账凭证的方式来处理存货的出入库业务；二是可以启用存货核算系统，建立明细的存货档案，然后通过出入库单据来处理出入库业务，这些出入库业务会自动生成记账凭证传至总账系统中，而在 ERP 系统中，存货设置则相当重要，因为它的设置直接影响到 ERP 系统的运算结果。

如果启用用友 U8 的供应链管理系统，则必须先进行存货设置。

存货设置包括存货分类设置、计量单位设置和存货档案设置等。

1. 存货分类

对存货进行分类管理，可便于企业统计和分析业务数据。存货分类最多可分为 8 级，编码总长不能超过 30 位，用户可自由定义每级级长。每个分类可以设置的项有分类编码、名称及所属经济分类。

例 4-7　参照表 4-7 录入存货分类信息。

表 4-7　　　　　　　　　　存货分类

存货分类编码	存货分类名称	存货分类编码	存货分类名称
01	原材料	04	其他
02	半成品	05	应税劳务
03	产成品	06	委外品

（1）打开如图 4-2 所示的"存货"目录，选择"存货分类"命令，系统弹出"存货分类"设置窗口。

（2）单击"增加"按钮，进行存货分类设置，如图 4-11 所示。

图 4-11

注	只有在建账时，勾选了"存货分类"项，才能在此设置存货分类（请参阅本书第 3 章中的建立新账套）。

工业企业与商业企业在设置存货分类时有所不同，工业企业的存货分类中一般分为：材料、产成品、应税劳务等；而商业企业的存货分类的一般可以分为：商品和应税劳务。然后再在这些分类下面设置明细分类。

2. 计量单位

计量单位是系统在进行存货核算时，为不同存货设置的计量标准。存货的计量单位可以是单计量单位，也可以是多计量单位（如 1 支笔为 1 支，12 支笔为 1 打，10 打为 1 盒）。因为出入库业务处理时，系统会自动换算，所以在设置存货档案之前要先设置计量单位。

设置计量单位前，应先对计量单位进行分组。用友软件提供的计量单位组分为无换算、浮动换算和固定换算 3 种类型，每个计量单位组中有一个主计量单位和多个辅助计量单位，可以设置主、辅两种计量单位之间的换算率，还可以设置采购、销售、库存和成本系统所默认的计量单位。

说明	无换算计量单位组：该组下的所有计量单位都以单独形式存在，各计量单位之间不需要输入换算率，系统默认为主计量单位。 浮动换算计量单位组：设置为浮动换算率时，可以选择的计量单位组中只能包含两个计量单位。此时需要将该计量单位组中的主计量单位、辅计量单位显示在存货卡片上。 固定换算计量单位组：设置为固定换算率时，可以选择的计量单位组中可以包含两个以上（不包括两个）的计量单位，且每一个辅计量单位对主计量单位的换算率不为空。此时需要将该计量单位组中的主计量单位显示在存货卡片上。

例 4-8　参照表 4-8 进行存货计量单位设置。

表 4-8　　　　　　　　　　　　　　　　货物的计量单位
无换算单位组

单位编码	名称
001	台
002	PCS

（1）展开图 4-2 所示中的"存货"目录，选择"计量单位"命令，系统弹出"计量单位"设置窗口。

（2）单击"分组"按钮，在系统弹出的"计量单位分组"窗口中单击"增加"按钮，填写新的计量单位组，计量单位组组码输入"01"，计量单位组名称输入"无换算关系组"，计量单位组类别选择"无换算率"项。

（3）单击"保存"按钮保存计量单位组设置，如图 4-12 所示。

（4）单击"退出"按钮，退出计量单位分组设置对话框。

（5）然后选定已经设置好的计量单位组（即"无换算单位组"），然后单击"单位"菜单命令，系统弹出"计量单位设置"对话框。

（6）单击"增加"按钮，则在该计量单位组下增加新的计量单位。输入新增的计量单位编码"01"、计量单位名称"台"，单击"保存"按钮保存设置。

图 4-12

（7）录入表4-8中的其他计量单位数据，如图4-13所示。

图 4-13

3. 存货档案

存货档案用于保存企业生产经营中的存货信息，以便于企业管理这些数据并进行统计分析。存货档案包括存货基本信息、成本和控制等内容。

例 4-9 参照表4-9，进行存货档案设置。

（1）展开图4-2所示的"存货"目录，选择"存货档案"命令，系统弹出"存货档案"设置窗口。

（2）选中"（03）产成品"项，然后单击"增加"按钮，系统弹出"增加存货档案"窗口。存货档案设置窗口有8个选项卡：基本、成本、控制、其他、计划、MPS/MRP、图片和附件档案卡。

表 4-9

存货编码	存货名称	存货大类编码	存货大类名称	计量单位组编码	主计量单位名称	存货属性
01001	B	01	原材料	01	PCS	外购、生产耗用
01002	E	01	原材料	01	PCS	外购、生产耗用
01003	F	01	原材料	01	PCS	外购、生产耗用
01004	G	01	原材料	01	PCS	外购、生产耗用
02001	C	02	委外品	01	PCS	生产耗用、委外
02002	D	02	半成品	01	PCS	生产耗用、自制
03001	A	03	产成品	01	台	内销、自制
03002	K	03	产成品	01	台	内销、自制

（3）在"基本"档案卡中，存货编码录入"01001"，存货名称录入"E"，所属分类为"01
原材料"，计量单位组选择"无换算关系组"项，主计量单位选择"PCS"，存货属性中分别勾选"外
购"项、"生产耗用"项，如图 4-14 所示。

图 4-14

"基本"档案页中带蓝色项目为必填项，基本档案页中需设置以下信息。

● 存货编码：存货编码且必须输入，可输入最多 20 位数字或字符，每个存货的存货编码唯一，
不能与其他存货编码重复，存货编码是用友 ERP 系统后台计算时唯一识别该存货的标识。

● 存货代码：存货代码可输可不输，可以重复。

● 存货名称：存货名称必须输入，最多可输入 20 个汉字或 40 个字符。

● 规格型号：输入产品的规格编号，30 个汉字或 60 个字符。

- 计量单位组：可参照选择录入，最多可输入 20 位数字或字符。
- 主计量单位：根据已选的计量单位组，显示或选择不同的计量单位。
- 计量单位组类别：根据已选的计量单位组系统自动带入。
- 库存（成本、销售、采购）系统默认单位：对应每个计量单位组均可以设置一个且最多设置一个库存（成本、销售、采购）系统缺省使用的辅计量单位。其中成本默认辅计量单位，不可输入主计量单位。
- 生产计量单位：设置生产制造系统缺省时使用的辅计量单位。对应每个计量单位组均可以设置一个生产订单系统缺省使用的辅计量单位。

> **注**　在不同的业务处理中，可以使用不同的计量单位，例如汽油，在采购时，以吨来计，但在领用到车间生产时，可用升来计算，系统会根据该两种不同的计量单位（吨和升）之间在单位组内的换算关系不同，来计算相互之间的换算率，如果该单位组是固定换算，则系统自动计算采购进来多少吨，则相当于是入库多少升，而领用出去多少升，则相当于是领用出去多少吨，从而自动增加或减少仓库的数量；如果该单位组是浮动换算，则需要在每次入库或出库时，人工去输入单位与单位之间的换算关系。在选择好计算单位组时，系统自动将该计算单位组中的第一个单位作为主计量单位，如果需要修改主计量单位，则需要在此将主计量单位删除掉之后为主计量单位。

- 存货分类：系统根据用户增加存货前所选择的存货分类自动填写，用户可以修改。
- 销项税率 %：此税率为销售单据上该存货默认的销项税税率，默认为 17，可修改，可以输入小数位，允许输入的小数位长根据数据精度对税率小数位数的要求进行限制。
- 进项税率 %：默认新增档案时进项税 = 销项税 =17%，可修改。

1）存货属性：系统提供了 21 种属性为存货选择，不同的存货属性代表着该存货不同的业务性质，如"内销"属性表示该存货可用于销售业务，"外购"属性，则该存货可以被执行采购业务处理，"生产耗用"则表示该存货可用于生产耗用，"自制"则表示该存货可由企业生产自制，可被执行半成品或产成品入库业务。

2）"成本"选项卡中包含控制存货成本方面的选项，如计价方式、最高采购价、最低销售价等内容。

- 计价方式：设置存货出库时的成本计价方式，行业类型为工业时，计价方式可为计划价、全月平均、移动平均、先进先出、后进先出和个别计价；行业类型为商业时，计价方式可为售价、全月平均、移动平均、先进先出、后进先出和个别计价。为存货"B"选择的计价方式为"先进先出"。

财务知识：计价方式

自 2007 年 1 月 1 日起，所实行的新会计准则中，已放弃了"后进先出"的计价方式，，用友软件为了满足部分企业的需求，仍然保留该功能。

计价方式使用举例说明，如公司先以 10 元一支的价格购买了 10 只鼠标，然后又以 12 元一支的价格购买了 6 只鼠标，现在以 15 元一支的价格销售了 11 支鼠标，则销售这 11 支鼠标的成本价，就会因计价方式的不同而有所区别。

1. 先进先出法：则成本价为先进来的 10 支鼠标的成本 100 元再加上后进来的 11 支鼠标中的 1 支成本 12 元，在不考虑其他费用的情况下，本次销售利润为 $15 \times 11 - (100+12) = 53$（元）。

2. 后进先出法：则成本价为后进来的 6 支鼠标的成本 72 元再加上先进来的 10 支鼠标中的 5 支成本 50 元，在不考虑其他费用的情况下，本次销售利润为 $15 \times 11 - (72+50) = 43$（元）。

3. 移动平均法：则取当前所有鼠标的平均成本单价，当明鼠标的平均成本单价是 $(10 \times 10 + 12 \times 6) / (10+6) = 10.75$（元），而本次销售成本则为 $11 \times 10.75 = 118.25$（元），在不考虑其他费用的情况下，本次销售利润为 $15 \times 11 - 118.25 = 46.75$（元）。

4. 全月平均法则需要到计算整个月的鼠标平均成本，必须要进行期末处理操作之后（请参阅本书第 11 章存货核算中的期末处理）才能计算出来，在未做期末处理之间，都还有可能有新的鼠标入库等操作。

5. 个别计价法则是指单独手工去指定该存货的出库成本。

> **注** 如果在存货核算系统的选项设置中（请参阅本书 11 章中的 8 存货核算系统业务参数设置），设置核算方式是"按存货核算"，则必须对每一个存货记录设置一个计价方式，默认选择全月平均，若前面已经有新增记录，则计价方式与前面新增记录相同，如果存货核算系统的选项设置中选择的是"按仓库核算"，则不需要对每一个存货进行计价方式计算，而是要在仓库档案设置时，对每个仓库进行计价方式设置（请参阅本章中的仓库档案设置）。当存货核算系统中使用该计价方式则不能对其修改。

● 计划单价 / 售价：该属性对于计划价法核算的账套必须设置，因为在单据记账等处理中必须使用该单价；计算差异和差异率也以该价格为基础，工业企业使用计划价对存货进行核算，商业企业使用售价对存货进行核算，根据核算方式的不同，分别通过按照仓库、部门、存货设置计划价 / 售价核算。

● 参考成本：该成本指非计划价或售价核算的存货填制出入库成本时的参考成本。采购商品或材料暂估时，参考成本可作为暂估成本。存货出库时，参考成本可作为出库成本。该属性比较重要，建议都进行填写。在存货核算系统该值可以和"零成本出库单价确认"\"入库成本确认方式"\"红字回冲单成本确认方式"\"最大最小单价控制方式"等选项配合使用，如果各种选项设置为参考成本，则在各种成本确认的过程中都会自动取该值作为成本。参考成本设置也可以为售前分析系统中计算接到一张销售订单时，该张订单的销售价格是否有利润作为参考（利润 = 销售单价 – 组成该销售成品的所有材料的参考成本 – 人工费用 – 其他费用等）。

● 最新成本：指存货的最新入库成本，用户可修改。存货成本的参考值，不进行严格的控制。

> **注** 如果使用了采购管理产品，那么在做采购结算时系统自动将该存货提取结算单价作为该存货的最新成本，自动返写回该存货档案的最新成本中来。

● 最低售价：录入该存货销售时的最低销售单价，在销售管理系统中，如果设置对销售进行售价控制，则在执行销售业务时（销售订货、销售开票等），如果该存货的在销售单据上的销售单价低于最低售价，系统会要求有更高权限的用户输入口令，如果口令输入正确，方可低于最低售价进行销售，否则不行。

● 最高进价：录入该存货被采购进货时用户参考的最高进价，如果设置了在采购管理系统中需进行最高进价控制，则在执行采购业务时（采购订货、采购开票等），如果该存货在采购单据上的采购进价高于最高进价，系统会要求有更高权限的用户输入口令，如果口令输入正确，方可高于最高进价采购，否则不行。

3）"控制"选项卡中包含对正在设置的存货在仓库管理时进行的物流控制，如最低库存、盘点周期、定额上限、积压标准等。

4）"其他"选项卡中包含设置存货重量、体积、长、宽、高、启用日期或停用日期等信息。

5）"计划"档案卡用于设置存货的计划内容，如日耗用量、采购提前期等。

（4）单击"保存"按钮保存数据，之后录入 [例 4-9] 中其他数据。

4.2.4 财务

财务方面的设置包括会计科目、凭证类别、外币设置和项目目录。

1. 凭证类别

例 4-10 参照表 4-10 设置凭证类别。

表 4-10　　　　　　　　　　　　　记账凭证类型

类别字	类别名称	限制类型	限制科目
记	记账凭证	无限制	
自	和氏公司凭证	无限制	

（1）展开图 4-2 中的"财务"目录，选择"凭证类别"目录，系统弹出"凭证类别预置"窗口，如图 4-15 所示。

（2）选择"凭证类别"选项，勾选"记账凭证"项，单击"确定"按钮。

> 说明　第一次设置凭证类别时，系统会提供几种常用分类方式，如"记账凭证"、"收款凭证"等。在此处还可以选择"自定义"分类方式，以满足不同单位的需求。

（3）再次打开"凭证类别"设置窗口，单击"增加"按钮，系统弹出一空白凭证类别窗口，双击"类别字"项，填入自定义凭证的类别字"自"，双击"类别名称"项，填入自定义凭证的类别名称"和氏公司凭证"，如图 4-16 所示。

（4）单击"退出"按钮，系统会自动保存自定义凭证类别。

（5）双击"限制类型"可为该凭证类别设置限制科目。如使用该凭证类别时借方必须有哪些科目，否则系统视该张凭证为不合法。

> 注　凭证类别的排列顺序将会影响到账簿查询中凭证类别的排列顺序，可以通过旁边的顺序按钮来调节凭证类别的顺序。现在很多企业都没有刻意地划分凭证类别，一般都只有一种凭证类别，即"记账凭证"，凭证类别一旦在制单时被引用，就不能被删除。

图 4-15

图 4-16

2. 外币设置

核算单位涉及外币业务，需要进行汇率管理时，可在此进行外币设置。既可以减少录入汇率的次数和差错，又可以避免在汇率发生变化时出现错误。

使用固定汇率（即使用月初或年初汇率）作为记账汇率时，在填制每月的凭证前，应预先在此录入该月的记账汇率，否则在填制该月外币凭证时，将会出现汇率为零的错误。

使用变动汇率（即使用当日汇率）作为记账汇率时，在填制某天的凭证前，应预先在此录入该天的记账汇率。

例 4-11 参照表 4-11 进行外币设置。

表 4-11   外币业务（以人民币作为本位币进行业务处理）

币名	美元
币符	USD
汇率小数位	5
最大误差	0.000 01
汇率方式	固定汇率
折算方式	外币 × 汇率 = 本位币
1 月份汇率	6.9

（1）展开图 4-2 中的"财务"目录，选择"外币设置"命令，系统弹出"外币设置"窗口，如图 4-17 所示。

（2）单击"增加"按钮输入表 4-11 中的外币设置信息。

（3）设置完毕后，单击"确认"按钮保存。在设置会计科目时可以引用外币，只有在建账时勾选"外币核算"项，方能使用本功能。

3. 会计科目

一级科目设置必须符合会计制度的规定，而明细科目则可以根据实际情况，在满足核算、管理及报表的要求下进行设置。在进行建账时，如果选择了按行业预设科目，则系统会按新建账套的行业类型预设一级会计科目。

例 4-12　在建账时选择"2007新会计准则"的初始会计科目下，然后再参照表4-12，进行会计科目设置。

（1）展开图 4-2 中的"财务"目录，选择"会计科目"命令，系统弹出"会计科目"设置窗口。如果在建账时勾选"按行业预设科目"项，则在进行会计科目时，系统自动生成相应行业的会计科目，在此基础上，再根据企业需要，设置明细科目即可。

（2）在"会计科目"窗口中，单击"增加"按钮，系统弹出"会计科目–新增"窗口，如图4-18所示。

图 4-17

图 4-18

表 4-12

会计科目列表

类型	级次	科目编码	科目名称	外币币种	辅助账类型	银行科目	现金科目	余额方向	银行账	现金账
资产	1	1001	库存现金				Y	借		Y
资产	2	100101	人民币				Y	借		Y
资产	2	100102	美元	美元			Y	借		Y
资产	1	1002	银行存款					借		Y
资产	2	100201	科技园招商银行			Y		借	Y	Y
资产	2	100202	科技园工商银行			Y		借	Y	Y
资产	1	1121	应收票据		客户往来			借		
资产	1	1122	应收账款					借		
资产	2	112201	应收人民币		客户往来			借		
资产	2	112202	应收美元	美元	客户往来			借		
资产	1	1123	预付账款		供应商往来			借		
资产	1	1405	库存商品					借		
资产	2	140501	自制半成品					借		
资产	2	140510	产成品					借		
负债	1	2201	应付票据		供应商往来			贷		
负债	1	2202	应付账款		供应商往来			贷		
负债	1	2203	预收账款					贷		
负债	2	220301	预收人民币		客户往来			贷		
负债	2	220302	预收美元	美元	客户往来			贷		
负债	1	2221	应缴税费					贷		
负债	2	222101	应缴增值税					贷		
负债	3	22210101	进项税额					贷		
负债	3	22210102	已缴税金					贷		
负债	3	22210103	转出未交增值税					贷		
负债	3	22210104	减免税款					贷		
负债	3	22210105	销项税额					贷		
负债	3	22210106	出口退税					贷		
负债	3	22210107	进项税额转出					贷		

续表

类型	级次	科目编码	科目名称	外币币种	辅助账类型	银行科目	现金科目	余额方向	银行账	现金账
成本	1	5001	生产成本					借		
成本	2	500101	基本生产成本					借		
成本	3	50010101	制造基本生产成本					借		
成本	4	5001010101	直接材料					借		
成本	4	5001010102	直接人工					借		
成本	4	5001010103	制造费用					借		
成本	4	5001010104	辅助生产费用					借		
成本	4	5001010105	其他生产费用					借		
成本	4	5001010106	转出完工产品					借		
成本	4	5001010107	委托加工直接材料					借		
成本	4	5001010108	委托加工费					借		
成本	2	500102	辅助生产成本					借		
损益	1	6601	销售费用					借		
损益	2	660101	通信费		部门核算			借		
损益	2	660102	折旧		部门核算			借		
损益	2	660103	薪资		部门核算			借		
损益	2	660104	其他					借		
损益	1	6602	管理费用					借		
损益	2	660201	差旅费		部门核算			借		
损益	2	660202	办公费		部门核算			借		
损益	2	660203	水费		部门核算			借		
损益	2	660204	通信费		部门核算			借		
损益	2	660205	电费		部门核算			借		
损益	2	660206	折旧费		部门核算			借		
损益	2	660207	会议费		部门核算			借		
损益	2	660208	培训费					借		
损益	2	660209	薪资					借		
损益	2	660299	其他					借		

（3）按表 4-12 录入新的会计科目或修改已有的会计科目。

● 外币核算：科目需外币核算时，应勾选"外币核算"项（如果在建账时，没有选择外币核算，则外币核算项将不被激活），并选择其核算的币种以及该科目是否需要日记账或银行账（比如现金科目则勾选"日记账"选项，银行存款科目则勾选"日记账"与"银行账"两个选项）。

● 辅助核算：有些科目需要借助个人、部门、客户、供应商或项目完成相应的核算，在进行科目设置时，应勾选"进行辅助核算"项。

提示　比如会计科目"112201 应收账款 - 应收人民币"，在设置该科目时，其辅助核算就需要勾选"客户往来"（而非在这个科目下设置明细科目来表示具体的某个客户名称），这样这个科目就与"客户档案"连接起来了，在填制记账凭证时，如果使用到 112201 这个会计科目时，系统会提示要求选择发生这笔业务的客户名称。

● 受控系统：如果科目只能由特定系统（应收系统、应付系统和存货核算）使用，则可以在此指定系统。

● 数量核算：勾选该项，在填制凭证操作引用该科目时，系统会要求输入相应的数量和单价，相乘的结果为该科目的值。勾选"数量核算"项，需要设置计量单位。该功能常常在没有启用存货核算系统，而在总账系统中核算库存商品会计科目时使用。

（4）科目设置完毕，单击"确定"按钮保存设置并退出。

（5）在"会计科目"窗口中，打开"编辑"菜单下的"指定科目"菜单，系统弹出"指定科目"窗口，如图 4-19 所示。此处指定的现金总账科目和银行总账科目供出纳管理使用（在查询现金、银行存款日记账前，必须指定现金、银行存款总账科目）；指定现金流量科目作为在总账中填制该科目凭证时，系统强制要求将该科目的发生业务记入各现金流量项目中。

图 4-19

注	只有科目性质（余额方向）为"借方"的科目方可被指定为现金科目或银行科目。 指定的现金流量科目供 UFO 报表出现金流量表时取数函数使用，在录入凭证时，对指 定的现金流量科目系统自动弹出窗口要求指定当前录入分录的现金流量项目。 如果不希望在填制凭证时，系统强制要求将该科目的发生额记入现金流量项目中，则 不要指定现金流量科目。

（6）若要修改科目信息，可以在"会计科目"窗口中，选择科目，再单击"修改"按钮进行修改，单击"删除"按钮可删除科目。

注	不能删除已经制单或者录入了期初余额的科目；不能删除指定为"现金银行科目"的 科目，只有取消"现金银行科目"的设置后方可删除。 在设置会计科目时要考虑到与其他子系统的衔接。因为，在总账系统中，只有末级会 计科目才允许有发生额，才能接收各子系统转入的数据。

说明	如果已经制单或者有了期初余额的科目，再增加新的下级科目时，它会将该科目有关 的数据自动转至所增加的下级科目中的第一级。如原来只用 1001 现金科目来做人民 币业务，如果制单后要在现金科目下面增加两个下级科目，如 100101 人民币科目和 100102 美元科目，这时系统会将原来 1001 库存资金科目的数据自动转至 100101 人民 币科目业务中。

4.2.5 收付结算

收付结算设置包括结算方式、付款条件、银行档案和本单位开户银行设置。

本功能用来建立和管理用户在经营活动中所涉及的结算方式，它与财务结算方式一致，如现金结算、支票结算等。结算方式最多可以分为两级。结算方式一旦被引用，便不能修改和删除。

（1）展开图 4-2 中的"收付结算"目录，选择"结算方式"命令，系统弹出"结算方式"设置窗口，如图 4-20 所示。

图 4-20

（2）结算方式的设置与客户分类设置类似，设置时应注意结算方式的编码规则。

注　　如果勾选"是否票据管理"项，则在执行该种结算方式时，系统会提示记录发生该笔业务的票据信息，否则不会提示。

4.2.6　业务信息

业务信息设置内容包括仓库档案、收发类别、采购类型、销售类型、产品结构、成套件、费用项目、发运方式、货位档案和非合理损耗类型等设置。

1. 仓库档案

仓库设置是应用供销链管理系统的前提。

例 4-13　参照表 4-13 进行仓库档案设置。

表 4-13　　　　　　　　　　　　仓库档案

编码	名称	成本计价方式	属性
01	材料库	先进先出	普通仓
02	半成品库	先进先出	普通仓
03	成品库	先进先出	普通仓
04	杂品库	先进先出	普通仓
05	委外仓	先进先出	委外仓

（1）展开图 4-2 中的"业务"目录，选择"仓库档案"命令，系统弹出"仓库档案"设置窗口。

（2）单击"增加"按钮，系统弹出"增加仓库档案"对话框，带红色星号"*"的选项为必须填写项。

● 仓库编码必须唯一，最多 10 位，仓库名称最多 20 个字符，在此录入"01"。

● 仓库名称输入"材料库"。

● 当存货核算系统选择"按部门核算"时，必须输入所属部门。

● 系统提供 6 种计价方式。工业有计划价法、全月平均法、移动平均法、先进先出法、后进先出法和个别计价法；商业有售价法、全月平均法、移动平均法、先进先出法、后进先出法和个别计价法。每个仓库都必须选择一种计价方式。只有在存货核算系统的选项设置中选择了核算方式"按仓库计算"项，则在此设置的仓库计算方式才能使用。

● 是否货位管理：如果该仓库需进行货位管理，则勾选此项。如果该仓库已使用，此时再由货位管理改为非货位管理，系统将货位结存表中该仓库的所有信息删除；由非货位管理改为货位管理后，要在货位期初数中输入该仓库各存货各货位的结存情况。

● 是否参与 MRP 运算：新建仓库默认为是，可修改。该功能与用友 V8.72 中的物料需求计划有关，本书不涉及。

● 是否参与 ROP 计算：新建仓库默认为是，以后根据"库存管理"ROP 选项默认 ROP 采购计划方案的设置显示，可修改。该功能与用友 V8.72 中的物料需求计划有关，本书不涉及。

● 资金定额、备注：可以为空。

● 对应条形码：该编码输入的位长为 30 位，不允许有重复的记录存在。新增记录时系统缺省将仓库编码带入，可以随时修改，可以为空。

● 仓库属性：下拉框选择，选项：普通仓、现场仓、委外仓，默认为普通仓；普通仓用于正常的材料、产品、商品的出入库、盘点的管理；现场仓用于生产过程的材料、半成品、成品的管理，即指将生产车间当做一个仓库管理；委外仓用于管理发给委外商的材料的管理，即指将委外供应商的生产现场当做一个仓库管理。

● 控制序列号：默认为"是"，如没有选择，库存管理收发记录表中存在此仓库时不可修改，如果已选择，随时可改。老用户升级默认为是。

● 记入成本：默认选中。如果库存管理收发记录表中存在此仓库，即已录入单据的仓库不允许修改"记入成本"的属性，非"记入成本"的仓库不允许指定其对应的部门。老用户升级默认为是。

● 纳入可用量计算：默认是。随时可改。老用户升级默认为是。

● 代管仓：默认为否，如果仓库被引用过（只要被参照过），则不能再修改此选项，而且此选项与现场仓、委外仓互斥。

● 保税库：存放保税品的仓库。

（3）单击"保存"按钮保存设置，然后再录入表 4-13 中的其他数据，如图 4-21 所示，最后单击"退出"按钮退出设置。

图 4-21

2. 收发类别

收发类别不仅包括材料，还包括商品出入库类型，用户可以根据实际的需要自行设置，根据不同的业务类型进行统计和分析。例如，公司为客户临时提供样品供其测试使用时，为了统计最终样品的出库情况，可以在出库类别中单独设置一个"样品出库"类别，这样，在填制出库单时，在出库类别项中选择"样品出库"，则可以随时统计所有属于"样品出库"这种出库业务的数据。

例 4-14 参照表 4-14 进行出、入库类别设置。

表 4-14　　　　　　　　　　　　出、入库类别

1：入库类别		2：出库类别	
11：原材料采购入库		21：原材料领用出库	
12：半成品入库		22：半成品出库	
13：产成品入库		23：产成品销售出库	
14：退料入库	收发标志：收	24：样品出库	收发标志：发
15：调拨入库		25：调拨出库	
16：盘盈入库		26：盘亏出库	
17：其他入库		27：其他出库	
18：委外加工入库		28：委外材料领用出库	

（1）展开图 4-2 中的"业务"目录，选择"收发类别"命令，系统弹出"收发类别"设置窗口，如图 4-22 所示。

（2）单击"增加"按钮，对照项目录入表 4-14 中出入库设置数据，要选择收发标志，保存后再增加其他数据。

图 4-22

提示　　收发标志代表该收发类别相对于仓库是收还是发。

3. 采购类型

采购类型是由用户根据企业需要自行设定的项目，用户在使用用友采购管理系统，填制采购入

库单等单据时，会涉及采购类型栏目，便于企业进行分类统计。如果企业需要按采购类型进行统计，那就应该建立采购类型项目。

例 4-15 参照表 4-15 进行采购类型设置。

表 4-15　　　　　　　　　　　　　采购类型

编码	名称	入库类别
1	原材料采购入库	原材料采购入库
2	委外采购入库	委外加工入库

（1）展开图 4-2 中的"业务"目录，选择"采购类型"命令，系统弹出"采购类型"设置窗口，如图 4-23 所示。

（2）单击"增加"按钮，增加一采购类型，如原材料采购入库，对应的入库类别为"原材料采购入库"，单击"保存"按钮保存设置。

4. 销售类型

用户在处理销售业务时，可以根据自身的实际情况定义销售类型，以便按销售类型对销售业务数据进行统计和分析。完成对销售类型的设置和管理后，用户可以根据业务的需要方便地增加、修改、删除、查询和打印销售类型。

图 4-23

操作方式与采购类型一致，设置结果如图 4-24 所示。

例 4-16 参照表 4-16 进行销售类型设置。

表 4-16　　　　　　　　　　　　　销售类型

编码	名称	入库类别
1	普通销售	产成品销售出库

图 4-24

课 后 习 题

（1）会计科目是操作什么工作的基础？

（2）科目属性中的"科目受控系统"是什么功能？

（3）币别管理中"记账汇率"的意义？

（4）客户资料在怎样情况下需要设置？

（5）在使用什么功能系统下要进行存货的设置？

实验二　基础资料设置

【实验目的】

1. 掌握基础资料内容。

2. 掌握基础资料设置方法。

【实验内容】

1. 新增、修改会计科目。

2. 币别管理。

3. 凭证字的管理。

4. 计量单位管理。

5. 结算方式管理。

6. 客户资料管理。

7. 供应商资料管理。

【实验资料】

1. 币别：USD，美元，6.30

2. 会计科目档案

科目代码	科目名称	科目代码	科目名称	科目代码	科目名称
100101	人民币	50010101	直接材料	660201	差旅费
100102	美元	50010102	直接人工	660202	业务招待费
100201	招行319本币	50010103	制造费用转入	660203	办公费
100202	建行712美元	510101	房租水电费	660204	管理员工资
160101	办公设备	510102	折旧费	660205	折旧费
160102	生产设备	510103	员工工资	660206	其他
160103	运输车辆	660101	差旅费	660207	坏账损失
400101	王齐龙	660102	业务招待费	660301	利息
400102	何小川	660103	折旧费	660302	银行手续费
500101	基本生产成本	660104	业务员工资	660303	调汇

3. 凭证字：记

4. 计量单位

组别	代码	名称	系数
数量组	11	支	1
	12	个	1
其他组	21	台	1
	22	辆	1

5. 结算方式：JF06 转账支票

6. 客户档案

代码	名称
01	上海常星礼品公司
02	广州鸿运文具店
03	广州明有文具店
04	深圳长友网络公司

7. 供应商档案

代码	名称
01	广州浩友塑胶制品厂
02	广州书名文具厂
03	广州唯安包装公司
04	广州顺利货运公司

8. 部门档案

代码	名称
01	总经办
02	财务部
03	销售部
04	采购部
05	仓库
06	生产部
07	品管部
08	行政部

9. 职员档案

代码	姓名	部门
01	何小川	总经办
02	贺君兰	财务部
03	李丽	财务部
04	王力保	销售部
05	叶小英	采购部
06	谭艳	仓库
07	唐友利	生产部
08	王宝强	生产部
09	袁有	生产部
10	李丰富	生产部
11	张先	品管部
12	谢至星	行政部

【实验步骤】

1. 新增币别：USD，美元，6.30。

2. 新增下表会计科目档案。

3. 修改 1122 应收账款和 2203 预收账款的科目属性中的"辅助核算"为"客户"，修改 2202 应付账款和 1123 预付账款的科目属性中的"辅助核算"为"供应商"。

4. 新增"记"凭证字。

5. 新增下表计量单位档案。

6. 新增结算方式：JF06 转账支票。

7. 新增下表客户档案。

8. 新增下表供应商档案。

9. 建立下表部门档案。

10. 建立下表职员档案。

第 5 章 总账

【学习重点】

通过本章学习，了解总账系统的基本原理和操作方法，了解凭证的录入、审核、修改和打印等操作，通过凭证处理后，如何查询各种账簿和报表，以及总账的期末处理方法。

5.1 概述

会计任务包括设置账户、填制凭证等，然后对其审核、记账，最后统计各种账表，这些都是用友 ERP–U8 最基本的功能。总账系统就是用来完成这些基本功能。

总账系统是会计电算化的核心模块，可以进行凭证填制、审核和记账等工作，同时它接收来自各业务系统传递过来的凭证（如固定资产的计提折旧凭证）。总账系统在月末会根据转账定义自动生成结转凭证，自动结转损益凭证等。

总账系统根据填制的凭证自动生成相应的账簿报表，如总分类账、明细分类账和科目余额表等。

如果核算单位的账务非常简单，涉及往来款、库存等业务较少时，单独使用总账系统就可以实现财务核算的基本要求。

1. 使用总账管理系统需要设置的内容

● 公共资料：公共资料是本系统所涉及的最基础资料，会计科目、币别和凭证字为必设置项，其他项目视核算要求进行设置。

● 系统设置资料：系统设置是针对该模块的参数进行再详细化设置。

2. 总账系统可执行的查询的报表

包括总分类账、明细分类账、数量金额明细账、数量金额总账、多栏账、核算项目分类总账、核算项目明细账、科目余额表、试算平衡表、日报表查询、摘要汇总表、核算项目余额表、核算项目汇总表、核算项目组合表、核算项目与科目组合表、科目利息计算表、调汇历史信息表和现金流量表。

3. 操作流程

系统初始化结束以后，随着公司的业务开展，还有许多基础资料需要设置，如银行科目的新增、客户和供应商的新增等，可以随时在凭证录入时进行处理，总账系统操作流程如图 5–1 所示。

4. 总账系统与其他系统间的数据流程图

总账系统与其他系统的数据流程图反应了总账系统与其他系统的数据传递关系，如图 5–2 所示。

总账系统是用友 U8 财务核算的核心，与其他业务系统通过凭证进行无缝连接，同时业务系统的凭证也可自行在总账系统中处理，并且报表、现金流量表和财务分析都可以从总账系统中取数。

图 5-1

图 5-2

5.2 总账系统初始化设置

5.2.1 总账业务参数设置

（1）在"基础信息"中，展开"业务参数"菜单，选择"财务会计"下的"总账"命令，系统打开总账"选项"设置窗口，单击"编辑"按钮可进行业务参数修改，如图 5-3 所示。

（2）在"选项"窗口中包含"凭证"、"账簿"、"凭证打印"、"权限"、"预算控制"、"会计日历"和"其他"选项卡。

① "凭证"选项卡，用于设置与凭证相关的控制参数。

● "制单序时控制"表示填制凭证时，凭证日期只能由前往后填。例如，填制了 2010 年 1 月

5日的凭证就不能填制2010年1月4日的凭证。

- "支票控制"表示在制单时录入了未在支票登记簿中登记的支票号，系统将提供登记支票登记簿的功能。

图5-3

- "赤字控制"表示在科目制单时如果最新余额出现负数，系统将予以提示，如果勾选该项，则可以选择是对"资金及往来科目"进行控制或是对"全部科目"都进行控制；控制时只是显示提示信息还是不能再制单（即严格控制）。
- "可以使用应收、应付、存货受控科目"是指某科目为其他系统的受控科目（如客户往来科目为应收、应付系统的受控科目），为了防止重复制单，应只允许其受控系统使用该科目制单，总账系统不能使用此科目制单。

> 注　如果允许使用了受控科目，则有可能引起其他系统与总账对账不平。例如，在应收款管理系统中，A客户的应收账款为20万，但是在总账系统中除了接收来自于应收款管理系统的A客户20万的应收账款信息之外，又单独在总账中新增了A客户的应收账款5万，这样就会造成应收款管理系统中的A客户的应收账款（20万）与总账系统中的A客户的应收账款（25万）对账不平。所以建议不要勾选这几项，将应收款、应付款、存货的业务处理完全交由应收款管理系统、应付款管理系统、存货核算系统进行，在总账系统中，这些科目都不能被用来填制凭证，当然，这是指这几个系统都已经启用的情况下才这样设置。

- "现金流量科目必录现金流量项目"表示在录入凭证时如果使用现金流量科目（现金流量科目设置请参阅本书第4章中的会计科目设置），那么必须输入现金流量项目及金额。
- 同步删除外部系统凭证：勾选此项，表示外部系统删除凭证（如在应收系统中删除应收系统中的凭证时）时相应的将总账的凭证同步删除。否则，将总账凭证作废，不予删除。
- "自动填补凭证断号"表示凭证编号方式为系统编号而非手工编号时，在新增凭证时，系统按凭证类别自动查询本月的第一个断号，并将其作为本次新增凭证的凭证号。如无断号则使用新号，编码规则不变。

● 批量审核凭证进行合法性校验：批量审核凭证时针对凭证进行二次审核，提高凭证输入的正确率，合法性校验与保存凭证时的合法性校验相同。

● 凭证录入时结算方式及票据号是否必须录入，如果勾选该项，则必须录入。

● 主管签字以后不可以取消审核和出纳签字：勾选该项，表示如果用友系统中对凭证执行了主管签字功能，则不能取消凭证审核和出纳签字功能，如果需要取消，则需要首先取消主管签字。

● 凭证编号方式可自选，建议勾选"系统编号"。

● 现金流量参照科目：选择现金流量录入界面的参照内容和方式，选择"现金流量科目"项时，系统只参照凭证中的现金流量科目；选择"对方科目"项时，系统只显示凭证中的非现金流量科目；选择"自动显示"项时，系统依据前两个选项将现金流量科目或对方科目自动显示在指定现金流量项目界面中，否则需要手工参照选择。

② "凭证打印"选项卡，用于设置与凭证打印相关的控制参数。

● 合并凭证显示、打印：勾选此项可以再次选择是"按科目、摘要相同方式合同"或"按科目相同方式合并"。在填制凭证、查询凭证、出纳签字和凭证审核时，以系统选项中的设置显示；在科目明细账显示或打印时，在明细账显示界面提供是否"合并显示"的选项。

● 打印凭证页脚姓名：在打印凭证时，是否自动打印制单人、出纳、审核人、记账人的姓名；不勾选则不打印。

● 打印包含科目编码：在打印凭证时，系统除了打印科目名称之外，是否要自动打印科目编码。

● 打印转账通知书：启用了此项，才能够在科目编辑时指定可打印的科目，在凭证中可打印转账通知单。

● 凭证、正式账每页打印行数：设置凭证、正式账的每页打印行数。

③ "账簿"选项卡，用于设置账簿打印相关的控制参数。

● 打印位数宽度（包括小数点及小数位）：定义正式账簿打印时各栏目的宽度，包括摘要、金额、外币、数量、汇率及单价。

● 凭证、账簿套打：选择凭证、账簿是否套打，套打是用友公司专门为用友软件用户设计的，适合于用各种打印机输出管理用表单与账簿，这些表单与账簿是带格式线的空表，套打时，系统只打印出具体的数据，而不打印这些格式线。

● 明细账（日记账、多栏账）打印输出方式：按月排页，即打印时从所选月份范围的起始月份开始将明细账顺序排页，再从第一页开始将其打印输出，打印起始页号为"1 页"，这样，若所选月份范围不是第一个月，则打印结果的页号必然从"1 页"开始排；按年排页，即打印时从本会计年度的第一个会计月开始将明细账顺序排页，再将打印月份范围所在的页打印输出，打印起始页号为所打月份在全年总排页中的页号，这样，若所选月份范围不是第一个月，打印结果的页号有可能就不是从"1 页"开始排。

● 打印设置按客户端保存：如果有多台电脑使用用友软件，不同的电脑上配置有多台不同型号的打印机时，选择此项则可以按照每台电脑上单独的打印机类型和打印选项设置，打印凭证和账簿。

④ "权限"选项卡，在此可以设置总账系统的权限。

● 制单权限控制到科目：若勾选此项，则在制单时，操作员只能使用具有相应制单权限的科目制单，这个功能要与在系统管理的"功能权限"中设置科目权限共同使用才有效。

● 制单权限控制到凭证类别：若勾选此项，则在制单时，只显示此操作员有权限的凭证类别，同时在凭证类别参照中按人员的权限过滤出有权限的凭证类别，此功能与系统管理的"功能权限"中设置凭证类别权限共同使用才有效。

● 操作员进行金额权限控制：选择此项可以对不同级别的人员进行金额大小的控制，例如，财务主管可以对10万元以上的经济业务制单，一般财务人员只能对5万元以下的经济业务制单，严格的金额权限设置可以防止经济损失。如果为外部凭证或常用凭证调用生成，则处理与预算处理相同，不做金额控制。

> **提示** 结转凭证不受金额权限控制；在调用常用凭证时，如果不修改直接保存凭证，此时由被调用的常用凭证生成的凭证不受任何权限的控制，例如，包括金额权限控制、辅助核算及辅助项内容的限制等；外部系统凭证是由外部系统已生成而传递进入总账系统的凭证，得到系统的认可，所以除非进行更改，否则不做金额等权限控制。

● 凭证审核控制到操作员：如只允许某操作员审核其本部门操作员填制的凭证，则应选择此选项。

● 出纳凭证必须经由出纳签字：若要求现金、银行科目凭证必须由出纳人员核对签字后才能记账，则选择"出纳凭证必须经由出纳签字"。

● 凭证必须经由主管会计签字：如要求所有凭证必须由主管签字后才能记账，则选择"凭证必须经主管签字"。

● 允许修改、作废他人填制的凭证：若选择了此项，在制单时可修改或作废别人填制的凭证，否则不能修改。

● 可查询他人凭证：如允许操作员查询他人凭证，则选择"可查询他人凭证"。

● 制单、辅助账查询控制到辅助核算：设置此项权限，制单时才能使用有辅助核算属性的科目录入分录，辅助账查询时只能查询有权限的辅助项内容。

● 明细账查询权限控制到科目：这里是权限控制的开关，在系统管理中设置明细账查询权限，必须在总账系统选项中打开，才能起到控制作用。

● 是否可以查询客户、供应商辅助账。

⑤ "会计日历"选项卡，可以查看各会计期间的开始日期与结束日期、启用会计年度和启用日期。如果要修改设置需要在系统管理中进行操作（会计期间可以任意位置，如可以是本月的25日到下个月的24日）。总账系统的启用日期不能在系统的启用日期之前，录入汇率后不能修改总账启用日期，总账中若已录入期初余额（包括辅助期初）则不能修改总账启用日期；总账的启用日期不能修改为总账中已制单的月份，总账的启用日期不能修改为其他系统中已制单的月份，第二年进入系统，不能修改总账的启用日期。

> **注** 要修改账套设置，需在系统管理中以账套主管的身份注册，而不是以admin的身份注册。

⑥ "其他"选项卡，用于设置部门、个人、项目的排序方式以及数量、单价、本位币的小数位。

⑦ "预算控制"选项卡，此功能与用友 V8.72 中的预算控制系统有关，本书中不涉及该内容，在此不作详细说明。

5.2.2 录入期初余额

总账系统中的期初余额就是指各会计科目的期初余额。

例 5-1 录入科目的期初余额（其中带辅助核算的科目的期初余额需要明细录入），期初余额数据如下：

表 5-1   科目期初余额

科目名称	方向	币别 / 计量	期初余额
库存现金 (1001)	借	人民币	40 000
人民币 (100101)	借	人民币	40 000
银行存款 (1002)	借	人民币	400 000
科技园招商银行 (100201)	借	人民币	200 000
科技园工商银行 (100202)	借	人民币	200 000
应收账款 (1122)	借	人民币	53 010
应收人民币 (112201)	借	人民币	53 010
原材料 (1403)	借	人民币	39 750
库存商品 (1405)	借	人民币	50 200
自制半成品 (140501)	借	人民币	1 200
产成品 (140510)	借	人民币	49 000
委托加工物资 (1408)	借	人民币	5 200
固定资产 (1601)	借	人民币	40 000
累计折旧 (1602)	贷	人民币	10 000
预收账款 (2203)	贷	人民币	10 000
预收人民币 (220301)	贷	人民币	10 000
实收资本 (4001)	贷	人民币	248 160

表 5-2   应收账款期初余额（部门客户往来核算）

日期	部门名称	客户名称	方向	本币期初余额
2009.12.31	销售一部	北京远东集团	借	50 310

表 5-3   预收账款期初（部门客户往来核算）

日期	部门名称	客户名称	摘要	方向	本币期初余额
2009.12.31	销售一部	北京远东集团	预收款	贷	10 000

（1）展开"设置"菜单，单击"期初余额"选项，系统弹出"期初余额"录入窗口，如图 5-4 所示。

图 5-4

（2）双击"期初余额"栏以录入该科目的期初余额；如果该科目有下级明细科目，只录入末级明细科目的余额即可，上级科目的余额由系统自动汇总之后填入；有红字余额则先填入负号"－"，然后再输入余额；外币核算先录入的是本币金额，而后录入外币金额。

科目设置（请参阅本书第4章中会计科目设置）中有5种辅助核算方式，当录入有辅助核算的会计科目的科目余额时，系统会自动弹出与辅助核算相对应的期初余额录入窗口，在该窗口中再录入明细的辅助核算的明细期初数据。参照 [例5-1] 中的 [表5-1] 录入各会计科目的期初余额。

录入"应收账款"会计科目，该科目的辅助核算项为"部门客户核算"，系统打开"客户部门往来期初"录入窗口，单击"增加"菜单，系统增加一空白应收账款记录，录入 [表5-2] 中的客户部门往来期初数据，如图5-5所示。然后录入 [表5-3] 中预付款期初余额。

图 5-5

单击"增加"按钮，可将个人往来的期初数据填入。

其他会计科目如果有供应商核算、部门核算、个人核算、项目核算中一种或两种，其录入方式与客户核算一样。

提示　会计科目的期初余额需与各功能子各功能子系统中的期初余额相对应，例如，总账系统中的应收款科目的期初余额需与应收款管理系统中期初余额相对应，总账系统中的原材料科目的期初余额需与存货核算系统中的原材料的期初余额相对应。如果已经在应收应付系统中录入了期初单据，则可以在"期初往来明细"窗口中单击"引入"按钮直接引入应收应付系统中的期初数据。

（3）系统会为科目余额指定余额方向，用户也可以调整科目的余额方向。选定需要调整余额方向的科目，然后单击"期初余额录入"窗口上的"方向"按钮，系统提示是否需要调整余额方向窗口。确实需要调整，则单击"是"按钮。

提示　已设置好期初余额的科目不能调整余额方向，需将期初余额删除后再调整余额方向。

（4）科目余额录入完毕之后，进行试算平衡操作以检验数据的正确性，即借方余额是否等于贷方余额。单击"期初余额录入"窗口上的"试算"按钮，如果试算平衡，系统会显示"试算结果平衡"，如图 5-6 所示。

会计知识：试算平衡

试算平衡是指根据资产与权益的恒等关系以及借贷记账法的记账规则，检查所有账户记录是否正确的过程，包括发生额试算平衡法和余额试算平衡法两种方法，试算平衡只对记账结果在数额上是否正确进行验算。遵循借贷记账法的记账规则"有借必有贷，借贷必相等"，所以每一笔经济业务所涉及的借方和贷方金额都一定是相等的。

图 5-6

如果试算不平衡，系统会显示不平衡的提示，此时用户需要检查前期所做的期初余额是否有误。

将期初余额数据更正后，再运行试算功能，直到平衡为止。

（5）对账是系统自动完成的，检查总账与辅助账或明细账中的数据是否有错误。单击"对账"按钮，系统弹出"期初对账"窗口，单击"开始"按钮开始对账，如果没有错误，则系统会给出对账成功信息。

如果出现对账错误，系统会给出对账错误提示，可以单击"显示对账错误"按钮查看对账错误信息。

（6）最后单击"退出"菜单退出期初余额录入窗口。

> **注** 如果是年初（即1月1日）建账（本书中的011账套选择的是年初建账），则直接录入期初余额（即年初余额）。如果是年中建账（非年初建账），需要录入所建账月份的期初余额和从该年年初到该月份的借、贷方累计的发生额，之后，系统会自动计算年初余额；凭证记账后，期初余额只能浏览，不能修改，如果修改，需将所有记账的凭证取消记账方可。

5.2.3 账簿清理

年初建完账后，如果发现账建得太乱或错误太多，希望将该账冲掉后重新建账，则可以使用账簿清理功能。账簿清理将冲掉本年各账户的余额和明细账，并将上年的会计科目、部门目录、个人目录、客户分类、客户目录、供应商分类、供应商目录、项目目录、凭证类别、常用摘要、常用凭证转入本年。若本年不是账套启用年，则冲掉本年各账户的余额和明细账，只保留会计科目、部门目录、客户目录、供应商目录、项目目录、个人目录、凭证类别、常用摘要、常用凭证。执行账簿清理后，应重新调整科目和余额。

图5-7

（1）展开"设置"菜单，单击"账簿清理"选项，系统要求录入会计主管口令，口令确认后系统弹出"账簿清理"对话窗口，如图5-7所示。

（2）在此选择需要清理的具体内容，然后选择"清理"或"不清理"操作。

> **提示** 只有财务主管才能使用本功能；执行本功能将冲掉本年录入的所有余额和发生数，所以执行本功能一定要慎重，最好在执行前先进行数据备份工作；若已使用其他子系统填制了凭证，则最好不要对总账数据进行清理，否则可能会引起其他子系统的数据无法联查凭证。若想清空所有系统的数据，可执行系统管理中的"清空年度数据"功能；账簿清理不同于账套删除。

> **注** 第一个会计期间已记账后，期初余额只能查看，不能修改。

5.3

凭证处理

记账凭证是总账处理日常业务的起点，也是查询时数据最主要的来源。凭证通过借、贷双方的数据反映公司的日常业务。用友系统中账簿的准确、完整与否完全依赖于凭证，因此用户必须要确保记账凭证输入的及时、准确和完整。

会计知识：记账凭证

记账凭证作为登记账簿的主要依据，因其所反映的经济业务内容、单位规模大小及其对会计核算简繁程度的要求不同，其格式有所不同，但为了满足记账的基本要求，均应具备以下基本内容或要素：

1. 记账凭证的名称。
2. 填制记账凭证的日期。
3. 记账凭证的编号。
4. 经济业务事项的内容摘要。
5. 经济业务事项所涉及的会计科目及其记账方向。
6. 经济业务事项的金额。
7. 记账标记。
8. 所附原始凭证张数。
9. 会计主管、记账、审核、出纳、制单等有关人员的签单。

5.3.1 新增凭证

企业的业务行为，在财务上最终体现为借贷凭证。企业发生一笔业务，就需要新增一张凭证来对该业务进行记录。

提示　在用友系统中，如果启用了其他业务系统，如应收款管理、应付款管理、存货核算系统等，则这些业务的记账凭证，由这些系统的原始凭证自动制单生成之后，传递到总账系统中来（例如，请参阅本书第 7 章应收款管理系统中的制单）；而没有启用的业务系统，如固定资产管理、薪资管理等，则这些业务的记账凭证需要在总账系统中手工填入。

---

1. 填制凭证

例 5-2　购入固定资产 IBM 电脑一台，凭证类别为"记账凭证"。

贷：库存现金—人民币　　6 000 元

借：固定资产　　　　　　6 000 元

（1）单击"凭证"菜单下的"填制凭证"选项，系统弹出"填制凭证"窗口，单击"增加"按钮，结果如图 5-8 所示。

（2）单击凭证类别旁的"浏览"按钮，选择所需要增加的凭证类别"记"。

（3）总账系统选项中已设置凭证编号由系统自动编号（不同的凭证类别，在每月初都重置号码为 1）。若未设置也可以手工录入凭证编号。

图 5-8

会计知识：记账凭证应连续编号，每月从 1 号开始

（4）系统自动提取该账套本年度该类凭证的最后一张凭证的日期作为制单日期，用户可以修改（如果设置制单序时控制功能，则在此不能往前更改日期。如果系统提示"制单日期不能置于系统日期之后"，则需要检查电脑的系统日期是否比制单日期小，若小则要更正过来）。附单据数输入该张凭证所附的单据数量。

（5）在摘要栏中输入信息"购入固定资产 IBM 电脑一台"（或单击摘要栏中的"浏览"按钮，选择预先设置好的常用摘要信息），如图 5-9 所示。

图 5-9

（6）在科目名称栏中，输入科目编码"100101"，或单击其科目栏的"浏览"按钮进入"科目参照"窗口中选择科目，如图 5-10 所示。

图 5-10

注　在"科目参照"窗口中，如果没有所需科目，可以直接在"科目参照"窗口中单击"编辑"按钮，进入新增科目设置窗口进行科目设置。

（7）在"贷方金额"栏中输入 6 000。

（8）如果该会计科目被指定为现金流量科目（请参阅本书第 4 章中的会计科目设置），则单击"流量"按钮，可以将该笔现金业务记录现金流量项目中，便于查询现金流量表，如图 5-11 所示。

（9）第一条分录输入完后，按回车键，系统会自动将上一分录的摘要内容复制到下一分录的摘要栏中（可更改），然后开始下一分录的录入工作，在会计科目处录入"1601"，由于该会计科目的辅助核算为"部门"（请参阅本书第 4 章中的会计科目设置），所以在科目录入完毕后，系统弹出"辅助项"选择窗口，如图 5-12 所示。在此选择核算部门"财务部"，然后在"借方金额"栏中输入 6 000。

图 5-11

图 5-12

在凭证的最后一笔分录，可在其金额录入处按下"="键，系统会根据借贷平衡的原则，自动计算出该分录的结果，十分方便。

（10）单击"保存"按钮保存凭证（如借贷不平，系统会给出提示，并不予保存）。

（11）单击凭证中的会计科目，然后单击"余额"菜单，系统会弹出该科目的余额一览表，如图 5-13 所示。

图 5-13

图 5-14

2. 查看凭证来源

总账系统可进行各种业务记账凭证的填制，但如果已经启用了其他功能系统（如应收应付、存货核算），则相关业务的记账凭证可能是由其他系统中制单生成（原始凭证生成记账凭证）然后传递到总账系统中来的。此时，总账系统中查询该张凭证时，可以直接联查到生成该张凭证的原始业务单据（如收款单、发票等）。

（1）在"填制凭证"窗口中，打开"查看"菜单，可以查看与当前分录中会计科目相关的"联查明细账"、"联查原始单据"等，如图 5-15 所示。

（2）单击凭证名称，可以看到该张凭证的来源信息，即该张记账凭证是由哪一个业务系统生成传递过来的，如图 5-16 所示。

图 5-15

图 5-16

3. 生成常用凭证

日常填制凭证的过程中，许多凭证部分相同或完全相同，如果每一次都重新填制，必然十分繁琐，可以将这样的凭证以常用凭证的方式存储起来，当下一次需要填制类似业务的凭证时，则将该常用凭证复制一张出来，稍做修改即可生成一张新凭证，这必将大大提高业务处理的效率。

例 5-3 定义每个月为市场部人员报销固定的通信费用，用自定义的凭证类别——和氏电子凭证

　　　　贷：库存现金－人民币　　　　300 元

　　　　借：管理费用－通信费－销售一部　　100 元

　　　　借：管理费用－通信费－销售二部　　100 元

借：管理费用 – 通信费 – 销售三部　　100 元

生成常用凭证，常用凭证代号"01"，说明"销售部通信费补助"。

（1）先按正常填制凭证的方法填制 [例 5–3] 中数据的凭证，如图 5–17 所示。

（2）由于会计科目"管理费用/通信费"在进行会计科目设置时辅助核算是"部门"（请参阅本书第 4 章中的会计科目设置），所以在填制凭证时，系统会要求录入该会计科目的辅助项"部门"。

（3）辅助项目不会显示在凭证填制窗口中，而是显示在备注栏，双击可以修改，如图 5–18 所示。

图 5–17

图 5–18

（4）该凭证在打印时，会将辅助项打印在会计科目后面，如图 5–19 所示。

（5）打开填制"凭证"窗口上的"制单"菜单，单击"生成常用凭证"命令，系统提示生成该常用凭证的代号和说明，输入代号"01"和说明"销售部通讯费补助"，单击"确定"按钮保存该常用凭证，如图 5–20 所示。

图 5–19

图 5–20

（6）将来调用常用凭证时，在填制凭证窗口中，打开"制单"，选择"调用常用凭证"命令可复制已有的常用凭证生成一张新的凭证，在上面直接修改即可。

4．草稿凭证的处理

在新增凭证过程中如果有意外情况不能继续（如有事要离开），可以保存这张未完成且未保存过的凭证，这张凭证是一张草稿凭证，可以是结转生成的凭证，但不包括其他系统生成的凭证。在保存时，不做任何合法性校验（借贷不平也可以保存），凭证号也不保存。等以后要使用或继续完成这张草稿凭证时可以由操作员引入。

打开填制"凭证"窗口上的"制单"菜单，单击"凭证草稿保存"命令，则系统将当前凭证保存为草稿凭证，如图5-21所示。

选择"凭证草稿引入"，则将以前未完成的草稿凭证引入继续完成。当凭证填制完成需要保存时，系统提示"是否保留引入的凭证"，选择"是"则保存那张未完成的凭证，以后还可以引用；如果选择"否"则删除那张未完成的凭证。

图 5-21

> **提示** 每个操作员只能保存一张未完成的凭证，保存第二张草稿凭证时系统提示"已存在一张未完成凭证，是否覆盖"，选择"是"则保存第二张凭证草稿，删除第一张；如果选择"否"，则不保存第二张。

5.3.2 凭证修改

填制记账凭证时若发生错误，应当重新填制。已登记入账（即该凭证已记账，记账请参阅本章中凭证记账处理）的记账凭证在当年内发现填写错误时，可以用红字填写一张与原内容相同的记账凭证，在摘要栏注明"注销某月某日某号凭证"字样，同时再用蓝字重新填制一张正确的记账凭证，注明"订正某月某日某号凭证"字样。如果会计科目没有错误，只是金额错误，也可以将正确数字与错误数字之间的差额另编一张调整的记账凭证。如果发现是以前年度记账凭证有错误的，应当用蓝字填制一张更正的记账凭证。

> **提示** 以上会计知识中所讲的应对填制记账凭证时发生错误的处理方法，更多的是面对手工填制凭证时的方法，现在使用用友系统之后，则可以完全借助用友软件，进行凭证修改，如当年的凭证已记账、月末结账，均可以使有反结账、反记账，然后再取消凭证审核，对凭证进行修改，不过，如果填制错误的凭证已经打印并装订起来了，则最好使用冲销凭证的功能进行处理。

（1）展开"凭证"菜单，单击"填制凭证"选项，在"填制凭证"窗口中单击"上张"或"下张"按钮，找到所需要修改的凭证，单击"修改"执行修改工作。另外也可以打开"填制凭证"窗口中的"查询"功能，录入查询条件，如图5-22所示。录完查询条件后，单击"确认"按钮，系统列出所有符合条件的凭证记录，双击需要修改的凭证记录，之后进行修改。

（2）如果科目有辅助项，则需要双击"填制凭证"窗口下边的"备注"栏打开"辅助项"录入窗口。

（3）要增加分录，将光标放在需要增加的分录前，单击"增行"按钮。单击"放弃"按钮可放弃刚才所做的修改操作，单击"保存"按钮可以保存修改后的分录。

图 5-22

注	已审核的凭证不能进行修改，取消审核之后方可进行修改。外部系统传过来的凭证不能在总账系统中修改，只能在生成该凭证的系统中进行修改然后再传递到总账系统中。

5.3.3　冲销凭证

如果凭证填制错误，但为了保留该记录，而不对其进行修改或删除（凭证已记账或会计月度已结账，就可能发生这种情况），则可使用到冲销凭证功能，即做一张与该张凭证一模一样的红字凭证。

（1）打开"填制凭证"窗口中"制单"菜单，选择"冲销凭证"命令，系统弹出"冲销凭证"窗口，如图 5-23 所示。

（2）系统提示选择一张需要进行冲销的已记账凭证，过滤条件输入完后，单击"确定"按钮，即可完成指定凭证的冲销工作。

图 5-23

注	只有已记账（凭证记账请参阅本章中的凭证记账处理）的凭证才能被冲销，未记账的凭证如果错误，一般使用凭证修改功能。 凭证冲销是自动生成一张与原凭证借贷都相同的红色凭证，所以冲销之后，还需要做一张正确的凭证。

5.3.4　删除凭证

凭证不再需要时，如凭证所记录的业务取消或者凭证填制错误，可将其删除。

（1）打开"填制凭证"窗口，查询凭证以找到要删除的凭证双击将其打开。

（2）单击"制单"菜单下的"作废/恢复"命令，如图 5-24 所示。

该凭证被标上"作废"字样，原凭证中的数据内容不变，但不能修改，不能审核。

图 5-24

注	作废凭证需参与记账，否则无法结账。作废保证不做数据处理，相当于空白凭证，在做账簿查询时，不显示该张凭证的数据，但仍然占有该张凭证号。

（3）在已有"作废"字样的凭证上，再次单击"作废/恢复"命令，可以取消对该张凭证的作废操作，使其回到正常凭证状态，这类似于从 Windows 的回收站中将删除的文件还原。

（4）单击"制单"菜单下的"整理凭证"命令，系统提示选择需整理凭证的期间（以月份为选择），如图 5-25 所示。

（5）选择好凭证期间后，单击"确定"按钮，系统更出"作废凭证列表"，该表中列出来在该凭证期间中有"作废"字样的凭证，在此可选择需要删除的作废凭证，然后单击"确定"按钮，

系统提示对未记账凭证是否重新编号，单击
"是"则整理，单击"否"则不整理。

> **提示** 凭证整理时，如有凭证（如003
> 号凭证）被删除，则该凭证号
> （003）会自动为断号，如果选
> 择了重新整理断号，则系统将
> 后面的凭证号全部往前移动（将
> 004号凭证的凭证号更改为003
> 号凭证）。如果在整理凭证之前，
> 凭证已经打印出来，最好就不
> 要再整理断号了，因为这样会
> 造成系统中的凭证编号和已打
> 印出来的凭证编号错位。

图 5-25

5.3.5 出纳签字

出纳人员管理着企业现金的收入与支出，为了加强对出纳凭证的管理，出纳人员可以通过出纳签字功能对制单员填制的带有现金银行科目的凭证进行检查核对。核对的主要内容是出纳科目金额是否正确，对有错误或异议的凭证，应交填制人员修改后，之后要再次核对。如果设置了出纳凭证必须由出纳签字，则未经过出纳签字的凭证不能进行审核。

> **提示** 实际工作中，也有将凭证打印出来，由出纳人员在打印出来的凭证上手工签字的情况，手工签字还是在电脑中签字可根据实际情况而定。总账选项设置（请参阅本章中的总账管理系统业务参数设置）中可以设置是否需要在电脑中执行出纳签字。

例 5-4 进行出纳签字功能。

以操作员"114龚解园"的身份注册（龚解园具有出纳权限），然后对[例5-2]填制的凭证执行出纳签字。

（1）以出纳员"龚解园"的身份注册进入系统中，如图5-26所示。

（2）打开总账系统，然后在总账系统窗口中打开"凭证"菜单，单击"出纳签字"选项，系统弹出"出纳签字"条件过滤窗口，如图5-27所示。

图 5-26

图 5-27

（3）输入凭证过滤条件（只有涉及现金、银行业务的凭证才会执行出纳签字操作），单击"确认"按钮，系统会列出符合条件的凭证记录，在所列出的记录中，双击[例5-2]凭证，系统打开该张凭证，出纳人员确认该张凭证没有问题后，单击"签字"按钮即可完成出纳签字操作，在该张凭证的出纳签字栏中会出现出纳员"龚解园"的名字，如图5-28所示。

图 5-28

> **注** 要对已签字的凭证取消签字，可单击"取消"按钮。凭证一经签字，就不能被修改、删除，只有取消签字后才可以进行修改或删除，取消签字只能由签字的出纳人员自己进行。

（4）对于大批的凭证需要出纳签字的情况，可在"出纳签字"窗口中打开"出纳"菜单，选择其下面的"成批出纳签字"功能。反之，也可以选择"成批取消签字"功能成批取消已完成出纳签字的凭证，如图5-29所示。

图 5-29

> **提示** 在许多企业中为加强对会计人员制单的管理，常采用经主管会计签字后的凭证才有效的管理模式，因此用友V8.72系统中提供"主管签字"的核算方式，即其他会计人员制作的凭证必须经主管签字才能记账。主管签字方式与出纳签字方式操作一样，在此不做详细说明。

5.3.6 凭证审核

审核凭证是审核员按照财会制度，对制单员填制的记账凭证进行检查核对。只有具有审核权的操作员才能使用本功能。

按照会计制度，制单人与审核人不能同为一人，否则系统会给出"制单人与审核人不能同为一人"的提示，此时需要以另一具有审核权限的操作员身份重新登录用友系统方可进行审核。

> **提示** 有的企业规模比较小，会计人员只有一位，但为使该用友V8.72系统，也需要建立两个不同的操作员，一个操作员制单，另一个操作员审核。

例5-5 以操作员"111仁渴"身份进行注册（该操作员具有凭证审核权限），审核凭证。
（1）以操作员"仁渴"身份注册进入账套。

（2）打开总账系统，展开"凭证"菜单，单击"审核凭证"命令，系统弹出"凭证审核"条件过滤窗口，如图5-30所示。

（3）输入过滤条件，单击"确认"按钮，系统列出所有符合条件的记录。

（4）双击凭证，然后单击"审核"按钮，在凭证下方审核人一栏中会出现操作员"龚冰冰"。单击"取消"按钮则会取消审核，如图5-31所示。

图5-30

> **提示** 单击"审核"按钮审核该张凭证后，系统会自动进入下一张未审核的凭证窗口，所以单击"上一张"按钮定位键才能找到该张已审核的凭证。

图5-31

（5）在"审核凭证"窗口中，也可以选择"审核"菜单中的"成批审核凭证"功能，进行成批凭证审核。

（6）如果审核时发现凭证有错，可单击"标错"按钮，先进行标错，然后再修改，再次单击"标错"按钮则取消该张凭证的标错。

凭证审核后不能修改与删除，只有取消审核后才可以。

> **注** 如果在总账选项中设置了出纳凭证需由出纳签字，则出纳凭证必须由具有出纳签字权限的操作员签字后才能进行审核。

5.3.7 凭证打印

会计知识：会计凭证的保管

会计凭证的保管是指会计凭证记账后的整理、装订、归档和存查等工作。会计凭证的保管主要有下列要求：

1. 会计凭证应定期装订成册，防止散失

2. 会计凭证封面应注明单位名称、凭证种类、凭证张数、起止号码、年度、月份、会计主管人员、装订人员等有关事项，会计主管人员和保管人员应在封面上签章

3. 会计凭证应加贴封条，防止抽换凭证

4. 严格遵守会计凭证的保管期限规定，期满前不得任意销毁

如核算单位已经进行了手工甩账操作，完全使用用友软件进行日常的会计处理工作，则需要将

系统中的凭证打印出来，然后在凭证后面贴上原始单据，装订成册，保留记录，这是财务制度的要求。

（1）选择总账窗口中"凭证"菜单下的"打印凭证"功能，系统弹出"凭证打印"窗口，如图 5-32 所示。

（2）在此输入需打印的凭证范围、格式、条件，然后单击"打印"按钮开始打印。也可以单击"打印设置"按钮进行打印方面的设置，如纸张大小、类型等。

图 5-32

5.3.8 凭证记账

记账是将已审核之后的凭证记录到具有账户基本结构的账簿中去，也称为登账或过账，是财务业务中重要的一环。记账凭证审核签字后，即可用来登记总账、明细账、日记账、部门账、往来账、项目账以及备查账等。记账采用向导方式，记账过程更加明确。

会计知识：会计账簿

通过填制和审核记账凭证，可以核算和监督企业每天经济业务的发生和完成情况，但是随着凭证的增加，资料众多，不能对某一时期内发生的相同类别的经济业务进行集中的记载和反映，所以就需要使用到记账处理。

会计账簿就是指由一定格式账页所组成的，以将经过审核的记账凭证，全面、系统、连续地记录各项经济业务的簿籍。

---

1. 记账

（1）选择"凭证"菜单下的"记账"选项，系统弹出"记账"窗口，如图 5-33 所示。

系统提示录入记账的凭证范围，范围之间可用"–"或"，"隔开。

提示 绿色表示上月末结账，白色表示已审核凭证，只有白色的才是可以输入的记账范围。没有填制期初余额、填制了期初余额而试算不平衡，或者上月的凭证有未记账等情况时，本月的凭证都不可记账，系统提示为"无可记账凭证"；作废凭证不需要审核，可以直接记账。

（2）记账范围之后，如果需要打印记账报告，则单击"打印"按钮；单击"上一步"按钮可重新选择记账范围；单击"下一步"按钮，进入"3. 记账"，如图 5-34 所示。

（3）单击"记账"按钮，系统开始记账工作，记账顺利完成后，系统出现"记账完毕"提示，然后单击"确定"按钮退出记账工作。

注 记账的过程中，不得中断退出，如果因其他原因中断了该程序，系统将自动调用"恢复记账前状态"恢复数据，然后重新执行记账工作。在第一次记账时，若期初余额试算不平衡，系统将不允许记账。所选范围内的凭证如有不平衡凭证，系统将列出错误凭证，并重选记账范围。

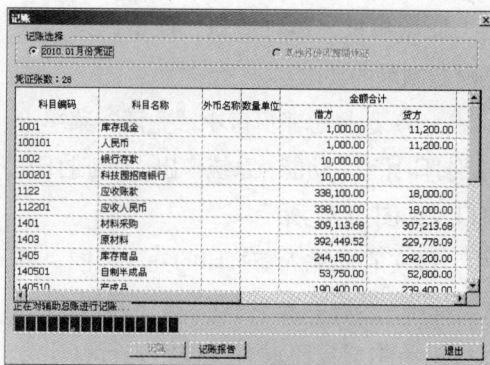

图 5-33　　　　　　　　　　　　　　　　　图 5-34

2. 恢复记账前状态

由于经过记账的凭证不能取消审核（凭证不能取消审核，自然也不能对其进行删除和修改了），所以在实际工作中，有可能会遇到取消记账的情况（即恢复记账前状态），用友软件提供"恢复记账前状态"功能。

（1）打开"期末"菜单，单击"对账"选项，系统弹出"对账"窗口，在此按 Ctrl+H 组合键，系统弹出"恢复记账前状态功能已被激活"提示信息，单击"确定"按钮，此时在"凭证"菜单下也同时出现了一个新的菜单"恢复记账前状态"（在对账状态下，如果再按 Ctrl+H 组合键，或者退出用友系统后再进入，该菜单都会隐藏），如图 5-35 所示。

图 5-35

（2）打开"凭证"菜单，单击"恢复记账前状态"选项，系统弹出"恢复记账前状态"窗口，如图 5-36 所示。

（3）选择所需要的恢复方式，单击"确定"按钮，出现提示"恢复记账完毕！"，单击"确定"按钮退出。

恢复最近一次记账前状态：一般用于记账时系统造成的数据错误的恢复。

恢复上个月初状态：恢复到上个月初未记账时的状态。

选择是否恢复"往来两清标志"和选择恢复两清标志的月份，系统根据选择在恢复时，清除恢复月份的两清标志。

可以根据需要不必恢复所有的会计科目，将需要恢复的科目从"不恢复的科目"选入"恢复的科目"，即可只恢复需要恢复的科目。

图 5-36

注	当退出用友软件再次登录，"恢复记账前状态"功能会被自动隐藏；已结账的月份数据不能取消记账，但是可以使用取消结账功能（请参阅本章中的结账处理），之后再取消记账。

5.3.9 科目汇总表

可根据输入的汇总条件，有条件地对记账凭证进行汇总并生成一张科目汇总表。

（1）打开"凭证"菜单，单击"科目汇总"选项，系统弹出"科目汇总"条件录入窗口，如图 5-37 所示。

图 5-37

（2）输入科目汇总条件，然后单击"汇总"按钮，系统给出汇总表结果，如图 5-38 所示。

图 5-38

5.3.10 摘要汇总表

按凭证摘要汇总一定期间内的科目金额。

（1）打开"凭证"菜单，单击"摘要汇总表"选项，系统弹出"摘要汇总表查询条件"录入窗口，如图 5-39 所示。

图 5-39

（2）录入查询条件，然后单击"确定"按钮，系统显示汇总结果，如图 5-40 所示。

图 5-40

5.4

出纳

加强现金、银行账的管理是应用信息化处理财务数据的重要内容之一。核算单位在财务工作中会设置一位出纳人员，他的日常工作就是对现金、银行账进行管理和查询，以随时了解公司目前现金、银行信息。

用友总账系统中的出纳管理，一是指现金银行凭证出纳签字，二是指在记凭证产生之后，系统自动出具现金账和银行账（需要先指定现金银行科目，请参阅本书第 4 章中的会计科目设置）。

在企业实际业务，出纳与会计的工作应该是并行的，出纳在现金、银行业务发生时登记流水账，而不必管会计是否有填制记账凭证，到月底时出纳账与会计的财务账进行对账工作即可，此种方式在用友的总账系统中无法处理，需要在用友的出纳管理系统中进行处理，请参阅本书第 10 章中的出纳管理系统，所以在此不再介绍在总账中的出纳管理应用。

5.5

现金流量表

如果设置了现金流量科目（请参阅本书第 4 章中的会计科目设置），并且在填制凭证时，进行了现金流量项目录入（请参阅本章中的新增凭证业务），则可以查询相关的现金流量表。

（1）如查询现金流量明细表，展开"现金流量表"菜单，选择"现金流量明细表"，系统弹出查询过滤条件窗口，如图 5-41 所示。

（2）录入过滤条件，然后单击"确定"按钮，系统显示符合出条件的记录，如图 5-42 所示。

图 5-41

图 5-42

5.6

账表查询

制单、审核、记账（如果在查询或打印时选择包含未记账功能也可）之后，系统就可以生成正式的会计账簿，可以进行查询、统计、打印等操作。

5.6.1 科目账查询

科目账查询包括总账、余额表、明细账、序时账、多栏账、综合多栏账、日记账、日报表查询。

（1）打开"账表"下的"科目账"项，任选科目账进行查询，下面以科目总账查询为例。

（2）单击"总账"选项，系统弹出"总账查询条件"窗口，如图 5-43 所示。

（3）在科目一栏中输入所需要查询的科目，也可单击"浏览"按钮在科目浏览窗口中进行选择，勾选"包含未记账凭证"功能。

图 5-43

> **提示** 如果经常需要查询一个固定的科目，而且包含相同的查询条件，那么每次进行查询时都需要输入相同的内容，会很烦琐，这种情况下，可单击"保存"按钮，系统弹出"我的账簿"窗口，给需要查询的内容取一个标识名，然后单击"确定"按钮，系统会将刚才输入的条件保存起来，以后打开"总账查询"功能，单击所查内容的标识名，系统会将标识名所代表的条件内容自动带入。

（4）查询条件输入完成后，单击"确定"按钮，系统会将符合条件的记录列出来，如图 5-44 所示。

（5）可选择账页格式，也可以双击总账查询窗口的记录，系统会直接联查到该记录的明细账，在明细账窗口直接双击指定记录，可联查到该记录的原始凭证。

图 5-44

5.6.2 往来账管理

往来账管理是一个公司重要的业务组成部分，总账模块提供了往来账管理的功能，包括客户往来、供应商往来和个人往来的管理。

以客户往来账为例。

客户往来账包括客户往来余额表、客户往来明细账、客户往来两清等。

（1）打开"账表"下的"客户辅助账"菜单，然后再选择"客户往来明细账"下的"客户明细账"选项，系统弹出"客户明细账"查询条件录入窗口，如图 5-45 所示。

（2）录入查询条件，然后单击"确定"按钮，系统列出查询结果，如图 5-46 所示。

图 5-45

图 5-46

5.7 综合辅助账

综合辅助账主要用于查询科目辅助明细账、科目辅助汇总表、多辅助核算明细账、多辅助核算汇总表。

（1）如查询科目辅助明细账，展开"科目辅助账"菜单，选择"科目辅助明细账"命令，系统弹出要求录入查询条件，如图5-47所示。

图5-47

（2）录入查询条件，然后单击"确定"按钮，系统显示符合条件的记录，如图5-48所示。

图5-48

5.8 | 期末处理

一个会计期间结束之后（一般情况是指每个月月末时），就可以进行期末处理了，总账系统中的期末处理要在其他系统的期末处理之后才能进行。

5.8.1 转账

期末转账前，首先对总账中的所有凭证进行审核、记账。

总账在期末处理工作主要有结转本月领用原材料、期末调汇、制造费用科目余额结转到制造成本科目、制造成本科目余额结转到库存商品科目、库存商品科目余额结转到主营业成本科目和期末结转损益。

总账系统提供 6 种转账形式。

● 自定义结转。用来完成费用分配、费用分摊、税金计算、提取各项费用、部门核算、项目核算、个人核算、客户核算和供应商核算的结转。如果往来业务是在应收、应付系统中处理的，那么，在总账系统中不能按客户、供应商辅助项进行结转，只能按科目总数进行结转。

● 对应结转。系统可以进行两个科目的一对一结转，也可以进行科目的一对多结转。对应结转的科目可为上级科目，但其必须与下级科目的科目结构一致（相同明细科目），如有辅助核算，则两个科目的辅助账类也必须一一对应。此结转功能只结转期末余额。

● 销售成本结转。销售成本等于系统计算各类商品销售成本并进行结转。

● 售价（计划价）销售成本结转。按售价（计划价）结转销售成本或调整月末成本。

● 汇兑损益结转。用于期末自动计算外币账户的汇总损益，并在转账生成中自动生成汇总损益转账凭证。汇兑损益只处理外汇存款户、外币现金、外币结算的各项债权和债务，而不包括所有者权益类账户、成本类账户和损益类账户。核算单位有外币业务进行处理的情况方才使用此项。

● 期间损益结转。用于在一个会计期间终了时将损益类科目的余额结转到本年利润科目中，从而及时反映企业利润的盈亏情况。主要是对管理费用、销售费用、财务费用、销售收入、营业外收支等科目进行结转。

● 自定义比例结转。当两个或多个科目及辅助项有一一对应关系时，可进行将其余额按一定比例系数进行对应结转，可一对一结转，也可多对多结转和多对一结转。可在转账生成时显示生成的转账明细数据表，用户根据明细表可定义结转的金额和比率。本功能只结转期末余额。

● 费用摊销和预提。实现分期等额摊销待摊费用和计提预提费用。费用摊销可针对已经计入待摊费用的数据进行分期摊销，按一定的结转比例或金额转入费用类科目。费用预提可按一定的结转比例或金额计提预提费用。可一对一结转，也可一对多结转。

（1）打开"期末"目录下的"转账定义"项，如图 5-49 所示。

（2）在其子菜单项中选择具体的转账定义，然后定义转账分录。

（3）在定义完转账凭证后，每月月末只需执行"转账生成"功能即可快速生成转账凭证。在此生成的转账凭证将自动追加到未记账凭证中。

由于我们启用了存货核算系统，所以如销售成本结转，在此也就用不上了。

以设置期间损益结转为例。

（1）选择"期间损益"命令，系统弹出"期间损益结转设置"窗口，如图5-50所示，凭证类别选择"记账凭证"，本年利润科目选择"4103"，单击"确定"按钮保存设置。

图 5-49

图 5-50

（2）选择"转账生成"命令，系统弹出"转账生成"窗口，选择"期间损益结转"，如图5-51所示，单击"全选"按钮，选择全部结转。

图 5-51

（3）单击"确定"按钮系统生成转账凭证，如图5-52所示，单击"保存"按钮凭证保存。

提示　月末转账凭证生成之后，再对其审核、记账。如果在转账定义之后，又新增加了损益类科目，则需要重新进行转账定义，否则新增加的损益类科目不会自动放在已经定义好的转账设置中。

图 5-52

5.8.2 对账

> **会计知识：对账**
>
> 对账是为了保证会计账簿记录的会计资料的真实、完整、准确，而进行的有关账目核对工作。由于在记账过程中可能出现的人为差错等原因，所以需要定期将会计账簿记录的内容与单位实际的库存实物、货币资金等进行相互核对，以保证会计账簿记录的准确无误。根据《会计法》的规定，账目核对应做到账证核对、账账核对、账实核对、账表核对、从而使账证相符、账账相符、账实相符、账表相符。

只要记账凭证录入正确，计算机自动记账后各种账簿都应是正确、平衡的。但由于操作失误或病毒发作等原因，数据可能会受到破坏，因而引起账账不符的情况。为了保证账证相符、账账相符，需进行对账操作，至少一个月一次，一般可在月末结账前进行，以便查出问题所在，进而更正。

（1）打开"期末"目录下的"对账"选项，系统弹出"对账"窗口，如图 5-53 所示。

图 5-53

（2）勾选需要对账的内容，然后双击在需要对账月份的"是否对账"栏，作上"Y"符号，单击"对账"按钮，系统开始对账，对账完毕系统给出正确或错误的提示。

（3）单击"试算"按钮，对各科目类别余额进行试算平衡。

5.8.3 结账

> **会计知识：结账**
>
> 结账是指在本期内所发生的经济业务全部登记入账的基础上，按照规定的方法结算出本期发生额合计和余额，并将其余额结转下期或者转入新账。

手工会计处理中有结账的过程，在计算机会计处理中也有这一过程，以符合会计制度的要求。结账只能每月进行一次。

（1）展开"期末"目录下的"结账"选项，系统弹出"结账"窗口，如图5-54所示。

图 5-54

（2）依据系统提示，单击"下一步"按钮一步一步地进行月末结账工作。

注	（1）在结账时，在"1：开始结账"中，选择要取消结账的月份上，按 Ctrl+Shift+F6 组合键即可进行反结账。 （2）上月末结账，则本月不能记账，但可以填制、复核凭证。 （3）如本月还有未记账凭证时，则本月不能结账。 （4）已结账月份不能再填制凭证。 （5）结账只能由有结账权的人进行。 （6）若总账与明细账对账不符，则不能结账。 （7）反结账操作只能由账套主管执行。

提示	如果在结账之后，发现需要修改记账凭证，操作顺序是"取消结账"、"取消记账"、"取消凭证审核"。如果需要修改已结账之前好几个月的凭证，则需要逐次按月取消结账。

课 后 习 题

（1）制单人与审核人可否为同一人？

（2）凭证作废之后，是否可以恢复？

（3）期末转账凭证有几种生成方式？分别是什么？

（4）总账模块期末结账的前提是什么？

实验三　总账系统

【实验目的】

1. 掌握总账系统参数设置和期初数据录入方法。

2. 掌握总账凭证处理操作。

3. 掌握转账凭证自定义、期末调汇、结转损益方法。

4. 掌握账簿查询方法。

【实验内容】

1. 总账系统参数设置。

2. 期初数据录入。

3. 凭证录入、审核、过账。

4. 转账凭证自定义。

5. 期末调汇方法。

6. 结转损益方法。

7. 查询总账、明细账、多栏账查询方法。

【实验资料】

1. 1122 应收账款期初数据

客户	日期	应收账款	预收账款	期初余额
上海常星礼品公司	2011-12-31	12 000.00		12 000.00
广州鸿运文具店	2011-12-31	3 600.00		3 600.00
深圳长友网络公司	2011-12-31	6 500.00		6 500.00

2. 2202 应付账款期初数据

供应商	日期	应付账款	预付账款	期初余额
广州浩友塑胶制品厂	2011-12-31	8 300.00		8 300.00
广州书名文具厂	2011-12-31	2 600.00		2 600.00

3. 会计科目期初数据

科目代码	科目名称	方向	本年累计借方	本年累计贷方	期初余额
100101	人民币	借			3 357.00
100201	招行 319 本币	借			415 473.00
1403	原材料	借			5 800.00
1405	库存商品	借			3 200.00
160101	办公设备	借			18 000.00
160102	生产设备	借			49 000.00
1602	累计折旧	贷			6 030.00
400101	王齐龙	贷			300 000.00
400102	何小川	贷			200 000.00

4. 2012 年 1 月凭证数据

日期	凭证号	摘要	科目代码	币别	原币金额	借方	贷方	方式	结算号
2012-1-8	记-1	提备用金	100101	人民币	12 000	12 000			
			100201	人民币	12 000		12 000	支票	201 201 001
2012-1-8	记-2	王力保报销客户招待费	660102	人民币	165	165			
			100101	人民币	165		165		
2012-1-10	记-3	谢至星报销购买办公用品费用	660203	人民币	1 623	1 623			
			100101	人民币	1 623		1 623		
2012-1-11	记-4	李丽购买账簿费用	660203	人民币	185	185			
			100101	人民币	185		185		
2012-1-11	记-5	何小川追加投资－美元	100202	美元	100 000	630 000		电汇	201 201 002
			400102	人民币	630 000		630 000		
2012-1-13	记-6	何总招待相关单位餐费	660202	人民币	968	968			
			100101	人民币	968		968		
2012-1-16	记-7	何总报销差旅费	660201	人民币	2 130	2 130			
			100101	人民币	2 130		2 130		
2012-1-19	记-8	购买黄页	660203	人民币	380	380			
			100101	人民币	380		380		
2012-1-20	记-9	购买SL123专利	1701	人民币	200 000	200 000			
			100201	人民币	200 000		200 000	支票	201 201 003
2012-1-23	记-10	支付1月物业清洁费	660206	人民币	1 200	1 200			
			100201	人民币	1 200		1 200	支票	201 201 004
2012-1-24	记-11	支付房租水电费	510101	人民币	13 520	13 520			
			660203	人民币	5 860	5 860			
			100201	人民币	19 380		19 380	支票	201 201 005

【实验步骤】

1. 以"贺君兰"登录"100 宇纵科技有限公司"账套，总账系统参数设置本年利润科目"4103–本年利润"科目，利润分配科目"4104"。

2. 录入下表 1122 应收账款期初数据。

3. 录入下表 2202 应付账款期初数据。

4. 录入下表会计科目期初数据。

5. 结束总账初始化。

6. 以"李丽"身份登录"100 宇纵科技有限公司"账套，录入下表凭证数据。

7. 以"贺君兰"身份登录 100 宇纵科技有限公司账套，审核并过账以上凭证。

8. 以"李丽"身份登录进行"期末调汇"，美元期末汇率为 6.29。

9. 以"贺君兰"身份登录审核并过账调汇凭证。

10. 以"李丽"身份登录，设置自动转账方案，并生成相应的凭证。请注意审核和过账的先后次序。

11. 以"贺君兰"身份登录审核并过账自动转账凭证。

12. 以"李丽"身份登录，结转损益。

13. 以"贺君兰"身份登录审核并过账结转损益凭证。

14. 查询总账，双击可以查询明细账。

15. 查询明细账。

16. 查询科目余额表。

17. 制作"管理费用"多栏账簿，并查询。

第6章 UFO 报表系统

【学习重点】

通过本章的学习，学习自定义报表格式、报表公式，并进行报表取数，了解资产负债表和利润表的使用方法。

6.1 概述

用友 UFO 报表是一个开放式的报表编制系统，可以在报表数据的基础上生成其他相关图表，以满足需求。另外，UFO 报表中还有已编制好的报表模板，核算单位可以利用这些模板快速生成资产负债表、损益表等。

UFO 报表与其他模块都有着相应的数据接口，可以通过公式取数。

报表的界面显示为一个表格，操作与 EXCEL 类似。

报表系统没有初始设置和期末结账，主要用于查询报表、修改格式和修改公式，然后输出。

由于资产负债表和损益表是财务管理中很重要的两个报表，因此建议用户购买 UFO 报表系统。

UFO 报表主要功能如下：

- 报表格式设计（表尺寸、单元格属性和关键字设置等）
- 报表公式编辑和数据处理
- 报表管理（追加表页、表页排序和表页查找等）
- 图表功能（即将报表数据转化为图表形式）
- 报表模板应用

6.2 设计报表

设计报表指对报表的外观格式进行设计，包括调整单元格的大小、线条属性和单元格的显示属性，如何组合单元格以及设置关键字等。

6.2.1 打开 UFO 报表

在 "UFIDA ERP-U8" 操作平台中，在 "业务" 选项卡中单击 "财务会计" 选项，然后双击 "UFO 报表" 命令，如图 6-1 所示，则打开了 UFO 报表系统。

在报表窗口中，打开 "文件" 菜单，单击 "新建" 命令建一张空表，如图 6-2 所示。也可以选择 "打开" 命令打开一张已设计好的报表。

图 6-1

图 6-2

注 空表外观类似于 Excel 文件格式，其操作方式也与 Excel 类似，"演示数据"字样表明现在使用的是用友演示版。

一张 UFO 报表具有"格式"和"数据"两种状态，表的左下角有标识，单击状态标识可以进行"格式/数据"状态互换。在"格式"状态下，可以设计报表的格式和取数公式，但不能进行数据的录入或计算等操作；"数据"状态下可以看到报表的全部内容，包括格式和数据，但此时不能修改格式和取数公式。

6.2.2 调整表尺寸和线条

可以随意调整一张报表的尺寸大小和线条格式，操作方法如下：

（1）在报表的"格式"状态下，打开"格式"菜单，选择"表尺寸"命令，系统弹出"表尺寸"窗口，在此输入所需要进行调整的行数和列数，如图 6-3 所示。

（2）设置完成后单击"确定"按钮。也可以通过"编辑"菜单下的"插入"或"追加"功能来增加行数、列数。

（3）打开"格式"菜单，选择"行高"或"列宽"命令调整所设置表格的整体行高或列宽（单位：mm）。也可将光标放在行或列的分隔线上，光标呈"十"字形时，按住鼠标左键拖拽来调整行高或列宽。

图 6-3

（4）用鼠标选定（按住鼠标左键不放，拖动鼠标）需要实线的表格区域，然后选择"格式"菜单下的"区域画线"命令，系统会弹出"区域画线"窗口，如图 6-4 所示。

（5）选择画线类型、线条样式，然后单击"确定"按钮，即可以看到区域画线的结果。如图 6-5 所示。单击"打印预览"功能按钮可以看到打印出来的预览效果。

图 6-4

图 6-5

> **注** 线条需要取消时，也可以使用以上方法，只是在"样式"下拉列表框中，要选择线型为空，单击"确定"按钮即可取消原先的画线。

6.2.3 单元格属性

单元格属性用于设置每一单元格的类型、数字格式和边框线。

（1）在报表"格式"状态下选定单元格，然后打开"格式"菜单，单击"单元属性"命令（或者在选定的单元格上单击鼠标右键，在弹出的菜单上单击"单元格属性"命令），系统弹出"单元格属性"窗口，如图6-6所示。

（2）在此窗口中，可以根据需要来对所选定单元格的"单元类型"（系统默认为是数值型）、"字体图案"、"对齐"和"边框"进行设置，最后单击"确定"按钮完成该设置。

图 6-6

6.2.4 组合单元

如果数据需要一个比较大的单元时（如标题），需要运用"格式"菜单下的"组合单元"命令。

（1）在报表"格式"状态下，选定几个需要组合的单元，打开"格式"菜单选择"组合单元"命令，系统将会弹出"组合单元"窗口，如图6-7所示。

（2）在此选择组合单元的方式。单击"整体组合"按钮把选中区域整体设置为组合单元；单击"按行组合"按钮把选中的若干行设置为组合单元；单击"按列组合"按钮把选中的若干列设置为组合单元；单击"设置组合"

图 6-7

按钮把选中区域设置为组合单元；单击"取消组合"按钮把选中组合单元恢复为区域。

6.2.5　关键字设置

关键字是游离于单元格之外的特殊数据单元，可以唯一标识表页，用于在大量表页中快速选择。

UFO 报表提供了 6 种关键字——单位名称、单位编号、年、季、月和日，另外为了满足需要，用户也可自定义关键字。

在"格式"状态下设置关键字的显示位置，在"数据"状态下录入关键字的值，每个报表可以定义多个关键字，但不能重复。

（1）选中需要输入关键字的单元格，单击"数据"菜单下的"关键字"选项，选择"设置"命令，弹出"设置关键字"窗口，如图 6-8 所示。

（2）选择关键字，然后单击"确定"按钮即可。

（3）如要取消所设置的关键字，则选择"数据"菜单下的"关键字"选项，选择"取消"按钮即可。

（4）如果需要重新设置关键字的位置，则选择"数据"菜单下的"关键字"选项，单击"偏移"命令，如图 6-9 所示。

图 6-8

图 6-9

提示	如只将"单位编号"作为关键字进行输入，那么只有"单位编号"选项是可编辑的，其他关键字不会出现在报表中。在此录入该关键字偏移的位置，正数或负数都可以，然后单击"确定"按钮即可进行调整。 关键字的位置只能左右偏移，不能上下偏移。

6.3　编辑报表公式及数据处理

企业常用的财务报表的数据来源于总账系统或报表系统本身，用友 UFO 报表中的公式可以从其他功能系统（如总账、应收管理和应付管理系统等）中取数。本小节将学习如何定义单元格内的取数公式，如何进行取数，如何保存设置好的报表。

6.3.1 定义单元公式

单元公式是报表取数的基础，定义单元公式就是定义如何从其他系统取数并计算的方式。

（1）选定单元格，之后可以手工输入单元公式，也可以利用函数向导来定义单元公式。

录入公式的3种方法如下：

① 单击工具栏中的"fx"按钮；

② 单击"数据"菜单，选择"编辑公式"，选择"单元公式"；

③ 直接按键盘上的"="键。

（2）按图6-10格式录入数据，单击"="键，系统会弹出"定义公式"窗口。

（3）在窗口中输入函数公式，或单击"函数向导"选项进行函数公式设置，如图6-11所示。

图6-10

图6-11

（4）选定"函数分类"中所需的函数类别，则右边的函数名会根据所选择的函数类别而显示出相应的函数名，在此选定需要使用的函数名，如图6-12所示。

（5）然后单击"下一步"按钮，系统会提示所选择函数的格式，可在"函数录入"栏中直接依据所提示的内容进行录入，如图6-13所示。

图6-12

图6-13

（6）可单击"参照"按钮（等待时间稍长），结果如图6-14所示，在系统提示下完成函数建立工作。

（7）输入账套号。如果选择"默认"，则以后在选择取数的账套时，需做账套初始化工作，否则系统不知道从哪套账中取数；如直接选择账套号，则以后不用做初始化工作。选择会计年度、科目、期间、方向和辅助核算。

在此可勾选"包含未记账凭证"复选框，这样在所设置的公式取数范围中就包含了未记账凭证。操作员在凭证未做记账时就可以看到所有已填制凭证的最终结果，这样，在做报表数据调整时就会很方便。

（8）设置完毕后单击"确定"按钮，系统自动将公式带回到"定义公式"窗口中。单击"确认"按钮系统将公式写入到单元格中，单元格中显示的不是函数内容，而是"公式单元"字样。双击单元格可以看到函数内容（可进行手工调整），如图 6-15 所示。

图 6-14

图 6-15

在此只设置了单元格 C6 的函数取数公式，用同样的原理可以设置其他单元格的取数公式（可以复制单元格 C6 的公式，然后修改 C7 到 C14 单元格公式内取数的会计科目。利用向导进行函数设置，只能做出一个函数，如果有一个单元格等于两个不同的函数取数值相加（减）得到，则需要手工更改单元格内的公式。单元格 C15 等于单元格 C6 到 C14 之和，公式设置为：PTOTAL（C6:C14）或 C6+C7+C8+C9+C10+C11+C12+C13+C14 都可以。

6.3.2 保存报表格式

定义完公式之后，需将报表的格式保存起来，以在日后的工作中随时调用，而不必重新设置。

（1）单击"文件"菜单下的"保存"命令（或直接按 F6 键），系统弹出"另存为"窗口，如图 6-16 所示。

（2）选择目的文件夹，输入保存后的文件名称，后缀为 rep，单击"保存"按钮完成保存工作。

6.3.3 报表数据处理

报表的数据处理是指将已设置格式的报表

图 6-16

文件，在"数据"状态下生成报表数据、审核报表数据和舍位平衡等操作。

（1）打开"文件"菜单下的"打开"命令，打开一个已设置好格式的报表文件，如图6-17所示。

（2）单击左下角的"格式"按钮，如图6-18所示。

图 6-17

图 6-18

（3）将报表转换为"数据"状态，如图6-19所示。

> **说明** 系统自动将当前表页设为第1页，可以单击"编辑"菜单下的"追加"子菜单，选择"表页"命令，系统弹出"追加表页"窗口，在此窗口中填入所需要追加的表页数，单击"确认"按钮完成表页追加操作，每一张表页可根据关键字的数值单独取数。

（4）单击"数据"菜单下的"关键字"子菜单，选择"录入"命令，系统弹出"录入关键字"窗口，如图6-20所示。

图 6-19

图 6-20

（5）在此录入第1页（因为现在所处位置为第1页）的关键字数据，如在关键字设置时没有将月、季、日和自定义设为关键字，则这几个窗口都处在不可编辑状态。录入完毕单击"确认"按钮，系统提示"重算第一页"，单击"是"按钮，则系统以关键字的录入数据为依据开始计算，最终结果（时间略长）如图6-21所示。

图 6-21

（6）计算结果出来后，在该表页的左下角出现"计算完毕"字样，如果发现数据有误，可回到"格式"状态，检查函数公式，修改后再进入"数据"状态，进行整表重算工作。

关键字是对每一张表页进行的特定标识，每张表在"格式"状态下都设置了关键字的位置，但是在"数据"状态下每一张表页还需要录入关键字来标识该张表页。

（7）单击"数据"菜单下的"整表重算"命令，则本表中所有的表页都重新进行计算。如果单击"表页重算"命令，则系统只重新计算当前表页的内容。单击"表页不计算"命令，则当前表页被锁定，无论任何情况下，表页中的单元公式都不再重新计算。单击"计算时提示选择账套"命令，则每次进行表页计算时，系统会自动弹出"注册"窗口，提示操作员重新选择需要进行计算的账套等，如图 6-22 所示。

（8）数据中如果出现"######"这样的字符，表示单元格太窄，将单元格增宽即可显示正常数据（用鼠标直接拉宽单元格即可），如图 6-23 所示。

图 6-22

图 6-23

（9）选定一个有数据的单元格，单击鼠标右键，在弹出菜单中选择"联查明细账"命令，就可以联查到该单元格中数据来源的明细账，然后在明细账中联查到凭证，并可以查到生成该凭证的原始单据。

> **提示** 用友报表可以从不同的账套中取数，方法是只需要在设置取数公式时定义好不同的取数的账套就可以了。请参阅 6.3.1 节定义单元公式。

6.3.4 举例说明

我们以建立"和氏电子 2009 年管理费用统计表"例，首先以图 6-24 为例，建立好一个相应的报表。

（1）将"格式"状态转到"数据"状态，然后追加 11 个表页（总共为 12 个表页，在取数时，第 1 页取 2009 年 1 月份的数据，以此类推，第 12 页取 2009 年 12 月的数据，但是因为我们使用的是用友演示版软件，所以只能追加 3 个表页，共 4 个表页）。如图 6-25 所示。

图 6-24

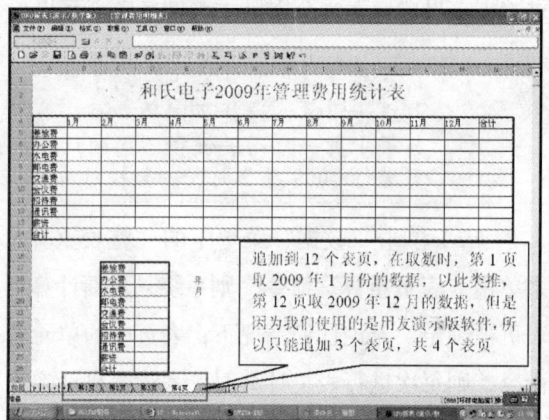

图 6-25

（2）由于每一个表页中只能取当月数据，如果要在一个表页中同时取不同表页的数据，则公式设置如下：

单元格 B5 是 2009 年 1 月份的差旅费发生额，则可以将该单元格设置成 B5=D17@1，表示 B5 取第 1 页的单元格 D17 的计算数据。

单元格 C8 是 2009 年 2 月份的邮电费发生额，则可以将该单元格设置成 C8=D20@2，表示 C8 取第 2 页的单元格 D20 的计算数据。

以此类推，在"格式"状态下，进行单元格 B5：N14 的单元格公式设置。如图 6-26 所示。

图 6-26

（3）进行整表重算后，结果如下图 6-27 所示。

图 6-27

（4）单击"打印预览"按钮（在打印设置中设置为横向打印），可以看出打印出来结果，如图 6-28 所示。

图 6-28

6.4 报表管理

报表管理包括表页排序、表页查找、表页透视、报表的显示比例、定义显示风格和设置打印分页等。

6.4.1 表页排序

报表中不同的表页可能取了不同时间的数据，如第 1 页取的是该账套 1 月份的数据，第 2 页取的是该账套 2 月份的数据，如果要进行表页排序，该怎么做呢？系统是根据关键字的数值进行排序的。

（1）在"数据"状态下打开"数据"菜单下的"排序"子菜单，然后选择"表页"命令，系统弹出"表页排序"窗口，录入原先设计好的关键字的排序原则，如图6-29所示。

（2）单击"确认"按钮后，系统会按照所给出来的条件（关键字递增或递减，如有表页与表页之间第一关键字相同的数据，则该相同表页之间会以第二关键字为标准）进行表页排序。

图 6-29

6.4.2 表页查找

一个报表文件中，如果表页太多，例如一个报表文件从账套取了连续几年的数据，一个月为一张表页，则查找某张表页就有些烦琐了，则可以使用表页查找功能。

（1）单击"编辑"菜单下的"查找"命令，系统弹出"查找"窗口，如图6-30所示。

（2）输入查找条件，勾选"并且"或"或者"单选框来决定这两个条件的搭配关系是都需要符合，还是符合其中一个。

单击"查找"按钮，系统自动将符合条件的表页设定为当前页，单击"下一个"按钮，可自动依据现有条件查询下一个符合条件的表页。

图 6-30

6.4.3 表页透视

使用表页透视功能可以将多张表页指定的区域同时显示在一个平面上，这样不需要一张一张地翻动不同的表页，这个功能一般用做将不同表页同一单元格的内容放在一起进行比较分析。

（1）首先选择要开始透视的第一张表页的页标，将其作为当前页，系统从该页开始向其后的表页透视。

（2）单击"数据"菜单下的"透视"命令，系统弹出"多区域透视"窗口，如图6-31所示。

（3）在区域范围内输入需要透视的区域，如果两个区域不是连续的，则在区域与区域之间用"，"分开，如"A1:C3, E5:G7"。

（4）在"输入列标字串"栏中，系统自动填入查询结果的坐标名称，然后单击"确定"按钮，如图6-32所示。

（5）输入的列标名称已取代了坐标名称，如果输入的列标名称数不及列标数，则系统后面的列标名称仍然用坐标代替。

（6）最后单击"保存"按钮，将该结果保存起来，单击"确定"按钮直接退出该结果窗口。

图 6-31

图 6-32

6.4.4 显示比例和显示风格

打开"工具"菜单，单击"显示比例"命令，系统弹出"显示比例"窗口，如图 6-33 所示。输入显示比例（范围限制 30% ~ 900%），单击"确认"按钮即可。选择"显示风格"可以设置是否显示行、列表，是否定义单元类型、颜色和网格颜色。

图 6-33

提示　显示比例指在电脑屏幕上的显示比例，对打印结果没有影响。

6.4.5 设置打印分页

可在需要打印分页的地方设置强制分页。

（1）单击需要分页的单元格，然后单击"工具"菜单下的"强制分页"命令，系统在所选单元格处显示强制分页标记，如图 6-34 所示。

（2）如果要取消分页，则将光标定位在该分页单元格，然后单击"工具"菜单下的"取消分页"命令即可。单击"取消全部分页"功能也可以取消所有分页设置。

图 6-34

6.5 图表功能

图表功能可对已经取得数据的报表进行图形化，包括生成直方图、圆饼图、折线图和面积图。

（1）打开一个已设计好的表页，如果表页处于"格式"状态，则将其转换到"数据"状态。

（2）选定需要进行图表显示的单元格，如图 6-35 所示。

图 6-35

（3）单击"工具"菜单下的"插入图表对象"命令，系统弹出"区域作图"窗口，如图 6-36 所示。

（4）在"数据组"中选择"行"，则原先数据组区域中的行则为图表的斜轴（x 轴），"列"为 y 轴。

● 操作范围：选择"当前表页"表示利用当前表页中的数据作图，"整个报表"表示利用所有表页中的数据作图。

图 6-36

- 标识：当选"当前表页"作图时，"标识"变灰不能编辑。
- 图表名称：输入图表名后不能修改。
- 图表格式：系统提供 10 种图表格式，可任选一种。

（5）最后单击"确认"按钮，结果如图 6-37 所示。

图 6-37

（6）可以用鼠标拉动图表的边框线对图表的大小和位置进行调整。可以双击选定该图表，然后单击鼠标右键，在弹出的快捷菜单中重新选择该图表的格式。双击 x 轴或者 y 轴，系统会出现"编辑标题"窗口，在此可修改标题。直接单击表页上面的"图表格式"进行当前图表格式的更改。

提示　当单元格内的数据变动后，图表的内容也会相应地做出变动。

（7）可在同一个报表内插入不同的图表对象，这些图表对象有时可能会相互重叠，除了拉动改变其位置之外，还可以决定图表前后位置。选定需操作的图表，单击鼠标右键，选择"对象置前"命令或是"对象置后"命令，也可选择"对象打印"命令单独打印选定的图表，单击"清除"命令删除选定的图表。

6.6

报表模板

UFO报表为用户提供了不同行业的各种标准财务报表模板，用户也可以自己编制报表模板，如资产负债表、损益表（利润表或收益表）等。用户一般不用自己编制相关的报表，只需调出所需的报表模板进行修改即可。

会计知识：资产负债表、损益表

资产负债表是反映企业在某一特定日期（如月末、季末和年末等）财务状况的会计报表，亦称财务状况表，该表按月编制，对外报送，年度终了还应编报年度资产负债表，内容包括：企业所拥有或控制的资产、企业所负担的债务及偿债能力、所有者在该企业持有的权益和企业未来的财务形势和趋向。

资产＝负债＋所有者权益，这是资产负债表的理论依据。

通过资产负债表，可以了解企业的财务状况，分析企业的债务偿还能力，从而为未来的经济决策提供参考。

利润表又称为收益表或损益表，它是反映企业在一定会计期间（月份、季度和年度）经营成果的会计报表。利润是收入减费用的结果，结果为正，则表示赢利，结果为负，则表示亏损。

利润表有以下几个作用。

1. 了解企业的获利能力及利润的未来发展趋势；

2. 了解投资者投入资本的保值增值情况；

3. 分析与预测企业的长期偿债能力；

4. 考核管理人员的业绩；

5. 合理地分配经营成果。

6.6.1 调用报表模板

（1）首先登录到需要进行报表取数的账套中（系统默认取打开账套的数据），然后打开UFO报表。

（2）在"格式"状态下，单击"格式"菜单下的"报表模板"命令，系统弹出"报表模板"窗口，选择行业类型、所需的财务报表，然后单击"确认"按钮，系统提示"模板格式将覆盖本表格式！是否继续？"，如图6-38所示。

（3）单击"是"按钮，原来表页的内容将全部丢失（如果原来有设置好的格式，则此操作需慎重），表格式被新的财务报表所覆盖，如图6-39所示。

图 6-38

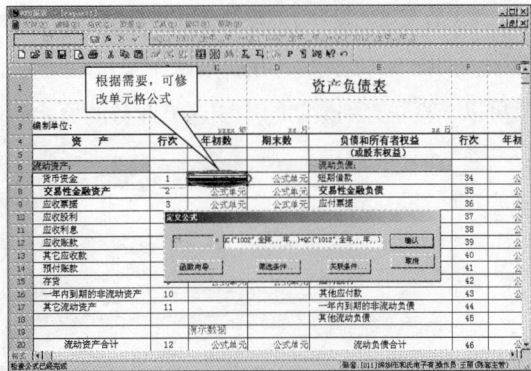

图 6-39

> **注** 如果在建账时所选择的是"2007 年新会计制度科目",则在此应选择"2007 年新会计制度科目",否则取数会不正确,修改模板内的取数公式之后才能正确取数。

(4)修改完成之后,单击窗口左下角的"格式"按钮处,将表页转换到"数据"状态。

(5)录入关键字,如图 6-40 所示。

图 6-40

(6)关键字录入完成后,单击"确认"按钮,系统提示"是否重复第 1 页?",单击"是"按钮,系统开始重算该表页,最后列出重算结果,最后保存结果,如图 6-41 所示。

图 6-41

（7）在需要进行明细账查询的单元格中，单击鼠标右键，可以选择联系该单元格中数据来源的明细账，如图6-42所示，在明细账中可以联查凭证，凭证中可以联查到生成这张凭证的业务单据，即指可以一直联查到最初的生成这笔业务的原始单据，这也是用友软件非常强大的数据溯源功能。

图6-42

6.6.2 自定义模板

用户可以根据自己需要自定义模板。首先打开一个已经设置好的报表格式，然后开始自定义模板。

（1）在"格式"状态下，单击"格式"菜单下的"自定义模板"命令，系统弹出"自定义模板"窗口，如图6-43所示。

（2）在"自定义模板"窗口中，选择行业名称。也可单击"增加"按钮，以增加新的行业名称。

（3）单击"下一步"按钮，进入到"模板名称"设置中，选择其中一个名称，如果单击"增加"按钮，则增加新的模板名，如图6-44所示。

图6-43

图6-44

（4）系统要求选择一个原来设置好的报表（后缀名为rep），单击"添加"按钮，系统退回到"自定义模板"窗口。单击"完成"按钮，则刚才自定义的模板会被保存起来。以后要使用该模板，则可单击"格式"菜单下的"报表模板"命令，然后选定自定义的模板即可。

自定义模板的调用方式请参阅 6.6.1 节的调用报表模板。

课 后 习 题

（1）报表"格式"状态和"数据"状态有何区别？

（2）在同一张报表中是否可以取多套账、多年度数据？

（3）报表取数是否支持未记账凭证？

实验四　会计报表查询

【实验目的】

1. 掌握会计报表查询方法。

2. 掌握会计报表格式设置。

【实验内容】

1. 查询资产负债表。

2. 查询利润表。

3. 自定义报表。

【实验资料】

"每月管理费用情况表"自定义报表。

项目	1月	2月	3月	4月	5月	6月	7月	8月	9月	10月	11月	12月
差旅费												
业务招待费												
办公费												
管理员工资												
折旧费												
其他												
坏账损失												

【实验步骤】

1. 以"李丽"登录账套，查询资产负债表，并调整以 A4 纸张输出的最佳格式。

2. 查询利润表，并调整以 A4 纸张输出的最佳格式。

3. 建立"每月管理费用情况表"自定义报表，并进行报表数据。

第7章 应收款、应付款管理系统

【学习重点】

通过本章的学习，了解应收应付往来业务中的发票和收付款处理。本章将会对发票处理、收款、往来业务核销、凭证处理和报表查询的操作方法一一讲述。

7.1 系统概述

应收款、应付款管理系统可处理发票、其他应收单、应付单、收款单及付款单等单据，对企业的往来账款进行综合管理，及时、准确地提供客户往来账款资料，并提供各种分析报表，如账龄、周转、欠款、坏账、回款情况等分析报表。通过分析各种报表，帮助企业合理地进行资金调配，提高资金利用率。

用友 U8 系统还提供各种预警和控制功能，如显示到期债权列表等，可以帮助企业及时对到期账款进行催收，以防止产生坏账。信用额度的控制有助于随时了解客户的信用情况，以防止产生呆、坏账。此外系统还提供应收票据的跟踪管理，可以随时对应收票据的背书、贴现、转出及作废等操作进行监控。

应付款、应收款管理系统既可以单独使用，又能与采购管理、销售管理、存货核算集成使用，提供完整全面的业务和财务流程处理。

1. 使用应付款与应收款管理系统需要设置的内容

● 公共资料：本系统所涉及的最基础资料，其中客户和供应商必须设置。

● 初始化：系统进行初始化时，需要设置以下内容：系统参数设置、初始数据录入、向总账传递记账凭证的会计科目设置。

2. 应付款、应收款管理系统可执行的查询与生成的报表

应付款可以查询的报表和分析有应付明细表、应付款汇总表、往来对账、到期债务列表、应付款计息表、应付款趋势分析表、账龄分析、付款分析和付款预测等。

应收款可以查询的报表和分析有应收明细表、应收款汇总表、往来对账、到期债务列表、应收款计息表、应收款趋势分析表、账龄分析、周转分析、欠款分析、款账分析、回款分析、收款预测、销售分析、信用余额分析、信用期限分析等。

3. 应收款管理系统与其他系统的数据流向（见图 7-1）

● 销售系统：应收款管理系统与销售系统连接使用时，销售系统录入的销售发票和销售费用发票传入应收款管理系统进行应收账款的核算；不连接使用时，销售发票数据要在应收款管理系统手工录入。

● 总账系统：应收款系统与总账系统连接使用时，应收款管理系统生成的往来款凭证传递到总

账系统；不连接使用时，往来业务凭证要在总账系统中手工录入。

● 采购系统、应付系统：应收款系统与采购系统、应付款系统连接使用时，采购系统、应付系统录入的采购发票、其他应付单与应收款管理系统进行应收冲应付核算。

4. 应付款管理系统与其他系统间的数据流向（见图 7-2）

图 7-1

图 7-2

● 采购系统：应付款系统与采购系统连接使用时，采购系统录入的采购发票和采购费用发票传入应付款管理系统进行应付账款的核算；不连接使用时，采购发票要在应付款管理系统手工录入。

● 总账系统：应付款系统与总账系统连接使用时，应付款管理系统生成的往来款凭证传递到总账系统；不连接使用时，往来业务凭证要在"总账"系统中手工录入。

● 现金管理系统：应付款系统与现金管理系统连接使用时，应付款管理系统的应付票据与现金管理中的票据可以互相传递，前提是应付款系统的系统参数选中"应付票据与现金系统同步"选项。

● 销售系统、应收系统：应付款系统与销售系统、应收系统连接使用时，销售系统、应收系统录入的销售发票、其他应收单与应付款管理系统进行应付冲应收核算。

本章重点讲述"应收款管理"系统的应用，应付款管理系统的操作可参照应收款系统。

应收款管理系统提供应收单据、收款单据的录入、处理、核销、转账、汇兑损益、制单等处理，提供各类应收和收款单据、详细核销信息、报警信息、凭证等内容的查询，提供总账表、余额表、明细账等多种账表查询功能，提供应收账款分析、收款账龄分析、欠款分析等丰富的统计分析功能。

应收款管理系统接收来自于销售管理系统的销售发票，经过审核之后，形成应收账款；应收账款和收款数据也可以传递到应付款系统，进行往来业务之间的核销（如应收冲应付）；应收款管理系统的业务单据经过制单生成的记账凭证会传递到总账系统中。

应收款管理系统的初始设置请参阅本章应收账款管理系统业务参数设置。

应付款管理系统，通过发票、其他应付单、付款单等单据的录入，对企业的往来账款进行综合管理，及时、准确地提供供应商的往来账款余额资料，提供各种分析报表，帮助企业合理地进行资金的调配，提高资金的利用效率。

应付款管理系统接收来自于采购管理系统的采购发票和委外管理系统的委外发票，经过审核之后，形成应付账款；应付账款和付款数据也可以传递到应收款系统，进行往来业务之间的核销（如应收冲应付）；应付款管理系统的业务单据经过制单生成的记账凭证会传递到总账系统中。

5. 应收款管理系统和应付款管理系统操作流程

应收款管理系统操作流程如图 7-3 所示。

图7-3

应付款管理系统的操作流程可以参照应收款管理流程。

提示　应收款管理与应付款管理都是企业的往来管理系统，在操作流程和方式上都类似，只是在资金流行上刚好相反，所以本章就重点介绍应收款管理的业务处理，应付款管理系统的业务处理可参照应收款系统进行。

7.2 应收款管理系统业务参数设置

在"基础信息"中，展开"业务参数"菜单，选择"财务会计"下的"应收款管理"命令，系统打开应收款管理系统"账套参数设置"窗口，单击"编辑"按钮可进行业务参数修改，如图7-4所示。

其中包含"常规"、"凭证"、"权限与预警"和"核销设置"四个选项卡，单击"编辑"按钮可修改其设置（设置修改之后，需要退出用友，然后重新登录才有效）。

1．"常规"选项卡

● 单据审核日期依据：包括单据日期和业务日期。选

图7-4

择"单据日期",则单据审核时自动将审核日期(即入账日期)记为单据日期。选择"业务日期",则在单据审核时,自动将审核日期(即入账日期)记为当前业务日期(即登录日期)。

> **说明** 单据审核日期依据单据日期还是业务日期,可以决定业务总账、业务明细账、余额表等的查询期间取值。如果使用单据日期为审核日期,则月末结账时单据必须全部审核,因为下月无法以单据日期为审核日期。业务日期无此要求。在账套使用过程中,可以随时将选项从按单据日期改成按业务日期。在账套使用过程中,若需要将选项从按业务日期改成按单据日期,则需要判断当前未审核单据中有无单据日期在已结账月份的单据。若有,则不允许修改。

● 汇兑损益方式:包括外币余额结清时计算和月末计算。"外币余额结清时计算"表示仅当某种外币余额结清时才计算汇兑损益,在计算汇兑损益时,界面中仅显示外币余额为0且本币余额不为0的外币单据;"月末计算"表示每个月末计算汇兑损益,在计算汇兑损益时,界面中显示所有外币余额不为0或者本币余额不为0的外币单据。

● 坏账处理方式:包括"备抵法"和"直接转销法",如果选择"直接转销法",则不进行坏账计提准备处理。如果选择备抵法,则应该选择具体的方法,系统为您提供了三种备抵的方法,即应收余额百分比法,销售收入百分比法,账龄分析法三种方法。这三种方法需要在初始设置中录入坏账准备期初余额和计提比例或输入账龄区间等,并在坏账处理中进行后续处理。如果选择了直接转销法,则可以直接在下拉框中选择该方法即可。当坏账发生时,直接在坏账发生处将应收账款转为费用即可。

● 代垫费用类型:从销售管理系统传递的代垫费用单在应收系统用何种单据类型进行接收。系统默认为"其他应收单",用户也可在单据类型设置中自行定义单据类型。该选项随时可以更改。

● 应收款管理系统核算模型:包括简单核算和详细核算。系统默认选择详细核算方式。简单核算是指将销售传递过来的发票生成凭证并将其传递给总账系统(在总账中以凭证为依据进行往来业务的查询),如果销售业务以及应收账款业务不复杂,或者现销业务很多,那么最好选择此方案。详细核算是指可以对往来账进行详细的核算、控制、查询和分析。如果销售业务以及应收款核算与管理业务比较复杂,或者需要追踪每一笔业务的应收款、收款等,或者是需要将应收款核算到产品一级,那么最好选择详细核算。

> **提示** 在系统启用或者还没有进行任何业务(包括录入期初数据)时才允许从简单核算改为详细核算;而从详细核算改为简单核算随时都可以进行。用户要慎重,一旦有数据,简单核算就不能改为详细核算。

● 自动计算现金折扣:选择现金折扣的目的是为了鼓励客户在信用期限内尽快还款,需要与现金折扣条件一起使用。

● 进行远程应用:可以在不同局域网内的用友系统之间传递数据(如分公司在上海,总公司在深圳,则在此可以设置远程的数据传递)。

● 登记支票:若勾选此项,系统自动将具有票据管理结算方式的付款单登记到支票登记簿(支票登记簿在总账系统的出纳管理中)。若不选择登记支票登记簿,用户也可以通过收款单上的"登记"按钮,手工填制支票登记簿。用户可随时查看支票记录簿上的信息。

● 改变税额是否反算税率：税额一般不用修改，在特定情况下，如系统和手工计算的税额相差几分钱，用户可以对税额进行调整。在调整税额尾差（单笔）、保存（整单）时，系统将检查是否超过容差，容差是可以接受的误差范围，超过则不允许修改，未超过则允许修改，请用户设置这两项容差。该项在实际工作中经常遇到，如果勾选，则可以再次设置单笔业务和整单业务的容差。

> **提示** 税额变动时，系统将变动差额与容差进行比较，如果变动差额大于设置的容差数值，则系统提示"输入的税额变化超过容差"，恢复原税额。变动差额＝无税金额 × 税率－税额。单笔容差根据表体无税金额、税额、税率计算；整单容差根据无税金额合计、税额合计、表头税率计算。若单据表体存在多种税率，则系统不进行合计容差控制。本参数只能在销售系统没有启用时方可设置，如销售系统已启用，则只能查看，不能编辑。

2. "凭证"选项卡

选择"账套参数设置"中的"凭证"选项卡，单击"编辑"按钮可更改设置。

● 受控科目制单方式：可选择明细到客户或明细到单据。明细到客户是指将一个客户的多笔业务合并生成一张凭证时，如果核算的多笔业务的控制科目相同，则系统将自动将其合并成一条分录。这样在总账系统中就能够根据客户来查询其详细信息。明细到单据是指将一个客户的多笔业务合并生成一张凭证时，系统会将每一笔业务形成一条分录。这样在总账系统中就能查看到客户的每笔业务的详细情况（建议设置成为"明细到单据"）。

● 非控科目制单方式：可以选择明细到客户、明细到单据和汇总制单。明细到客户和明细到单据的设置方式同受控科目制单方式一样，汇总制单是指将多个客户的多笔业务合并生成一张凭证时，如果核算的多笔业务的非控制科目相同、且其所带辅助核算项目也相同，系统会自动将其合并成一条分录。这种方式的目的是精简总账中的数据。在总账系统中只能查看到该科目的总的发生额，而查不到明细的业务发生情况。

● 控制科目依据：包括按客户分类、按客户和按地区。"按客户分类"指根据一定的客户属性将客户分为几个大类，在不同的方式下，针对不同的客户分类设置不同的应收科目和预收科目；"按客户"指根据不同的客户设置不同的应收科目和预收科目；"按地区"指针对地区分类的不同设置不同的应收科目和预收科目。

● 销售科目依据：根据每个单一的存货或存货分类设置不同的产品销售收入科目、应交增值税科目（一般情况会设置成为"存货分类"）。

> **提示** 控制科目依据设置和销售科目依据设置都与本章中应收账款初始设置中的科目设置有关。

● 月结前全部生成凭证：如果勾选此项，月末结账时将检查截止到结账月是否还有未制单的单据和业务。若有，则系统将提示不能进行本次月结处理，用户可以详细查看这些记录；若没有，则可以继续进行本次月结处理。如果不勾选此项，则在月结时只允许查询截止到结账月的未制单单据和业务，不进行强制限制。

● 方向相反的分录合并：勾选此项，则在制单时若遇到满足分录合并的要求，则系统自动将这些分录合并成一条，根据在哪边显示为正数的原则来显示合并后分录的显示方向。不勾选此项，即使在制单时满足分录合并的要求，也不能合并方向相反的分录，它们会原样显示在凭证中。

● 核销生成凭证：若不勾选此项，不管核销双方单据的入账科目是否相同均不对这些记录进行制单。若勾选此项，则需要判断核销双方单据的入账科目是否相同，不相同时需要生成一张调整凭证。建议勾选此项。

● 预收冲应收生成凭证：若勾选此项，当预收冲应收业务的预收、应收科目不相同时，需要生成一张转账凭证。若不勾选此项，则预收冲应收业务不管预收、应收科目是否相同均不生成凭证。

● 红票对冲生成凭证：若勾选此项，红票对冲时如果对冲单据所对应的受控科目不相同，则要生成一张转账凭证，月末结账时应在红票对冲处理中检查有无需要制单的记录。若不勾选此项，红票对冲处理中不管对冲单据所对应的受控科目是否相同均不生成凭证，月末结账时不需要检查红票对冲处理制单情况。

● 凭证可编辑：若勾选此项，表示生成的凭证可以修改；若不勾选此项，表示生成的凭证不可修改，不可修改是指凭证上的各个项目均不可修改，包括科目、金额、辅助项（项目、部门）、日期等。

● 收付款单制单表体科目不合并：不勾选此项，表示收付款单制单时要依据制单的业务规则进行合并；勾选此项，表示收付款单制单时表体科目无论是否科目相同和辅助项相同，制单时均不合并。

● 应收单制单表体科目不合并：不勾选此项，表示应收单制单时要依据制单的业务规则进行合并；勾选此项，表示应收单制单时表体科目无论是否科目相同辅助项相同，制单时均不合并。

3. "权限与预警"选项卡

选择"账套参数设置"中的"权限与预警"选项卡，单击"编辑"按钮可以修改设置。

● 启用客户权限：该选项只有在企业门户设置中对"数据权限控制设置"中客户进行记录集数据权限控制时才可设置，账套参数中对客户的记录集权限不进行控制时，应收系统中不对客户进行数据权限控制。勾选该项，则在所有的处理、查询中均需要根据该用户的相关客户数据权限进行限制；不勾选该项，则在所有的处理、查询中均不需要根据该用户的相关客户数据权限进行限制。系统默认不需要进行数据权限控制，该选项可以随时修改。

> **提示** 有的核算单位对于权限的设置非常明细，如当 A 操作员登录用友应收款管理系统时，就只让其看到 A 操作员有权限的客户的相关业务数据，B 操作员登录用友应收款管理系统时，就只让其看到 B 操作员有权限的客户的相关业务数据，而主管 C 登录用友应收款管理系统时，则可以看到全部客户的相关业务数据，如果遇到这种情况，就需要使用该设置。

● 启用部门权限：启用部门权限的设置方式与启用客户权限的方式设置一样，只不过是对该操作员的所属部门权限进行明细控制。

● 单据报警：勾选此项，则需要设置报警的提前天数。每次登录本系统时，系统自动显示单据到期日减去提前天数的结果小于或等于当前注册日期的已经审核的单据，以通知客户哪些业务应该回款了。如果选择了根据折扣期自动报警，还需要设置报警的提前天数。每次登录本系统时，系统自动显示单据最大折扣日期减去提前天数的结果小于或等于当前注册日期的已经审核单据，以通知客户哪些业务将不能享受现金折扣待遇。不勾选此项，每次登录本系统时不会出现报警信息。

● 信用额度报警：勾选此项，系统根据设置的预警标准显示满足条件的客户记录，即只要该客户的信用比率小于等于设置的提前比率就对该客户进行报警处理。若选择信用额度等于0的客户也预警，则当该客户的应收账款大于0时即进行预警。不勾选此项，则不进行信用预警。

● 录入发票显示提示信息：勾选此项，则在录入发票时，系统会显示该客户的信用额度余额以及最后的交易情况。

● 信用额度控制：勾选此项，则在应收款管理系统保存录入的发票和应收单时，如果票面金额加上应收借方余额，然后再减去应收贷方余额的结果大于信用额度，系统会提示本张单据不予保存。不勾选此项，则在保存发票和应收单时不会出现控制信息。信用额度控制值选自客户档案的信用额度。

4．"核销设置"选项卡

选择"账套参数设置"中的"核销设置"选项卡，单击"编辑"按钮可以修改设置。

● 应收款核销方式：系统提供两种应收款的核销方式，即按单据、按产品两种方式。按单据核销，则系统将满足条件的未结算单据全部列出，由用户选择要结算的单据，根据选择的单据进行核销；按产品核销，则系统将满足条件的未结算单据按存货列出，由用户选择要结算的存货，根据选择的存货进行核销。

> **提示** 如果企业收款时，没有指定具体收取是某个存货的款项，则可以采用按单据核销。对于单位价值较高的存货，企业可以采用按产品核销，即收款指定到具体存货上。一般企业，按单据核销即可。

● 规则控制方式：如果选择严格的控制方式，则核销时严格按照选择的核销规则进行核销，如果不符合，则不能完成核销；选择为提示，则核销时不符合核销规则，提示后，有用户选择是否完成核销。

● 核销规则：默认为按客户，可按客户＋其他项进行组合选择。如果选择客户＋部门，则表示核销时，需客户相同，且部门相同。其他以此类推。

● 收付款单审核后核销：默认为不选择，则表示收付款单审核后不进行立即核销操作。如果勾选该项，并默认为自动核销，则表示收付款单审核后进行立即自动的核销操作；选择为手工核销，则表示收付款单审核后，立即自动进入手工核销界面，由用户手工完成核销。

7.3 初始设置

初始设置包括会计科目设置、坏账准备设置、账期内账龄区间设置、逾期账龄区间设置、报警级别设置、单据类型的设置。初始设置的作用是建立应收款管理的基础数据，确定使用哪些单据处理应收业务，确定需要进行账龄管理的账龄区间。有了这功能，用户可以选择使用自己定义的单据类型、使应收业务管理更符合用户的需要。

1．设置科目

依据用户定义的科目，依据不同的业务类型，生成凭证时自动带出科目。

例 7-1   **应收账款系统中进行科目设置**

基本科目设置		结算方式科目设置	
应收科目本币	112201	1 现金人民币	100101
应收科目外币	112202	1 现金美元	100102
预收科目本币	220301	201 现金支票人民币	100201
预收科目外币	220302	202 转账支票人民币	100201
销售收入科目本币	6601		
现金折扣科目	6603		
销售税金科目	22210105		

（1）打开"应收款管理"系统，展开"设置"目录下的"初始设置"选项，系统弹出"初始设置"窗口。

（2）在"初始设置"窗口中，单击"设置科目"下的"基本科目设置"选项，参照例 7-1 录入基本科目，应收款本币"1131"（1131 会计科目名称为"应收账款"）。如图 7-5 所示。

图 7-5

（3）基本科目设置完毕后，单击"控制科目设置"选项，录入各控制科目，进行应收科目、预收科目的设置，如图 7-6 所示。

图 7-6

> **注**   以上设置的科目是在科目设置中设置了的末级科目的科目；只有设置了"银行承兑科目"和"商业承兑科目"，才可以使用票据登记簿以及在期初余额中录入期初应收票据余额。

注	录入的控制科目与应收款系统账套参数中的控制科目设置有关，而且还与总账系统中的科目设置有关。如果在总账系统中明细科目是客户分类或地区分类，则在此设置每一客户对应的应收、预收科目。在此没有设置科目的客户所生成的业务凭证使用基本科目的设置。

（4）单击"产品科目设置"选项，设置销售收入科目、应交增值税科目、销售退回科目，如图7-7所示。

注	如果在应收款管理系统中设置了针对不同的存货设置不同的销售收入、应交税金、销售退货科目，则在此针对每一种存货进行具体设置，如果这几个科目与基本科目的设置一样，则不必再设置。

（5）单击"结算方式科目设置"选项，在弹出的"结算方式科目设置"窗口中，进行结算方式、币种、科目的设置，参照[例7-1]录入结算方式科目。对于现结的发票、收付款单，系统根据单据上的结算方式查找对应的结算科目，并在系统制单时自动带出，如图7-8所示。

图7-7

图7-8

2. 坏账准备设置

坏账是指无法核销的应收账款（如客户公司破产倒闭），坏账准备是以应收账款余额为基础，估计可能发生的坏账损失，避免当坏账突然发生时，当月的财务费过高（因为坏账发生时，是要将坏账记入到财务费用中）。坏账初始设置是指用户定义本系统内计提坏账准备比率和设置坏账准备期初余额的功能，它的作用是系统根据用户的应收账款进行计提坏账准备。

企业应于期末针对不包含应收票据的应收款项计提坏账准备，其基本方法是销售收入百分比法、应收余额百分比法、账龄分析法等（请参阅本章中应收款管理系统的业务参数设置）。

系统提供了两种坏账处理的方式，即备抵法和直接转销法。

如果选择备抵法，则应该选择具体的方法，系统提供了三种备抵的方法，即应收余额百分比法、销售收入百分比法和账龄分析法三种方法。这三种方法需要在初始设置中录入坏账准备期初余额和计提比例或输入账龄区间等，并在坏账处理中进行后续处理。

如果选择了直接转销法，则可以直接在下拉框中选择该方法即可。当坏账发生时，直接在坏账发生处将应收账款转为费用即可。

提示	销售收入百分比法是根据历史数据确定的坏账损失占全部销售额的一定比例估计；应收账款余额百分比法是以应收账款余额为基础，估计可能发生的坏账损失；账龄分析法是根据应收账款账龄的长短来估计坏账损失的方法。账龄越长，账款被拖欠的可能性也越大，应估计的坏账准备金额也越大。在账套使用过程中，如果当年已经计提过坏账准备，则此参数则不可以修改，只能在下一年度修改。当做过任意一种坏账处理（坏账计提、坏账发生及坏账收回）后，就不能再修改坏账准备数据，只允许查询。

例 7-2　设置应收账系统中的坏账提取率为 1%，坏账期初余额为 0。

（1）打开"设置"目录下的"初始设置"项，系统弹出"初始设置"窗口，然后选择"坏账准备设置"（注意：如果在应收款管理系统的选项中，坏账处理方式为直接转销法，则该功能菜单不显示，请参阅本章中的坏账处理），如图 7-9 所示。

（2）录入坏账准备设置数据，最后单击"确定"按钮保存设置。

图 7-9

3. 设置账龄区间

账龄区间设置指用户定义应收账款或收款时间间隔，作用是便于用户根据自己定义的账款时间间隔，进行应收账款或收款的账龄查询和账龄分析，清楚了解一定期间内所发生的应收款及收款情况。

在实际业务中，企业高层管理常会要求财务人员提供一个在某一个时间段内的收款预测，就会使用到账龄区间。

例 7-3　设置应收账系统中的账龄区间分别为 30、60 天。

（1）打开"设置"目录下的"初始设置"项，系统弹出"初始设置"窗口，如图 7-10 所示。

（2）单击"账龄区间设置"项，然后单击"增加"菜单，系统新增一空项账龄区间，在序号栏处录入"01"，总天数栏录入"30"，然后再录入 60 天账龄区间。

（3）最后单击"退出"按钮保存并退出设置。

图 7-10

4. 逾期账龄区间设置

逾期账龄区间设置指用户定义逾期应收账款或收款时间间隔的功能，它的作用是便于用户根据自己定义的账款时间间隔，进行逾期应收账款或收款的账龄查询和账龄分析，清楚了解在一定期间内所发生的应收款及收款情况。逾期账龄区间设置与账龄期间设置一样。

提示　可参照[例 7-3]设置应收账系统中的逾期账龄区间。

---

5. 报警级别设置

设置报警级别，可以根据欠款余额与信用额度的比例将客户分为不同的级别。

例 7-4　设置应收账系统中的报警级别分别为总比率的 10%、20%、30% 及 30% 以上。

（1）打开"设置"目录下的"初始设置"项，系统弹出"初始设置"窗口，如图 7-11 所示。

（2）选中"报警级别设置"项，然后单击"增加"菜单，系统新增一空项报警级别，在序号栏中录入"01"，在总比率栏中录入"10"，在级别栏中录入"A"，然后录入其他报警级。

（3）单击"退出"按钮保存并退出设置。

6. 单据类型设置

单据类型设置指用户将自己的往来业务与单据类型建立对应关系，达到快速处理业务以及进行分类汇总、查询、分析的目的。在"单据类型设置"选项中可以设置单据的类型——"发票"和"应收单"两大类型。

在应收款系统中发票的类型包括增值税专用发票和普通发票。

可以根据应收单记录销售业务之外的应收款情况，将应收单分为应收代垫费用款、应收利息款、应收罚款和其他应收款等，应收单的对应科目可由操作员自己定义，如图7-12所示。

图 7-11   图 7-12

7.4

期初余额

应收款管理系统的期初余额需与总账系统中的会计科目期初余额一致，比如在应收款管理系统中的应收款余额为10万元人民币，在总账系统中的应收款会计科目余额也应该是10万元人民币，否则会造成应收款管理系统与总账系统对账错误，必须检查到底是哪一个系统的期初余额录入有误。

（1）展开"设置"目录下的"期初余额"选项，系统弹出"期初余额——查询"窗口，如图7-13所示。

（2）选择需要查询的条件（如果不加入任何条件，即为所有记录），单击"确定"按钮，系统打开"期初余额明细表"窗口。

（3）单击"增加"按钮，系统弹出"单据类型"窗口，选择需增加的期初单据类型（单据名称分为销售发票、应收单、预收款、应收票据），然后单击"确定"按钮，如图7-14所示。

（4）选择增加一张销售发票，单击"确定"按钮，系统弹出"期初销售发票"界面，如图7-15所示。

图 7-13

图 7-14

图 7-15

例 7-5 新增一张期初销售发票,在单据中录入该张发票的发票号"0000000001"、客户名称"北京远东集团",在单据中录入货物名称"A",数量 14 台,价税合计 53 010 元人民币,最后单击"保存"按钮以保存该张新增期初单据,最后单击"退出"按钮。

注 发票中的开票日期可以更改,但必须是在应收款系统的启用日期之前,因为只有这样才会是期初数据。

(5)选择增加一张预收款单据,系统将会打开"期初单据录入"窗口,如图 7-16 所示。

在此录入期初预收款(录入远东集团 10 000 元人民币预收款),录入后单击"保存"按钮保存,最后单击"退出"按钮退出。

(6)应收款的期初余额录入完成后,进行"期初对账"工作。在"期初余额明细表"中单击"对账"按钮,系统弹出"期初对账"窗口,如图 7-17 所示。

图 7-16

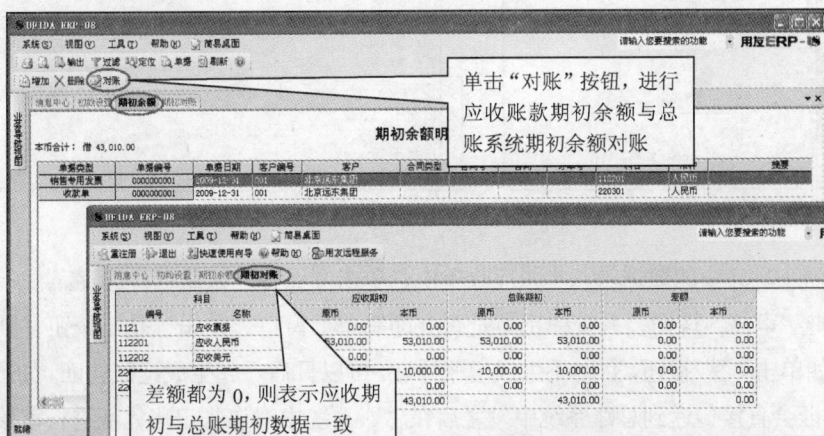

图 7-17

（7）查看应收款系统与总账系统的期初余额是否平衡。如果不平衡，需检查修改录入，直到达到平衡。

> **注**　第一个会计期间已记账后，期初余额只能查看，不能修改。

7.5 应收单处理

应收单是形成应收款的业务单据，应收单处理包括应收单录入和应收单审核。

当新增一笔销售业务或其他应收款业务时，需要填制相应的应收单据。

> **注**　销售发票和应收单据都是应收款日常核算的原始单据，如果启用了销售管理系统，则销售发票在销售管理系统中填制，然后传递至应收款管理系统中。此时在应收款管理系统中只能增加应收款单据，而不能增加销售发票，但可对销售发票进行查询、核销、制单等操作。

例 7-6　增加其他应收单，客户名称：上海上思；业务员是销售二部徐明；原因：客户借款；金额：3 600 元人民币；再增加一张其他应收单，客户名称：北京远东；销售二部；原因：客户借款；金额：300 元人民币

（1）展开"应收单处理"菜单，单击"应收单据录入"选项，系统弹出单据类别窗口，如图7-18 所示。

（2）选择本次新增的单据类别，单击"确定"按钮，系统打开一张空白的应收单，如图 7-19 所示。

图 7-18

图 7-19

（3）将 [例 7-6] 中的数据录入本张应收单中，单击"保存"按钮进行保存。

（4）单击"审核"按钮，系统弹出"是否立即制单"窗口，单击"是"按钮，则可以直接生成记账凭证；如单击"否"按钮，暂时不生成记账凭证，可以日后一起生成记账凭证。如图 7-20 所示，生成的记账凭证会直接传递到总账系统中，之后在总账系统中对该张记账凭证进行审核和记账（请参阅本书第 5 章总账中的凭证处理），但是记账凭证的删除只能在应收系统中完成。

（5）对于已审核的单据，在没有生成凭证前，如果需取消审核，则可以在单据明细表中直接单击"弃审"按钮，或者双击该记录打开已审核的单据，然后单击该单据工具栏上的"弃审"按钮。

如果需要弃审已经生成了凭证的应收单据，则应先删除凭证后，再对该应收单据进行弃审，方法如下所示：

图 7-20

① 选择"单据查询"中的"凭证查询"选项，找出并删除相应的凭证，如果该凭证已在总账系统中被记账，则需要在总账系统中取消该凭证记账之后再执行前面的操作，如图 7-21 所示。

② 展开"日常处理"下"应收单据处理"中的"应收单据审核"选项，在"单据过滤条件"窗口中录入查询条件（注意，该单据是审核才生成了凭证，所以查询条件中需勾选"已审核"复选项），单击"确认"按钮，在查询出来的记录中，选择需取消审核的记录，然后单击"弃审"按钮即可。

图 7-21

7.6

收款单据处理

收款单据处理分为收款单据录入和收款单据审核。

应收系统的收款单用来记录企业所收到的客户款项，款项性质包括应收款、预收款、其他费用等。其中，应收款、预收款性质的收款单要与发票、应收单、付款单进行核销勾对。

应收系统中的付款单用来记录发生销售退货时，企业开具的退付给客户的款项。该付款单可与应收、预收性质的收款单、红字应收、红字发票进行核销。

例 7-7 增加一张收款单，客户名称：北京远东集团；业务员：销售一部何亮；结算方式：转账支票；金额：10 000 元人民币。

（1）展开"收款单据处理"菜单，选择"收款单据录入"命令，系统弹出"收款单录入"窗口，如图 7-22 所示。

（2）单击"增加"按钮增加一张新的收款单，将 [例 7-7] 中的数据一一录入到本张收款单中，最后单击"保存"按钮保存新增数据。

（3）单击"审核"按钮审核该张收款单，系统弹出"是否立即制单"窗口，单击"否"按钮不立即制单，以后统一制单。单击"核销"旁边的向下小箭头，可进入到本张收款单与原来的应收单（应收单需先进行审核）进行核销窗口。

图 7-22

7.7

核销单据处理

单据核销是指收回客户款项，核销该客户应收款，可以建立收款与应收的核销记录，监督应收款及时核销，加强往来款项的管理。

用友系统提供两种核销方式——手工核销和自动核销。手工核销指由用户手工确定收款单核销与它们对应的应收单。自动核销指由系统来确定收款单核销与它们对应的应收单。

7-8 将应收款与 [例 7-7] 的收款单数据进行核销，核销金额 10 000 元。

（1）展开"核销处理"菜单，选择"手工核销"命令，系统弹出"核销条件"窗口，如图 7-23 所示。

图 7-23

在"通用"选项卡中选择客户编号 0001、部门、业务员、币种的过滤条件。

在"结算单"选项卡中输入收付款单据的编号、日期、结算方式、金额等查询信息。

在"单据"选项卡中输入其他单据的编号、日期、结算方式、金额等查询信息。

（2）然后单击"确定"按钮，系统列出符合条件的记录，如图 7-24 所示。

图 7-24

（3）上面的记录是收款单记录，下面是应收款记录，双击"本次结算金额"、"本次结算"项目栏，填写本次的结算金额 10 000 元，最后单击"保存"按钮完成本次结算。

注　　销售发票中带有销售订单号，在核销之后，核销之后的结果可以在销售管理系统中查到。
　　　取消已核销的操作，请参阅本章中的取消操作。

7.8

票据管理

在此可对银行承兑汇票和商业承兑汇票进行管理，记录票据详细信息，记录票据处理情况，查询应收票据信息（包括即将到期且未结算完的票据）。

（1）选择"票据管理"命令，系统弹出"票据查询"窗口，如图7-25所示。

（2）输入查询条件，然后单击"确定"按钮，系统列出符合条件的记录，如图7-26所示。

（3）单击"增加"按钮，系统弹出"票据增加"窗口，在此录入新增票据。

（4）可选定票据，然后单击"贴现"（"背书"、"转出"、"结算"、"计息"）按钮对该单据进行贴现（背书、转出、结算、计息）处理。

图7-25

图7-26

7.9

转账

转账业务是处理应收账款时常遇到的业务，转账有4种类型——应收冲应收、预收冲应收、应收冲应付和红票对冲。

● 应收冲应收：将一家客户的应收款转入到另一家客户中。

● 预收冲应收：处理客户的预收款和该客户的应收款的转账核销业务。

● 应收冲应付：将指定客户的应收款冲抵指定供应商的应付款项。

提示　应收冲应付的情况一般用来处理三角债关系，如某公司既是企业的客户，又是企业的供应商，则可以在设置客户档案或供应商档案时就预先将其设置为相对应的关系（请参阅本书第4章中的供应商、客户档案设置）。

● 红票对冲可实现某客户的红字应收单与其蓝字应收单、收款单与付款单中间进行冲抵的操作。

这 4 种转账操作方式都类似，本书现以第 2 种"预收冲应收"为例进行讲解。

例 7-9 将客户北京远东集团的预收款 6 000 元冲销应收账款。

（1）展开"转账"菜单，选择"预收冲应收"命令，系统弹出"预收冲应收"窗口，如图 7-27 所示。

图 7-27

（2）在"预收款"选项卡中选择需要进行转账的客户"北京远东集团"，单击"过滤"按钮，让系统列出该客户的所有预收账款。

（3）在需要进行转账的单据"转账金额"栏中录入转账金额 6 000 元。

（4）打开"应收款"选项卡，如图 7-28 所示，单击"过滤"按钮，系统列出选定客户的所有应收款账，双击"转账金额"处录入本次转账金额 6 000 元。

（5）单击"确定"按钮，系统弹出"是否立即制单"的窗口，单击"否"按钮，暂不制单，以后一起制单。

图 7-28

7.10

坏账处理

坏账处理功能包括计提应收坏账准备处理、坏账发生后的处理、坏账收回后的处理等。

（1）计提坏账准备，坏账计提是指预先估计经营风险，按预先进行坏账准备设置的参数（请参阅本章中应收款管理系统业务参数设置中的坏账准备设置），计提可能发生的相应坏账金额。

① 选择"坏账处理"中"计提坏账准备"选项，结果如图 7-29 所示。

图 7-29

②单击"确认"按钮,系统弹出"是否立即制单"窗口,单击"否"按钮,暂不制单。

> **注** 坏账计提方法在进入应收系统时在基础设置处预先进行设置,主要有销售收入百分比法、应收账款百分比法和账龄分析法;坏账准备已计提成功,则本年度不能再做计提坏账准备。如果坏账的处理方式是"直接转销法"则不能进行坏账计提。

(2)坏账发生。坏账发生指用户确定某些应收款为坏账。通过本功能用户即可选定发生坏账的应收业务单据,确定一定期间内应收款发生的坏账,便于及时用坏账准备进行冲销,避免应收款长期呆滞的现象。

① 单击"日常处理"下"坏账处理"中的"坏账发生"选项,系统弹出"坏账发生"窗口,如图 7-30 所示。

图 7-30

例 7-10 客户北京远东集团,产生一笔坏账 1 000 元。

② 录入客户名称"北京远东集团"等过滤条件,然后单击"确定"按钮,系统进入"坏账发生单据明细"窗口,如图 7-31 所示。

图 7-31

③ 在坏账的"本次发生坏账金额"处录入该单据产生坏账的金额 1 000 元，然后单击"确认"按钮，系统提示是否立即制单，单击"是"可以直接制单；单击"否"则暂不制单，可待以后再制单。

（3）坏账收回。坏账收回指系统提供的对应收款已确定为坏账后又被收回的业务处理。通过本功能可以对一定期间发生的应收坏账收回业务进行处理，反映应收账款的真实情况，便于对应收款管理。

① 展开"坏账处理"菜单，选择"坏账收回"命令，系统弹出"坏账收回"窗口（如将 [例 7-10] 中发生的坏账收回），如图 7-32 所示。

图 7-32

② 在窗口中输入坏账收回的客户编号、结算单（结算单为未审核的收款单）等过滤条件，然后单击"确定"按钮，系统提示是否立即制单，可单击"否"按钮暂不制单。

> **注** 　当收回一笔坏账时，应首先在"收款单据录入"中录入一张收款单，该收款单的金额即为收回的坏账的金额，不要审核该收款单，否则将无法选择此处的结算单。

（4）坏账查询。用户可利用坏账查询功能查找一定期间内发生的应收坏账业务处理情况及处理结果，加强对坏账的监督。

展开"坏账处理"菜单，选择"坏账查询"命令，系统弹出"坏账查询"结果，如图 7-33 所示。

图 7-33

7.11 制单处理

制单，即生成凭证，之后将其传递到总账系统并记账。前面讲解了应收款的产生、收款业务、核销业务、坏账业务，这些业务经确认之后，系统都会提示用户是否需要立即制单。可选择立即制单，也可选择"否"。如果不立即制单则可以在此统一制单，也可根据规则合并制单。

（1）选择"制单处理"命令，系统弹出"制单查询"窗口，如图 7-34 所示。

图 7-34

（2）录入制单单据的过滤条件，然后单击"确定"按钮，系统列出所有符合条件的记录，如图 7-35 所示。

注 不要勾选此处的"核销制单"项，因为在应收系统选项中没有勾选"核销生成凭证"项，所以不管核销双方单据的入账科目是否相同均不需要对这些记录进行制单。

（3）在"选择标识"中输入任一序号。如果需要几张单据合并制单，则在选择标识栏中输入相同的序号；单击"全选"则所有单据都分别制单，单击"合并"则全部单据合并生成一张凭证。

> **注** 系统默认制单日期为当前业务日期。制单日期应大于等于所选单据的最大日期，小于等于当前业务日期。如果同时使用了总账系统，则所输入的制单日期应该满足总账制单日期要求，如果制单序时控制，则需大于等于同月同类别凭证的日期；原始单据制单后，将不能再次制单。

（4）单击"制单"按钮，系统给出制单信息。检查无误后单击"保存"按钮，该张凭证会出现"已生成"字样，并直接传递到总账系统。在总账系统用查询凭证功能就可以查到。

图 7-35

如果制单错误，或需要重新修改原始单据，则需要删除制单，操作方法如下：

（1）展开"单据查询"菜单，选择"凭证查询"命令，系统弹出"凭证查询条件"窗口，如图 7-36 所示。

图 7-36

（2）输入查询条件，然后单击"确认"按钮，系统列出所有符合条件的记录。

（3）选定需要删除的凭证，然后单击"删除"按钮，系统弹出"确实要删除此张凭证吗"窗口，单击"是"按钮删除该张凭证，单击"单据"、"凭证"按钮可对选定的单据联查其原始单据或凭证。

> **注** 只有在总账中未审核、未经出纳签字、未经主管签字的凭证才能删除。

7.12 单据查询

用户可以查询应收单、结算单、凭证等，也可以查询各类单据、核销信息、报警信息和凭证等。

在查询列表中，系统提供自定义显示栏目、排序等功能，可以通过单据列表操作来制作符合要求的单据的列表。用户在单据查询时，若启用客户、部门数据权限控制，则用户在查询单据时只能查询有权限的单据。

打开"单据查询"菜单，在此可以进行各种单据的查询操作。如单击"发票查询"选项，系统弹出"发票查询"窗口，如图7-37所示。

图7-37

输入相应的查询条件，然后单击"确定"按钮，系统会列出所有符合条件的记录，如图7-38所示。

图7-38

双击需要查询的记录，可以联查其原始单据，单击"查询"按钮可重新输入查询条件，单击"凭证"按钮可查看由此单据生成的相应凭证。

7.13 账表管理

账表管理分为业务账表、统计分析、科目账查询。

7.13.1 业务账表

在此可以查看客户、客户分类、地区分类、部门、业务员、存货分类、存货、客户总公司、主管业务员、主管部门在一定期间内发生的应收及收款的明细情况。在应收业务明细账中可以完整查询既是客户又是供应商的业务单据信息，也可以查询未审核单据，联查未开票已出库发货单、暂估采购入库单的单据信息（该功能需与采购管理、库存管理、销售管理联合使用）。

以"对账单"为例进行查询。

如展开"业务账表"菜单，选择"对账单"命令，系统弹出"应收对账单"查询条件窗口，如图 7-39 所示。

图 7-39

输入各项查询条件，然后单击"过滤"按钮，系统列出符合条件的应收对账单，如图 7-40 所示。单击"打印"按钮可打印出该对账单。

图 7-40

> **提示**　用友软件的应收账款对账单，在查询时，可以所有客户一起查询，在打印时，系统会自动将不同的客户分页打印，非常方便，所以核算单位在客户量大的情况下，要打印对账单时，就不必对客户进行单独查询打印了。

7.13.2　统计分析

统计分析可以进行应收账龄分析、收款账龄分析、欠款分析、收款预测。

以"应收账龄分析"为例。

用户可以通过本功能分析客户、存货、业务员、部门或单据的应收款余额的账龄区间分布，可以设置不同的账龄区间并进行分析。（既可以进行应收的账龄分析，也可以进行预收款的账龄分析）。

（1）展开"统计分析"菜单，如果选择"欠款分析"命令，系统弹出"欠款分析"条件窗口，如图7-41所示。

图7-41

（2）录入各项分析条件，单击"过滤"按钮，系统会弹出"应收账龄分析"报表，如图7-42所示。

图7-42

7.14

取消操作

如果进行了核销、坏账处理、转账、汇兑损益、票据处理、对账操作后，发现操作失误，则可以使用"取消操作"命令将其恢复到操作前的状态，以便进行修改。

（1）展开"其他处理"菜单，选择"取消操作"命令，系统弹出"取消操作条件"录入窗口，如图 7-43 所示。

（2）录入取消操作条件后，单击"确定"按钮，系统列出符合条件的操作，如图 7-44 所示。

（3）双击需要取消操作记录的选择标志栏，使其为"Y"字样，单击"OK"按钮对有"Y"字样的记录，取消其操作。

图 7-43

图 7-44

7.15

期末处理

期末处理指用户进行的期末结账工作。如果当月业务已全部处理完毕，就需要执行月末结账，只有月末结账后，才能开始下月工作。

7.15.1 结账

本月各项业务处理结束后就可以进行月末结账工作。执行月末结账后，该月不能再进行任何业务处理。

（1）展开"其他处理"下"期末处理"菜单，选择"月末结账"命令，系统弹出"月末处理"窗口，如图 7-45 所示。

（2）双击需要结账月份的"结账标识"栏，出现"Y"字后，然后单击"下一步"按钮，系统会根据实际情况进行提示。

① "结账成功"，则单击"确定"按钮完成结账。

② "需完成其操作后方可重新进行结账"，则表示尚有单据未审核或制单。

图 7-45

7.15.2 取消月结

如果已结账的月份还有数据需要处理，则需要取消月结。

单击"其他处理"下"期末处理"中的"取消月结"选项，系统弹出"取消结账"窗口，选择最后一个已结账的月份，然后单击"确认"按钮，系统提示"取消结账成功"，单击"确定"按钮取消结账。

> **注** 如果该月总账已结账，则需先取消总账的月结，然后再执行本月应收款系统的取消月结功能。用友软件中总账是最后一个结账的系统，取消结账时恰恰相反，因为每次只能取消最后一个月的结账，所以如果是要取消几个月前的结账，则需要多次执行取消结账操作。

课 后 习 题

（1）请画出应收款系统与其他业务系统的数据流向图。

（2）坏账计提有几种方式？分别是什么？

（3）应收款管理系统提供几种转账类型？分别是什么？

实验五　应收、应付数据处理

【实验目的】

1. 掌握应收、应付系统参数的设置。

2. 掌握发票、收款和付款的处理。

3. 掌握业务单据生成凭证。

【实验内容】

1. 应收、应付系统参数设置，并启用模块。

2. 应收发票、应付发票处理。

3. 收款单、付款单处理。

4. 报表查询。

【实验资料】

1. 应收账款初始数据

初始类型	日期	客户	往来科目	发生额
初始销售增税发票	2011-12-31	上海常星礼品公司	1122	12 000.00
初始销售增税发票	2011-12-31	广州鸿运文具店	1122	3 600.00
初始销售增税发票	2011-12-31	深圳长友网络公司	1122	6 500.00

2. 应付账款期初数据

初始类型	日期	供应商	往来科目	发生额
初始采购增值税票	2011-12-31	广州浩友塑胶制品厂	2202	8 300.00
初始采购增值税票	2011-12-31	广州书名文具厂	2202	2 600.00

3. 上海常星的运输费 1 000 元

单据类型	日期	客户	摘要	金额
其他应收单	2012-1-10	上海常星礼品公司	2011 年 12 月运输费	1 000.00

4. 2012-1-16 收到上海常星礼品公司货款 10 000 元。

5. 广州浩友塑胶制品厂的运输费 660 元。

单据类型	日期	客户	摘要	金额
其他应付单	2012-1-13	广州浩友塑胶制品厂	2011 年 12 月运输费	660.00

6. 2012-1-20 付广州书名文具厂货款 2 600 元。

【实验步骤】

1. 以"李丽"登录账套，先修改科目属性。修改 1122 应收账款、1123 预付账款、2202 应付账款和 2203 预收账款的科目属性"科目受控系统"为"应收应付"，以备后面使用。

2. 设置应收款系统参数。启用会计年份、会计期间设置为 2012 年 1 月，在"坏账计得方法"窗口，计提方法设置为"直接转销法"，费用科目代码选择"660207——坏账损失"科目，在科目设置窗口获取相应的会计科目，其他应收单、销售发票、收款单和退款单的科目都设置为"1122——应收账款"，预收单的科目设置为"2203——预收款"，应收票据选择"1121——应收票据"，应交税金选择"222103——销项税"科目。

3. 设置应付款系统参数。启用会计年份、会计期间设置为 2012 年 1 月，在科目设置窗口获取相应的会计科目，其他应付单、采购发票、付款单和退款单的科目都设置为"2202——应付账款"，预付单的科目设置为"1123——预付款"，应收票据选择"2201——应付票据"，应交税金选择"222101——进项税"科目。

4. 录入应收初始数据。

5. 应收初始化检查、对账后并结束初始化。

6. 录入应付账款期初数据。

7. 应付初始化检查、对账并结束初始化。

8. 以其他应收单处理上海常星的运输费 1 000 元，数据见上表。

9. 以收款单处理 2012-1-16 收到上海常星礼品公司货款 10 000 元。

10. 其他应收单和收款单生成凭证。

11. 以其他应付单处理广州浩友塑胶制品厂的运输费 660 元。

12. 以付款单处理 2012-1-20 付广州书名文具厂货款 2 600 元。

13. 其他应付单和付款单生成凭证。

14. 查询应收款汇总表、应收款明细表和账龄分析表。

第8章 固定资产管理系统

【学习重点】

通过本章了解固定资产模块的操作方法，可以学习固定资产初始化处理、固定资产卡片录入、固定资产凭证生成、期末计提折旧和固定资产报表查询方法。

8.1 概述

固定资产是保证企业正常运作的物质条件。核算单位经常要为固定资产制作固定资产卡片，对其基本信息、附属设备、修理记录、转移、停用和原值变动等内容随时进行记录。

用友 V8.72 的固定资产管理系统中固定资产以卡片形式登记，可以处理固定资产的维修、自动计提折旧、部门转移等业务，处理一个固定资产多部门使用的情况，固定资产卡片还可以关联图片，进行固定资产查询管理，固定资产的各种业务处理（如固定资产购进、折旧和报废等）会自动生成记账凭证并将其传递到总账管理中。固定资产卡片还可以为成本核算系统提供资产的折旧信息。

固定资产业务流程如图 8-1 所示。

以本书第 2 章中的图 2-55 所示的方式，进入"UFIDA-ERP"操作平台后，在"业务"选项卡中单击"财务会计"，然后双击"固定资产"命令，则打开了固定资产管理系统。

图 8-1

8.2

固定资产系统初始化设置

初始化设置是使用固定资产管理系统的前提条件，直接关系到固定资产管理系统的日后使用和业务点控制便利与否。初始化设置时要建立基础档案，将原始卡片录入到固定资产管理系统中。初始化设置是首次使用固定资产管理系统时不可缺少的操作。

1. 进入固定资产系统

（1）如果是第一次进入固定资产系统，则系统将提示是否进行初始化，如图8-2所示。

（2）单击"是"按钮，系统弹出"固定资产初始化向导"界面，进入"1.约定及说明"界面，如图8-3所示。

图8-2

图8-3

（3）仔细阅读约定及说明，然后选择"我同意"项，单击"下一步"按钮进入"2.启用月份"界面，如图8-4所示，系统以账套启用月份开始计提折旧，以此月之前的固定资产作为期初值。账套启用月份的修改需要到固定资产系统启用设置中进行。

（4）单击"下一步"按钮进入"3.折旧信息"界面，如果不勾选"本账套计提折旧"，系统将不予计提折旧，如果勾选本账套计提折旧，则要选择本账套主要折旧方法、选择折旧汇总分配周期（一般为1个月），用户还可以根据核算单位的实际情况来进行其他设置，如图8-5所示。

图8-4

图8-5

（5）单击"下一步"按钮进入"4.编码方式"界面，在此设置"资产类别编码方式"（如"2-1-1-2"）和"固定资产编码方式"（手工输入或自动编码，选择自动编码之后，还可以选择自动编码的方式），如图8-6所示。

（6）单击"下一步"按钮进入"5.账务接口"界面，单击"固定资产对账科目"文本框和"累计折旧对账科目"文本框右侧按钮，便可向财务系统（总账）传输数据，这样可进行固定资产核算业务的自动转账工作，如图8-7所示。建议不勾选"在对账不平情况下允许固定资产月末结账"选项。

图8-6

图8-7

（7）单击"下一步"按钮进入"6.完成"界面，系统列出本次初始化结果。如果希望修改，单击"上一步"按钮，可重新进行设置，如图8-8所示，单击"完成"按钮，系统提示是否保存初始化设置，单击"是"按钮，系统进入到固定资产管理窗口。

2. 选项设置

选项设置中包括账套初始化时设置的参数和其他一些在账套运行中使用的参数或判断。在运行本系统前，设置所需要的账套参数，以便系统使用过程中进行相应的处理，如与账务（即总账系统）接口和折旧方法处理。

图8-8

（1）单击"设置"下的"选项"命令，系统弹出"选项"窗口。

（2）在选项窗口中列出本系统初始化时一些已设置好的参数，单击"编辑"按钮进行参数设置。

（3）单击"与财务系统接口"选项卡，如图8-9所示。

图8-9

● 业务发生后立即制单：若勾选该项，业务发生时会立即制单，如果不勾选，则系统将把没有制单的原始单据的资料收集到批量制单部分，使用批量制单功能，统一制单。

● 执行事业单位会计制度：事业单位对于固定资产的账务处理与企业单位不同，勾选此项，可以根据事业单位会计制度设置凭证规则（系统在"增减方式"中提供"列支科目"的选择）。

● 月末结账前一定要完成制单登账业务：系统中的有些业务在存在对应的总账账套的情况下应制作凭证，把凭证传递到总账系统，但是有可能一些经济业务在其他系统已制作凭证，为避免重复制单，可不在此判断框内打勾。若要保证系统的严谨性，则可在此判断框内打勾，表示一定要完成应制作的凭证。如还有没有制作的凭证，本期间不允许结账。

● 按资产类别设置缺省科目：勾选该项，则"固定资产对账科目"和"累计折旧对账科目"可以多选，但最多能选10个；同时，可以在"资产类别"中录入"缺省入账科目"。

> **提示** 若在资产类别中设置了缺省入账科目，则在生成凭证时根据卡片所属末级资产类别带出相应的科目；若在资产类别中没有设置缺省入账科目，则在生成凭证时带出选项中设置的缺省入账科目。

● 固定资产缺省入账科目、累计折旧缺省入账科目、减值准备缺省入账科目：固定资产系统制作记账凭证时，凭证中上述科目的缺省值将由此设置确定，当这些设置为空时，凭证中缺省科目为空。

（4）在"其他"选项卡中，可勾选"卡片关联图片"选项，然后指定固定资产中的图片文件存放路径（如将固定资产的图片放在"E:\何平\固定资产图片"文件夹中），如图 8–10 所示。

● 已发生资产减少卡片可删除时限：根据制度规定已清理资产的资料应保留 5 年，所以系统设置了该时限，缺省为 5 年，只有 5 年后才能将相关资产的卡片和变动单删除（删除指从系统的数据库中彻底删除）。使用者可根据需要修改这个时限，系统按修改后的时限判断已清理资产的卡片和变动单能否删除。

● 自动连续增加：勾选此项，增加卡片等单据保存后，系统会自动增加一张新的单据。

图 8–10

● 不允许转回减值准备：2007 年企业会计准则规定，资产减值损失一经确认，在以后会计期间不得转回。选择此项，则该账套不允许转回减值准备。本选项可以随时修改，新建账套中该选项默认选中。

● 自动连续增加卡片：勾选该项，卡片保存后会自动增加一张新的卡片。

● 卡片金额显示千分位格式：勾选该项，单张卡片中的金额显示为千分位格式。

● 卡片关联图片：因为固定资产管理要求一定金额以上的固定资产在固定资产卡片中能联查扫描或数码相机生成的资产图片，以便管理得更具体、更直观。因此在选项中增加固定资产卡片联查图片功能，允许在卡片管理界面中联查资产的图片文件。

首先勾选"卡片关联图片"复选框，然后选择要存放图片的存放路径。系统自动查询用户选择的图片文件存放路径中，对应固定资产卡片编号（不是固定资产编号）的图片文件，图片文件可以保存为 *.JPG 、*.BMP、 *.GIF、 *.DIB 等多种图片格式。在卡片管理时增加显示"图片"按钮，单击该图标可以显示固定资产实物图片；或右击选择"显示图片预览"显示资产图片。

● 向工作中心发送信息：勾选该项，当固定资产系统内业务单据（原始卡片、新增资产、变动单）保存时、资产减少成功时向所工作中心发送信息。

3. 部门对应折旧科目设置

固定资产计提折旧后须把折旧归入成本或费用，根据核算单位的需求按部门或按类别归集。当按部门归集折旧费用时，某一部门所属的固定资产折旧费用将归集到一个固定的科目。部门对应折旧科目设置就是为部门选择一个折旧科目，录入卡片时，该科目自动显示在卡片中，而不必一个个输入，这样可提高工作效率。在生成部门折旧分配表时每一部门按折旧科目汇总，生成记账凭证。

（1）单击"设置"下的"部门对应折旧科目"项，系统弹出"部门编码表"窗口，如图 8–11 所示。

（2）在此设置每一个部门相对应的折旧科目。

图 8-11

4. 资产类别设置

固定资产的种类繁多，规格不一，要加强固定资产管理，做好固定资产核算，必须建立科学的固定资产分类体系，为核算和统计管理提供依据。核算单位可根据自身的特点和管理要求，确定一个较为合理的资产分类方法。

例 8-1 参照表 8-1，设置固定资产管理系统中的资产类别。

表 8-1　　　　　　　　　　　　　固定资产的类别

编码	类别名称	折旧方法
01	办公设备	平均年限法（一）
02	车辆	平均年限法（一）
03	其他	工作量法

（1）单击"设置"下的"资产类别"项，系统弹出"类别编码表"窗口。

（2）单击工具栏中的"增加"按钮，增加新的资产类别。如果需要在已有的资产类别下再分类，则需要先选中该分类，再单击"增加"按钮，如图 8-12 所示。设置完毕单击"保存"按钮保存新增数据。

注意	如果没有资产类别选择工作量法折旧，则不能使用。
	如果该类别在增加固定资产卡片时已引用，则其类别下不能再增加新类别。

5. 资产组

资产组是企业可以认定的最小资产组合，区分的依据是可以产生独立的现金流入。比如我们可以把同一个生产线中的资产划分为一个资产组。资产组与固定资产类别不同，同一资产组中的资产可以分属不同的固定资产类别。在计提减值准备时企业有时需要以资产组为单位进行计提。企业可根据自身管理要求确定合理的资产组分类方法。

图 8-12

（1）单击"设置"下的"资产组"项，系统弹出"资产组"窗口，如图 8-13 所示。

（2）单击"增加"按钮增加资产组。

> 提示 只有在最新会计期间时可以增加资产组，月末结账后则不能增加；资产组编码不能重复，同级的资产组名称不能相同；资产组编码、资产组名称不能为空。

图 8-13

6. 增减方式设置

增减方式分为增加方式和减少方式两类，用以确定资产计价和处理原则，明确资产的增加或减少方式，可以做到对固定资产增减的汇总管理条理化、明细化。

（1）单击"设置"下的"增减方式"项，系统弹出"增减方式"窗口，如图 8-14 所示。

图 8-14

（2）可以选择系统默认的增减方式，也可以从"增减方式目录表"中选择"增加方式"或"减少方式"，然后单击工具栏中的"增加"按钮，输入新增方式的名称和对应入账科目。单击工具栏中的"删除"按钮可以删除原来已有的设置。单击工具栏中的"保存"按钮保存设置。

> **注** 不能删除已使用（被录入固定资产卡片时选用）的增减方式，不能删除非明细级方式，不能修改和删除系统默认的增减方式中"盘盈、盘亏、毁损"，因为本系统提供的报表中有固定资产盘盈、盘亏报告表。

7. 使用状况设置

明确资产的使用状况，可以正确地计算和计提折旧，也便于统计固定资产的使用情况，提高资产的利用效率。使用状况主要有在用、季节性停用、经营性出租、大修理停用、不需用和未使用等。

（1）单击"设置"下的"使用状况"项，系统弹出"使用状况"窗口，如图 8-15 所示。

图 8-15

（2）选定一种使用状况。可以是系统默认的使用状况，也可以单击"增加"、"修改"或"删除"按钮进行重新设置，最后单击"保存"按钮保存设置。

8．折旧方法设置

折旧方法设置是系统自动计算折旧的基础。系统给出了常用的 5 种方法——不提折旧、平均年限法（一和二）、工作量法、年数总和法和双倍余额递减法，并列出了它们的折旧计算公式。这几种方法是系统默认的折旧方法，不能删除和修改。核算单位也可以根据需要来自定义折旧方法，操作步骤如下。

（1）单击"设置"下的"折旧方法"选项，系统弹出"折旧方法"窗口，该窗口列出已有的折旧方法，如图 8-16 所示。

（2）单击工具栏中的"删除"按钮可以删除所选定的折旧方法。单击工具栏中的"修改"按钮可以对所选定的折旧方法进行修改。单击工具栏中的"增加"按钮，系统弹出"折旧方法定义"窗口，在此可新增自定义折旧方法。

图 8-16

> **注** 自定义公式中所包含的项目只能是自定义窗口左侧给定的项目，定义月折旧率和月折旧额公式时必须有单向包含关系，即月折旧额公式中包含月折旧率项目，或月折旧率公式中包含月折旧额项目，但不能同时互相包含。

9．固定资产卡片项目设置

卡片项目包含资产卡片上用来显示资产资料的栏目（如原值、资产名称、使用年限和折旧方法等）。固定资产系统提供了一些常用卡片必须保留的项目，称为系统项目。

核算单位可以根据需要自定义卡片项目，系统项目和自定义项目构成了卡片项目目录，定义方式如下。

（1）单击"卡片"下的"卡片项目"项，系统弹出"卡片项目定义"窗口，如图 8-17 所示。

图 8-17

（2）单击工具栏上的"增加"按钮增加新项目，录入新增项目的名称、数据类型等信息。在"项目列表"中单击选中项目，然后单击工具栏上的"修改"按钮可对项目进行修改。在"项目列表"中单击选中项目，单击工具栏上的"删除"按钮可以删除选中的项目。

（3）最后单击"保存"按钮保存设置。

10. 卡片样式定义

卡片样式指固定资产卡片的整体外观，包括格式（表格线、对齐形式、字体大小、字型等）、项目和项目的位置。各核算单位需求不同，所要求的卡片样式可能也不同，所以系统提供卡片样式定义功能（也可以修改默认的样式）。

（1）单击"卡片"下的"卡片样式"选项，系统弹出"卡片样式管理"窗口，如图 8-18 所示。

图 8-18

（2）系统提供一个通用样式，可以单击工具栏中的"修改"按钮对通用样式进行修改；也可以单击工具栏中的"增加"按钮增加新的卡片样式，系统提示"是否以当前卡片样式为基础建立新样式"，单击"是"即可按照通用格式增加新的卡片样式，如图 8-19 所示。

图 8-19

（3）单击工具栏上的"编辑"按钮对卡片上的项目进行修改。也可以用选定具体的卡片项目，然后单击鼠标右键，在弹出的菜单列表中对该卡片项目进行具体设置。

（4）最后给修改完成的卡片模板定义一个新的模板名，单击工具栏上的"保存"按钮保存模板。

11. 录入原始卡片

固定资产卡片是固定资产核算和管理的依据，在使用固定资产系统进行核算前，除了前面必要的基础设置工作外，还必须将建账日期以前的数据录入系统中，保持历史资料的连续性。原始卡片录入不用必须在第一个会计期间结账前完成，任何时候都可以录入。

8-2　参照表 8-2、表 8-3、表 8-4 和表 8-5，录入固定资产原始卡片。

表 8-2　　　　　　　　　2009 年 1 月 1 日原始固定资产卡片 1

基本信息		部门及其他		原值与折旧	
资产类别	办公设备	固定资产科目	1601	币别	人民币
资产编码	01003	累计折旧科目	1602	原币金额	3 500
名称	联想电脑1	使用部门	总经理室	开始使用日期	2008-05-12
计量单位	台	折旧费用科目	660210	预计使用期间数	36 个月
数量	1			已使用期间数	7
入账日期	2008-05-12			累计折旧	500
存放地点	办公室			预计净残值	200
使用状况	正常使用			折旧方法	平均年限法（1）
变动方式	购入				

表 8-3   2009 年 1 月 1 日原始固定资产卡片 2

基本信息		部门及其他		原值与折旧	
资产类别	办公设备	固定资产科目	1601	币别	人民币
资产编码	01004	累计折旧科目	1602	原币金额	3 500
名称	联想电脑 2	使用部门	财务部	开始使用日期	2008-05-12
计量单位	台	折旧费用科目	660210	预计使用期间数	36 个月
数量	1			已使用期间数	7
入账日期	2008-05-12			累计折旧	500
存放地点	办公室			预计净残值	200
使用状况	正常使用			折旧方法	平均年限法（1）
变动方式	购入				

表 8-4   2009 年 1 月 1 日原始固定资产卡片 3

基本信息		部门及其他		原值与折旧	
资产类别	办公设备	固定资产科目	1601	币别	人民币
资产编码	01005	累计折旧科目	1602	原币金额	3 500
名称	联想电脑 3	使用部门	工程部	开始使用日期	2008-05-12
计量单位	台	折旧费用科目	660210	预计使用期间数	36 个月
数量	1			已使用期间数	7
入账日期	2008-05-12			累计折旧	500
存放地点	办公室			预计净残值	200
使用状况	正常使用			折旧方法	平均年限法（1）
变动方式	购入				

表 8-5   2009 年 1 月 1 日原始固定资产卡片 4

基本信息		部门及其他		原值与折旧	
资产类别	车辆	固定资产科目	1601	币别	人民币
资产编码	02001	累计折旧科目	1602	原币金额	119 000
名称	金杯汽车	使用部门	人事部、财务部	开始使用日期	2008-07-1
计量单位	台	折旧费用科目	660210	预计使用期间数	90 个月
数量	1			已使用期间数	5
入账日期	2008-07-1			累计折旧	6427.6
存放地点	车库			预计净残值	15000
使用状况	正常使用			折旧方法	平均年限法（1）
变动方式	购入				

（1）单击"卡片"下的"录入原始卡片"选项，选择增加的卡片类别"01 办公用品"，如图 8-20 所示。

（2）单击"确定"按钮系统弹出"固定资产卡片录入"窗口，如图 8-21 所示，在"固定资产卡片录入"窗口中，选择新增的原始卡片的"固定资产卡片"标签。

（3）在各项目中录入例 8-2 中表 8-2 的联想电脑的原始卡片信息和一些主要项目的说明，在光标位于该项目时，按 F1 键可得到随机帮助。

（4）单击选择其他标签页（如"附属设备"页、"大修理记录"页等），可输入该资产的附属设备和该资产以前发生的各种变动，附属标签页上的信息只供参考，不参与计算。

图 8-20

图 8-21

（5）单击工具栏上的"图片"按钮，可以联查到与本固定资产相对应的图片。如果没有设置图片查询，"图片"按钮不会显示。用户应该先将一张与本卡片中的固定资产对应的金杯汽车图片放入"E:\固定资产图片"文件夹中，并将该图片文件的文件名更改为与本卡片中的卡片编号（不是固定资产编号）一致。

（6）单击"使用部门"时，可以选择是单部门使用还是多部门使用，如果是多部门使用，系统会弹出"使用部门"窗口，设置各部门的折旧分摊比例，如图8-22所示。

（7）最后单击工具栏中的"保存"按钮，保存录入的卡片。录入例8-2中表8-3到表8-5的原始卡片数据。

图 8-22

（8）原始卡片录入完毕，执行固定资产与总账系统对账，展开固定资产系统中的"处理"菜单，选择"对账"命令，系统弹出对账结果，如图8-23所示。

图 8-23

> **注**　一个固定资产是多部门使用时，部门数在 2 ~ 20 之间。
>
> 系统根据初始化时设置的编码方案对卡片自动编号，不能修改，如果删除了其中一张卡片，且不是最后一张，则系统将保留其空号。与计算折旧有关的项目录入后，系统会按照输入的内容将本月应提的折旧额显示在"月折旧额"项目内，可将该值与手工计算的值比较，看是否有录入错误。
>
> 其他标签页的内容只是为了管理卡片，不参与计算。除附属设备外，其他内容除"备注"外，均由系统自动生成。在录入月结账后不能修改和输入。
>
> 原值、累计折旧、累计工作量中录入的一定是卡片录入月月初的价值，否则将会出现计算错误；已计提月份必须严格按照该资产已经计提的月份数填写，不应包括使用期间停用等不计提折旧的月份，否则不能正确计算折旧。
>
> 与总账系统对账结果不平衡，则要仔细检查一下是否有录错或者漏录固定资产原始卡片，直到平衡为止。
>
> 原始卡片录入也可以在后期工作中录入，如果有这种情况，则在此与总账系统的对账结果是不平衡的，也没有关系，则需要在固定资产系统的选项设置中勾选"在对账不平的情况下允许固定资产月末结账"，但建议不要使用这种方法，最好还是在启用固定资产系统后，一次性将原始卡片录入完毕。

12. 卡片管理

卡片管理是对固定资产系统中所有卡片进行综合管理的功能操作，可以完成固定资产卡片查询、修改、打印、联查图片等功能。

在固定资产管理系统中，展开"卡片"菜单，选择"卡片管理"命令，系统列出全部的固定资产卡片，如图 8-25 所示。

图 8-24

图 8-25

在此对卡片进行相应的查询、打印等管理操作。

8.3

固定资产卡片管理

8.3.1　资产增加

资产增加是指新增加固定资产卡片。在系统日常使用过程中，可能会购进或通过其他方式增加企业资产，该部分资产通过资产增加操作录入系统。只有固定资产开始使用日期的会计期间等于录入会计期间时，才能通过资产增加录入资产。

例8-3　增加一固定资产

固定资产编号：0006

固定资产名称：IBM 笔记本

使用部门：销售部 – 销售一部

增加方式：直接购入

使用年限：4 年

折旧方法：平均年限法（一）

开始使用日期：2009-1-1

原值：15 000 元人民币

净残值率：5%

（1）单击"卡片"菜单中的"资产增加"选项，系统弹出"固定资产类别档案"窗口，如图8-26 所示。

图 8-26

（2）选择需增加的固定资产类别"办公设备"，然后单击"确定"按钮，系统进入"固定资产卡片"窗口，如图8-27 所示。

图 8-27

（3）依据卡片中的项目提示，将 [例8-3] 中的数据依次录入相应的项目中，最后单击"保存"按钮保存录入数据。

注	因为是新增的固定资产，所以在进行固定资产的日期录入时，只能修改日，而不能修改年与月，新增的固定资产第一个月不计提折旧，所以为 0。 对于固定资产多部门使用的情况，一般是指该固定资产没有单一的使用部门，所以该固定资产的折旧费用就由共同使用的部门来分摊。

8.3.2 资产减少

资产在使用过程中，总会由于各种原因，如毁损、出售和盘亏等退出企业，该部分操作称为"资产减少"。本系统提供资产减少的批量操作，为同时清理一批资产提供方便。

（1）单击"卡片"菜单下的"资产减少"选项，系统弹出"资产减少"窗口，如图 8-28 所示。

图 8-28

（2）输入需要进行资产减少的卡片编号，然后单击"增加"按钮，在资产减少表增加一项记录，在减少方式中选择此次操作相应的减少方式项目。

（3）最后单击"确定"按钮。

注	只有经过月计提折旧的固定资产才能执行资产减少。

8.3.3 资产变动

资产变动方式包括原值增加、原值减少、部门转移、使用状况变动、折旧方法调整、使用年限调整、累计折旧调整、工作总量调整、净残值调整以及类别调整。

（1）单击"卡片"菜单下的"变动单"选项，在其中选择具体的变动方式，如"部门转移"，如图 8-29 所示。

（2）在所选定的固定资产变动单中修改需变动的内容，最后单击"保存"按钮进行保存。

提示	变动单不能修改，只有当月可删除重做，所以仔细确认后再保存。 具体的变动方式中有一些需要注意的地方，如选择"部门转移"变动，当月原始录入或新增的资产不允许做此种变动业务。 在进行具体的变动操作时，请仔细看清楚帮助信息（在打开变动单后，按 F1 键）。

图 8-29

8.3.4 批量变动

批量变动是指对一批有相同变动内容的固定资产进行统一变动, 其原理与变动处理一样。

在固定资产系统中, 选择批量命令, 系统给出批量变动处理窗口, 如图 8-30 所示。

图 8-30

选择变动类型, 选择需要变动的固定资产, 单击"保存"按钮可将需变动的资产生成变动单。

填充数据: 可以对以下数据项统一填充变动数据, 变动原因、净残值 (率) 调整单中的净残值率、使用年限调整单中的使用年限和类别调整单中的类别。先将焦点定位于可填充列, 在"填充数据"后输入要统一变动的内容, 单击"填充数据"即可。

8.3.5　资产评估

随着市场经济的发展，企业在经营活动中，会根据业务需要或国家要求对部分资产或全部资产进行评估和重估，其中固定资产评估是资产评估很重要的部分。如公司原有的一块地皮，经过几年之后，升值了，就需要用到资产评估。

例 8-4　做一次资产评估，如 [例 8-3] 的固定资产 IBM 笔记本，评估其净值为 14 000 元。

（1）单击"卡片"菜单下的"资产评估"选项，系统弹出"资产评估"窗口，如图 8-31 所示。

（2）单击工具栏中的"增加"按钮，来新增资产评估记录。

图 8-31

（3）进行资产评估时，每次要评估的内容可能不一样，系统会弹出"评估资产选择"窗口。

（4）勾选可评估项目，然后单击"确定"按钮。

（5）选择需要进行评估的固定资产，在需要更改的评估后的项目中进行数据修改，最后单击"保存"按钮保存评估结果，结果如图 8-32 所示。

提示　只有当月制作的评估单才可以删除。

任一资产若既做过变动单又做过评估单，必须先删除变动单再删除评估单。

原值、累计折旧和净值 3 个中必须选择两个，而另一个通过公式"原值−累计折旧＝净值"推算得到。

评估后的数据必须满足以下公式：

原值−净值＝累计折旧 ≥ 0

净值 ≥ 净残值率 × 原值

工作总量 ≥ 累计工作量

图 8-32

8.3.6 资产盘点

企业要定期对固定资产进行清查，至少每年清查一次（一般是在年底），清查通过盘点实现。

资产盘点是在对固定资产进行实地清查后，将清查的实物数据录入固定资产系统与账面数据进行比对，并由系统自动生成盘点结果清单。

提示 在进行资产盘点前，最好打印出可供对比的固定资产清单，以便盘点。打印固定资产清单在卡片管理中实现。

（1）在固定资产系统，选择"资产盘点"命令，系统打开"盘点单管理"窗口，如图 8-33 所示。

图 8-33

（2）单击"范围"按钮，选择盘点方式，然后单击"下一步"按钮，系统提示勾选"核对项目"，如图 8-34 所示。

（3）单击"下一步"按钮，录入人工盘点数据，然后单击"核对"按钮，系统将固定资产系统内的卡片数据与人工录入盘点数据进行对照，给出盘点结果，盘点结果为"相同"，则表示盘点数据与固定资产系统内数据相同，否则就给出盘盈、盘亏结果。

（4）单击"保存"按钮保存该张盘点单。

图 8-34

8.4 固定资产处理

固定资产处理是对现有的固定资产进行业务上的处理，主要工作包括工作量输入、计提本月折旧、折旧清单、折旧分配表、对账、批量制单、凭证查询和月末结账。

8.4.1 工作量

当账套内的资产使用工作量法进行计提折旧时，每月计提折旧前必须录入资产当月的工作量。使用本功能可以录入当月工作量并查看以前会计期间的工作量信息。

（1）单击"处理"菜单下的"工作量输入"选项，系统弹出"工作量"窗口（如果没有在固定资产卡片中将其折旧方法设置为按工作量进行折旧，系统会提示无法打开工作量窗口），如图 8-35 所示。

（2）在此输入使用工作量折旧方法的固定资产的本月工作量。

（3）当该固定资产的本月工作量与上月工作量相同时，可单击选中该固定资产，然后单击"继承上月工作量"按钮，系统自动录入该固定资产的本月工作量（与上月工作量相同数据）。

固定资产的累计工作量显示的是截至本次工作量输入后，该固定资产的累计工作量。

图 8-35

（4）最后单击"保存"按钮保存。

8.4.2 折旧计提

固定资产在使用过程中，随着时间或工作量的增加，固定资产的价值会越来越小，这就是折旧。自动计提折旧是固定资产系统的主要功能之一。系统每期计提折旧一次，根据录入系统的资料自动计算每项资产的折旧，并自动生成折旧分配表，然后制作记账凭证，将本期的折旧费用自动登账。

（1）单击"处理"菜单下的"计提本月折旧"选项，如图 8-36 所示。

（2）系统提示"计提折旧后是否要查看折旧清单"，单击"是"或"否"按钮（单击"是"按钮则计提折旧系统会列出折旧清单，如果单击"否"按钮则不会列出）系统开始计提折旧，最后提示折旧完成信息。

图 8-36

> **注** 固定资产系统在一个期间内可以多次计提折旧，每次计提折旧后，只将计提的折旧累加到月初的累计折旧，不会重复累计。
> 如果上次计提折旧已制单并把数据传递到账务系统，则要删除该凭证之后再重新计提折旧。计提折旧后若对账套进行可能影响折旧计算或分配的操作，则应重新计提折旧，否则系统不允许结账。如果用自定义的月折旧率或月折旧额出现负数，则系统自动中止计提。

8.4.3 查看折旧清单

折旧清单显示资产计提折旧数额的列表。单期的折旧清单中列示了资产名称、计提原值、月折旧率、单位折旧、月工作量和月折旧额等信息。全年的折旧清单中同时列出了各资产在 12 个计提期间中月折旧额、本年累计折旧等信息。

（1）单击"处理"菜单下的"折旧清单"选项，系统弹出"折旧清单"窗口，如图 8-37 所示。

（2）在此窗口中可以按照部门来具体查询折旧数据。

图 8-37

注　财务制度规定，当月新增固定资产不折旧，所以［例 8-3］中 IBM 笔记本电脑在本月不计提折旧。

8.4.4　查看折旧分配表

折旧分配表是把计提折旧额分配到成本和费用的依据。生成折旧分配凭证的时间根据初始化或选项中选择的折旧分配汇总周期确定。如果选定的是一个月，则每期计提折旧后自动生成折旧分配表；如果选定的是 3 个月，则只有到 3 的倍数的期间，即第 3、6、9、12 月份计提折旧后才自动生成折旧分配凭证。折旧分配表有两种类型，部门折旧分配表和类别折旧分配表，只能从中选择一个制作记账凭证。

（1）单击"处理"菜单下的"折旧分配表"选项，系统弹出"折旧分配表"窗口，如图 8-38 所示。

图 8-38

（2）单击"修改"按钮，然后选择"按类别分配"或"按部门分配"项。

（3）单击工具栏中的"打印"按钮将折旧分配表打印出来，单击工具栏中的"凭证"按钮生成折旧分配凭证。

8.4.5　批量制单

任何一笔需要制单的业务完成后，都可以单击"制单"按钮制作记账凭证并将其传输到总账系统，也可以在当时不制单（选项中不要勾选"业务发生后立即制单"项），而在某一时间（如月底）利用本系统提供的批量制单功能完成制单工作。批量制单可以同时为一批需要制单的业务连续制作记账凭证并传输到账务系统，避免了多次制单的繁琐。

凡是在业务发生当时没有制单的业务会被自动排列在批量制单表中，表中各列为业务发生的日期、类型、原始单据号、默认的借贷方科目和金额，以及制单选择标识。

（1）单击"处理"菜单下的"批量制单"选项，系统弹出"批量制单"界面，如图8-39所示。

图 8-39

（2）单击工具栏中的"全选"按钮，则双击所有记录的"制单"标记项均会打上红色的"Y"，表示对全部记录进行制单。如果不需要全部制单，则双击需要制单的记录的"制单"标记项，打上红色的"Y"标记即可。

（3）单击选择"制单设置"选项卡，在此选择生成凭证的科目，注意借贷方向，单击工具栏中的"保存"按钮保存设置，如图8-40所示。

（4）单击工具栏中的"制单"按钮，系统弹出"填制凭证"窗口。

（5）在"填制凭证"窗口中，首先选择所生成的凭证类别，然后填入各分录的摘要内容，最后单击"保存"按钮进行保存。如果顺利，该张凭证会出现"已生成"字样，并传递到总账系统中。

图 8-40

8.4.6　查询凭证

固定资产系统制作并传输到账务系统中的记账凭证，可通过凭证查询功能查看和删除。

（1）单击"处理"菜单下的"凭证查询"命令，系统弹出"凭证查询"窗口，如图 8-41 所示。

图 8-41

（2）双击记录联查原始凭证或单击工具栏中的"查询"按钮输入条件后可进行查询。单击工具栏中的"删除"按钮可以删除所选的凭证。

注	只能在本系统删除凭证，在总账系统无法删除此系统中生成的凭证。已经在总账系统中审核和记账的凭证不能修改和删除，只有将总账系统中的审核与记账取消后方可进行修改和删除。

8.5

账表查询和月末处理

完成日常的固定资产业务处理后，相应的结果数据就可以在账表中进行查询了。每月月末需要进行月末处理。

8.5.1 账表查询

固定资产管理过程中需要及时掌握资产的统计、汇总和其他各方面的信息。系统可以将这些信息以报表的形式提供给财务人员和资产管理人员。报表分为 4 类：账簿、折旧表、汇总表以及分析表，另外，在系统中还可以自定义报表。

（1）单击"账表"菜单下的"我的账表"选项，系统弹出"报表"窗口，如图 8-42 所示。

图 8-42

（2）双击选择账表类型，系统会弹出该账表的查询条件窗口，如双击选择"账簿"，再单击"固定资产总账"，系统弹出条件窗口，如图 8-43 所示。

录入条件后单击"确定"按钮，系统弹出所有符合条件的记录。单击工具栏中的"图形分析"按钮，系统弹出"图形分析（使用状况分析表）"窗口，在此可用图形直观地进行分析，如图 8-44 所示。

图 8-43

图 8-44

8.5.2 月末处理

固定资产系统生成凭证并传递到总账后，凭证在总账系统中经出纳签字、审核和科目汇总、记账，之后就可以在固定资产系统中进行对账。如果对账平衡，月底时则可以进行固定资产的月末结账。

1. 对账

系统在运行过程中，应保证本系统管理的固定资产的价值和账务系统中固定资产科目的数值相等。两个系统的资产价值是否相等，可以通过本系统提供的对账功能检验。对账操作不限制执行的时间，任何时候均可进行对账。系统在执行月末结账前自动对账一次，给出对账结果，并根据初始化或选项中的判断确定不平情况下是否允许结账。

| 提示 | 只有系统初始化或在选项中选择了与账务对账，本功能才可使用。在使用对账之前，需要将在固定资产系统中制单生成传递到总账系统的凭证，在总账系统中进行审核、记账。因为对账时，账务账套原值和账务账套累计折旧数据是统计的经过在总账系统中审核和记账后的凭证数据。 |

（1）单击"处理"菜单下的"对账"命令。

（2）系统弹出"与账务对账结果"窗口，如图 8-45 所示。

2. 月末结账

月末结账每月进行一次，结账后当期的数据不能修改。在对账不平的情况下是否可以执行月末结账，需要看在固定资产系统的选项设置中，是否勾选了"在对账不平的情况下允许固定资产月末结账"。

图 8-45

（1）单击"处理"菜单下的"月末结账"选项（如果本月已结账，则不再显示），系统弹出"月末结账"窗口，如图 8-46 所示。

图 8-46

（2）单击"开始结账"按钮，系统开始进行结账工作，系统显示与账务对账的结果，如图 8-47 所示。

（3）单击"确定"按钮，系统提示"月末结账成功完成"。

图 8-47

> **注** 月末结账运行时，有可能会受到外部影响而中断，所以执行之前最好备份账套数据，从而避免数据丢失。

3. 取消结账

在结账期内的数据是不能修改的，如果需要修改结账前的数据，则要先取消结账。

（1）单击"处理"菜单下的"恢复月末结账前状态"命令（只有在本月已执行月末结账的情况下方才显示），如图 8-48 所示。

图 8-48

（2）单击"是"按钮，系统顺利完成取消月末结账功能。

> **注** 不能跨年度恢复数据，即本系统年末结转后，不能利用本功能恢复年末结转前状态。
> 如果成本管理系统从本系统提取了折旧费用数据，该期不能反结账。
> 恢复到某个月月末结账前的状态后，本账套内结账后做的所有工作都无痕迹地删除了。

课 后 习 题

（1）当固定资产系统启用后是否总账模块一定要启用？

（2）固定资产系统能否可以不计提折旧？

（3）当期已进行变动的资产能否清理？

（4）固定资产清理资料的删除方法是什么？

（5）期末处理时是否一定要操作"工作量管理"功能？

实验六　固定资产管理

【实验目的】

1. 掌握固定资产基本设置。

2. 掌握固定资产日常业务处理。

3. 掌握固定资产期末处理。

【实验内容】

1. 固定资产基础设置。

2. 固定资产初始卡片录入。

3. 固定资产结束初始化。

4. 新增卡片。

5. 固定资产清单。

6. 业务单据生成凭证。

7. 计提折旧。

【实验资料】

1. 固定类别"办公设备"、"生产设备"和"运输车辆"，使用年限均为5年，净残值率为10%。

2. 存放地点"办公室"、"生产车间"和"车库"。

3. 初始卡片1。

固定资产初始卡片 1

基本信息		部门及其他		原值与折旧	
资产类别	办公设备	固定资产科目	1601.01	币别	人民币
资产编码	B001	累计折旧科目	1602	原币金额	18 000
名称	台式电脑一批	使用部门	总经办	开始使用日期	2011-06-8
计量单位	台	折旧费用科目	660205	预计使用期间数	60
数量	2			已使用期间数	6
入账日期	2011-6-8			累计折旧	1 620
存放地点	办公室			预计净残值	1 800
使用状况	正常使用			折旧方法	平均年限法（基于入账原值和预计使用期间）
变动方式	购入				

4. 初始卡片 2。

固定资产初始卡片 2

基本信息		部门及其他		原值与折旧	
资产类别	生产设备	固定资产科目	1601.02	币别	人民币
资产编码	S001	累计折旧科目	1602	原币金额	49 000
名称	多功能打印机	使用部门	生产部	开始使用日期	2011-06-23
计量单位	台	折旧费用科目	510102	预计使用期间数	60
数量	1			已使用期间数	6
入账日期	2011-6-23			累计折旧	4 410
存放地点	生产车间			预计净残值	4 900
使用状况	正常使用			折旧方法	平均年限法（基于入账原值和预计使用期间）
变动方式	购入				

5. 2012-1-16 购买瑞风商务车一部，卡片信息如下。

基本信息		部门及其他		原值与折旧	
资产类别	运输车辆	固定资产科目	1601.03	币别	人民币
资产编码	Y001	累计折旧科目	1602	原币金额	110 000
名称	瑞风商务车	使用部门	销售部	开始使用日期	2012-1-16
计量单位	辆	折旧费用科目	660103	预计使用期间数	60
数量	1			已使用期间数	0
入账日期	2012-1-16			累计折旧	0
存放地点	车间			预计净残值	11 000
使用状况	正常使用			折旧方法	平均年限法（基于入账原值和预计使用期间）
变动方式	购入				

【实验步骤】

1. 以"李丽"登录账套，设置固定资产启用会计期间设置为 2012 年 1 期。

2. 新增"办公设备"、"生产设备"和"运输车辆"类别，使用年限均为 5 年，净残值率为 10%。

3. 新增"办公室"、"生产车间"和"车库"存放地点。

4. 录入初始卡片 1 和初始卡片 2。

5. 结束初始化。

6. 以新增卡片形式录入 2012-1-16 购买的瑞风商务车。

7. 将刚才录入卡片生成凭证。

8. 计提固定资产折旧。

9. 查询固定资产清单、折旧费用分配表。

第9章 | 薪资管理系统

【学习重点】

通过本章学习，了解工资类别设置方法，工资项目设置方法，工资计算公式设置方法和个人所得税计算方法，以及查询和输出各种工资报表。

9.1 | 概述

核算单位员工众多，工资的核算、发放，工资费用分摊，工资统计分析和个人所得税核算，制作工资发放签名表、工资发放条、工资卡、部门工资汇总表、人员类别工资汇总表、条件汇总表、条件明细表、条件统计表等，需要很大的工作量。以记账凭证的方式来核算工资业务，是根本就无法完成的。

用友 V8.72 的薪资管理系统以工资报表的方式管理工资。核算单位可以根据自身的需求设置工资项目和计算公式，若工资发生变动，修改相应的工资项目即可，系统会自动计算出与之相关的结果。依据所设的税率自动计算出职工的个人所得税；对于工资发放，如果发放现金，可以自动处理找零工作，如果通过银行代发工资，可以自动输出各银行所需格式的工资表；自动完成工资及相关税费的分摊、计提、转账业务，制单生成凭证并将其传递到总账系统中。生产企业中，工资系统还向成本管理系统提供生产线的生产费用分摊数据，以便于计算产成品成本。

薪资管理系统的操作流程如图9-1所示。

以本书第 2 章中的图 2-55 所示的方式，进入"UFIDA-ERP"操作平台后，在"业务"选项卡中单击"人力资源"，然后双击"薪资管理"命令，则打开了薪资管理系统。

图 9-1

9.2 薪资管理系统初始化设置

初始化是使用工资管理系统的前提条件，直接关系到工资管理系统的日后使用和业务点控制便利与否。初始化时要建立基础档案，初始化设置是首次使用工资管理系统不可缺少的步骤。

9.2.1 启动工资管理系统并建立工资账套

建立工资账套是整个工资管理正确运行的基础，可通过系统提供的工资建账向导逐步完成整套工资的建账工作。

（1）如果是第一次打开薪资系统，系统会自动进入工资建账向导，弹出"1. 参数设置"界面，如图 9-2 所示。

图 9-2

（2）选择需要在本账套中处理的工资类别个数，每套账可以同时处理多种不同的工资类别。最终进行工资类别的汇总；选择工资计算的币种"人民币"（可选人民币或外币）。

"是否核算计件工资"项，系统根据此参数判断是否显示计件工资核算的相关信息，是否在工资项目设置中显示"计件工资"项目，是否在人员档案中显示"核算计件工资"选项。

> **提示** 在用友系统中，计件工资的处理不在薪资管理系统中，而是由一个单独的一个系统模块"计件工资系统"来进行处理的，将计件工资的计算结果传递到薪资管理中，这部分内容不在本书涉及范围，所以在此不要勾选"是否核算计件工资"项。

（3）单击"下一步"按钮，进入"2. 扣税设置"界面。勾选"是否从工资中代扣个人所得税"，则系统根据所设定的所得税基数和所得税扣除方法自动计算个人所得税，如图9-3所示。

（4）单击"下一步"按钮，进入"3. 扣零设置"界面，扣零设置是将工资的零头扣下，本月不发放，下月累积起来，再发送。扣零设置是指扣除零头，而不是四舍五入，勾选"扣零"，选择"扣零至元"项，如图9-4所示。

图9-3

图9-4

（5）单击"下一步"按钮，进入"4. 人员编码"，系统提示，需要对员工进行统一编号，人员编码同公共平台的人员编码保持一致（请参阅本书第1章中机构设置中的职员档案设置），如图9-5所示。最后单击"完成"按钮进入工资管理窗口。

（6）在工资窗口中，展开"设置"菜单，单击"选项"命令，系统弹出"选项"窗口，单击"编辑"按钮可修改选项设置，如图9-6所示。

图9-5

图9-6

9.2.2 基础设置

基础设置包括发放次数设置、人员附加信息设置、工资项目设置、人员档案设置和选项设置。

1. 发放次数设置

发放次数管理是对发放次数进行增加、修改、删除以及停用的功能。

如果企业中每个月发放工资或薪金的次数不只一次，就要建立新的发放次数。比如：周薪、补发以前期间工资、年终奖等都要用到多次发放。

发放次数管理要在退出工资管理系统其他功能后才能进入。

2. 人员附加信息设置

工资系统不仅可以核算人员工资，还可用于增加人员信息、丰富人员档案，这样可以对人员进行更加有效的管理。

例 9-1　工资管理系统中，进行人员附加信息设置，设置数据如下：

爱好

（1）单击"设置"下的"人员附加信息设置"选项，系统弹出"人员附加信息设置"窗口，如图 9-7 所示。

（2）单击"增加"按钮在"信息名称"项中输入所增加的附加信息项。也可以单击打开"参照"下拉列表，选择由系统提供的参照信息，将【例 9-1】中的人员附加信息项目增加到系统中，最后单击"确定"按钮确定设置。

（3）首先选择已设置好的附加信息，然后可以设置该附加信息是否必输，如果在录入人员档案时必输，则勾选"是否必输项"，如果勾选"是否参照"项，则可以单击"参照档案"按钮为该附加信息设置参照档案，比如性别的参照档案是"男"和"女"。如图 9-8 所示。

图 9-7

图 9-8

3. 人员档案设置和查询

人员档案设置用于登记工资发放人员的姓名、职工编号、所在部门、人员类别等信息，员工的增减变动必须先在本功能中处理。这里的人员档案与总账系统中的职员档案不同，要单独设置。

例 9-2　工资管理系统中，进行人员档案设置，设置数据见表 9-1：

表 9-1

薪资部门名称	人员编号	人员姓名	人员类别	账号	中方人员	是否计税	工资停发	核算计件工资	现金发放	爱好
总经办	001	仁渴	在职人员	6225880000013921	是	是	否	否	否	书法
总经办	558	王五	在职人员	6225880000013922	是	是	否	否	否	
财务部	002	陈静	在职人员	6225880000013923	是	是	否	否	否	
财务部	003	何陈钰	在职人员	6225880000013924	是	是	否	否	否	
财务部	556	李四	在职人员	6225880000013925	是	是	否	否	否	
销售部	004	严秀兰	在职人员	6225880000013926	是	是	否	否	否	
销售部	555	张三	在职人员	6225880000013927	是	是	否	否	否	
销售部	559	赵六	在职人员	6225880000013928	是	是	否	否	否	
采购部	005	何采购	在职人员	6225880000013929	是	是	否	否	否	
工程开发部	006	王工程	在职人员	6225880000013930	是	是	否	否	否	
PMC 部	007	游计划	在职人员	6225880000013931	是	是	否	否	否	
货仓	008	管仓库	在职人员	6225880000013932	是	是	否	否	否	
生产部	009	龚生产	在职人员	6225880000013933	是	是	否	否	否	
生产部	011	郑质量	在职人员	6225880000013934	是	是	否	否	否	
行政人事部	010	李子明	在职人员	6225880000013935	是	是	否	否	否	

（1）单击"设置"下的"人员档案"选项，系统弹出"人员档案"窗口，如图9-9所示。

（2）单击工具栏中的"增加"按钮，系统弹出"人员档案明细"录入窗口，人员姓名设置资料来源于本书第3章中的人员档案设置，依照[例9-2]补充完成人员档案基本信息。也可以单击"批增"按钮，将基础档案中的职员信息增加过来。

图 9-9

（3）单击"修改"按钮逐一修改每个人员档案信息，如图9-10所示，单击"确定"按钮保存退出该录入窗口。

图 9-10

4. 工资项目设置

工资项目是计算工资的基础载体，可以设置其名称、类型和宽度。系统提供了一些固定的工资项目，核算单位也可以根据需求自定义工资项目。

例 9-3 工资管理系统中，进行工资项目设置——"交补"、"基本工资"、"迟到扣款"。
工资项目的计算公式设置如下：

$$应发合计 = 基本工资 + 交补$$

$$扣款合计 = 代扣税 + 迟到扣款$$

$$实发合计 = 应发合计 - 扣款合计$$

（1）单击"设置"下的"工资项目设置"选项，系统弹出"工资项目设置"窗口，如图 9-11 所示。

图 9-11

（2）单击"增加"按钮，在工资项目列表的末尾增加一个空白的工资项目，在此输入工资项目或在"名称参照"列表中选择工资项目名称，并设置新建工资项目的类型、长度、小数位数和工资增减项。增项直接计入应发合计，减项直接计入扣款合计。若工资项目类型为字符型，则小数位不可用，增减项被定义为其他。

提示   定义为"其他"，则表示该项目不能直接作为工资的增项或减项使用，而是作为其他工资项目的计算项目使用，比如，可以增加两个工资项目"迟到次数"、"单次迟到扣款金额"，将其设置为"其他"，然后在公式设置中，设置公式为"迟到扣款"＝"迟到次数"×"单次迟到扣款金额"。

选定工资项目，然后单击向上、向下移动箭头可以调整工资项目的排列顺序。

- 单击"确定"按钮保存设置，单击"取消"按钮取消设置并返回。
- 单击"重命名"按钮可修改工资项目名。
- 选定要删除的工资项目，单击"删除"按钮可删除该工资项目。

注   多类别工资管理时，关闭工资类别后，才能新增工资项目。
项目名称必须唯一。
工资项目一旦使用，就不允许修改数据类型。
数字型的工资项目，长度包含小数点的长度（1位）。如长度为10，小数位为2，那么整数位为7位。

如果在选项设置中勾选了"是否核算计件工资"，在此则可以看到计件工资的项目属性，否则将不显示。

（3）单击选择"公式设置"选项卡，如图9-12所示。

图9-12

注   公式设置页若无法打开，则是因为还没有设置薪资系统的人员档案，可设置后再回到此设置工资项目的计算公式。

（4）设置工资项目的计算公式。首先单击"增加"按钮新增一个工资项目，然后在右边的公式定义栏中输入计算公式。计算公式中的工资项目、部门和人员类别需要在系统提供的工资项目、部门和人员类别列表中选取，也可以用函数来定义公式。将[例9-3]中的工资计算公式设置到系统中。

（5）公式设置完毕，单击"公式确认"按钮保存所设置的公式，最后单击"确定"按钮退出。

9.3

业务处理

业务处理包括工资变动、工资分钱清单、扣缴所得税、银行代发、工资分摊、月末处理和反结账。

9.3.1 工资变动

工资变动是常发生的业务，如岗位升迁、水电费扣发、事病假扣发、发放奖金等。

9-4 首先录入公司各职员的基本工资和交补，然后将所有销售部人员的交通补助都增加 10%，见表 9-2。

表 9-2

人员编号	姓名	部门	人员类别	基本工资	交补
001	仁渴	总经理室	在职人员	5000	1500
009	何平	财务部	在职人员	3500	500
005	何亮	销售一部	在职人员	3000	880
006	董风	销售一部	在职人员	3000	880
007	徐明	销售二部	在职人员	3000	880
008	何树财	采购部	在职人员	3500	500
004	陈成	工程部	在职人员	3500	200
002	张平	生产部	在职人员	3500	200
010	何玉琪	生产部	在职人员	1000	200
011	何国俊	生产部	在职人员	1000	200
003	龚解园	库管部	在职人员	2000	300

（1）单击"业务处理"下的"工资变动"选项，系统弹出"工资变动"窗口，如图 9-13 所示。

> 注 　工资变动单中，上月的工资内容是本月的参考，所以本月的工资数据在上月的基础上进行变动即可。如果是第一次使用工资系统，则工资系统中各职员的工资项目内容都为空，需要人为地补充，可单击"编辑"菜单进行录入。计件工资数据不能在此更改，因为计件工资数据来源于计件工资统计。

（2）照 [例 9-4] 表中的数据录入各职员的基本工资和交补，然后单击工具栏中的"替换"按钮，在"将工资项目"处选择"交补"，在"替换成"中输入"交补 *1.1"，然后单击"确定"按钮即可完成替换。

（3）人员信息比较多的情况下，可以单击"筛选"按钮进行过滤。单击"编辑"按钮，系统可以按照每一个人的信息单独进行编辑，如图 9-14 所示。

图 9-13

（4）在进行了数据、公式等修改之后，先单击"计算"按钮，然后再单击"汇总"按钮，系统重新计算刚才所修改的数据，然后进行汇总处理，以保证数据的正确性。

图 9-14

9.3.2 工资分钱清单

工资分钱清单是指核算单位在工资发放时的分钱票面额清单，该功能适合以现金形式发放工资的核算单位使用。

（1）单击"业务处理"下的"工资分钱清单"选项，系统弹出"分钱清单"窗口，如图9-15所示。

图 9-15

（2）单击选择"部门分钱清单"、"人员分钱清单"或"工资发放取款单"选项卡，可进行不同的查询。单击工具栏中的"设置"按钮可以进行"票面额设置"。

9.3.3 扣缴所得税

系统中个人所得税的计算依据只与工资系统中的数据有关。用户可以自定义所得税率，之后由系统自动计算个人所得税。这样既减轻了用户的工作负担，又提高了工作效率。

（1）单击"业务处理"下的"扣缴所得税"选项，系统要求选择"个人所得税申报模板"，如图 9-16 所示。

图 9-16

提示　个人所得税在不同的地区税率不一样，但 2011 年 9 月份之后，全国都统一为 3 500 为起征点。

（2）单击"打开"按钮查询个人所得税报表，查询结果如图 9-17 所示。

（3）单击"税率"按钮可以查询个人所得税税率，个人所得税税率可在薪资管理系统的选项中进行修改，如图 9-18 所示。

图 9-17

图 9-18

（4）最后单击"确定"按钮。

9.3.4　银行代发

银行代发是指核算单位在月底将工资报表输入成银行所需的数据格式，然后直接打印或报盘给银行，由指定的银行直接将工资发放到人员档案的银行账号中。

（1）单击"业务处理"下的"银行代发"命令，系统弹出"银行代发一览表"窗口，如图 9-19 所示。

图 9-19

（2）单击"格式"按钮，系统弹出"银行文件格式设置"窗口，选择银行模板（可选择的银行名称是在工资系统基础设置中预先设置的）。

（3）单击"插入行"按钮或"删除行"按钮可以为选择的银行模块修改格式。

（4）在"银行代发一览表"窗口中，单击工具栏中的"方式"按钮以选择该表输入的数据形式——TXT、DAT 和 DBF。单击工具栏中的"传输"菜单来选择输出的路径，如图 9-20 所示。

图 9-20

注	设置了工资在指定的银行中发放的人员，才会在此显示；否则不显示。

9.3.5 工资分摊

财务部门根据工资费用分配表，编制转账会计凭证，供登账处理用。

（1）单击"业务处理"下的"工资分摊"命令，系统弹出"工资分摊"窗口，如图9-21所示。

（2）首先选择计提费用类型，如果还没有设置计提费用类型，则单击"工资分摊设置"按钮，系统弹出"分摊类型设置"窗口，单击"增加"或"修改"按钮，在此进行工资分摊类型设置（生产线员工的薪资一般计入生产成本，其他的员工的薪资一般计入管理费用），如图9-22所示。

（3）单击"下一步"按钮，进入到分摊构成设置，如图9-23所示，最后单击"完成"按钮完成设置。

图 9-21

图 9-22

图 9-23

提示	分摊构成设置时，贷方科目设置为"2211应付职工薪酬"，后期在生成记账凭证之后，当正式从银行存款中付出工资时，再冲销"2211应付职工薪酬"。

（4）设置完成之后，在"工资分摊"窗口中，选择已经设置好的计提费用类型，然后单击"确

定"按钮，系统列出分摊表，如图9-24所示。

选择计提费用类型

录入借方、贷方科目

图 9-24

（5）单击"制单"按钮，系统根据分摊表数据制单生成凭证，如图9-25所示，单击凭证上的"保存"按钮，该凭证经保存之后传递到总账系统中进行审核和记账。

单击"保存"按钮保存该凭证并将该凭证传递到总账系统

图 9-25

（6）单击工具栏中的"制单"按钮，系统生成凭证并传至总账。

> **注** 生成凭证的操作员必须是总账系统中有制单权限的人，并且日期必须大于或等于当前总账系统会计期最大凭证日期。

9.4 统计分析

统计分析主要是生成工资统计表和工资分析表。

9.4.1 工资表

工资表用于显示本月工资的发放和统计情况，用户可以查询和打印各种工资表。

（1）单击"统计分析"下的"账表"选项，单击选择"我的账表"，系统弹出"账表管理"窗口，如图 9-26 所示。

（2）单击"工资表"，从中选择要查询的工资表。如双击"工资发放签名表"，系统弹出"工资发放签名表"窗口，勾选查询部门，如图 9-27 所示。

图 9-26

图 9-27

单击"确认"按钮，系统列出所有符合条件的记录，如图 9-28 所示。

工资发放签名表
2010 年 01 月

部门：全部　　　合计月份 一月　　　　　　　　　　　　　　　　　　　　　　　　　　人数：15

人员编号	姓名	应发合计	扣款合计	实发合计	本月补零	上月补零	代扣税	工资代扣税	扣税合计	年终奖代付税	工资代付税	基本工资	交补	迟到扣款	签名
001	仁揭	9,100.00	745.00	8,350.00	5.00		745.00	745.00	745.00			8,000.00	1,100.00		
558	王五	8,380.00	607.00	7,770.00	3.00		607.00	607.00	607.00			7,500.00	880.00		
002	陈静	5,050.00	130.00	4,920.00			130.00	130.00	130.00			4,500.00	550.00		
003	何陈姑	4,550.00	80.00	4,470.00			80.00	80.00	80.00			4,000.00	550.00		
556	李四	3,720.00	11.00	3,700.00	9.00		11.00	11.00	11.00			3,500.00	220.00		
004	严秀兰	5,050.00	130.00	4,920.00			130.00	130.00	130.00			4,500.00	550.00		
555	张三	4,830.00	153.00	4,670.00	7.00		103.00	103.00	103.00			4,500.00	330.00	50.00	
559	赵六	4,220.00	47.00	4,170.00	3.00		47.00	47.00	47.00			4,000.00	220.00		
005	何采购	4,220.00	47.00	4,170.00	3.00		47.00	47.00	47.00			4,000.00	220.00		
006	王工程	7,050.00	407.50	6,640.00	2.50		407.50	407.50	407.50			6,500.00	550.00		
007	游计划	5,830.00	224.50	5,600.00	5.50		224.50	224.50	224.50			5,500.00	330.00		
008	管仓库	4,550.00	80.00	4,470.00			80.00	80.00	80.00			4,000.00	550.00		
009	黄生产	3,720.00	11.00	3,700.00	9.00		11.00	11.00	11.00			3,500.00	220.00		
011	郑质量	4,420.00	67.00	4,350.00	3.00		67.00	67.00	67.00			4,200.00	220.00		
010	李子明	4,020.00	27.00	3,990.00	3.00		27.00	27.00	27.00			3,800.00	220.00		
合计		78,710.00	2,767.00	75,890.00	53.00	0.00	2,717.00	2,717.00	2,717.00	0.00	0.00	72,000.00	6,710.00	50.00	

制表：　　　　审核：　　　　复核：

图 9-28

9.4.2　工资分析表

工资分析表是以工资数据为基础，对部门、人员类别的工资数据进行分析和比较，产生各种报表，供决策人员使用。

（1）单击"统计分析"下的"账表"选项，单击"工资分析表"命令，系统弹出"工资分析表"窗口。在"工资分析表"窗口中，选择需要进行工资分析的账表，如图 9-29 所示。

图 9-29

（2）如双击"分类统计表（按部门）"，单击"确定"按钮，系统弹出"分析月份选择"窗口，选定分析月份，单击"确定"按钮，系统弹出"选择分析部门"窗口，如图 9-30 所示。

（3）从左边项目列表中单击选择某一项目，再单击双箭头或单箭头按钮，将项目选入已选项目列表中，然后单击"确定"按钮，如图 9-31 所示。

图 9-30

图 9-31

（4）系统列出分析结果，如图 9-32 所示。

部门	类别	人数	应发合计	扣款合计	实发合计	代扣税	代付税	年终奖	年终奖代扣税	工资代扣税	扣税合计	年终奖代付税	工资代付税	基本工资	交补
总经办	无类别														
	富余人员														
	退休人员														
	退休人员														
	离职人员														
	停职														
	离职														
	开除														
	参军														
	死亡														
	其它														
	在职人员	2	17,480.00	1,946.00	15,520.00	1,946.00				1,946.00	1,946.00			15,500.00	1,980.00
财务部	无类别														
	富余人员														
	退休人员														
	退休人员														
	离职人员														
	停职														
	离职														
	开除														
	参军														
	死亡														
	其它														
	在职人员	3	13,320.00	737.00	12,570.00	737.00				737.00	737.00			12,000.00	1,320.00
销售部	无类别														
	富余人员														

图 9-32

9.4.3 凭证查询

可以在此查询传输到总账系统的凭证。如果业务需要（如工资数据录入错误），也可以通过本功能来删除和冲销凭证。

（1）单击"统计分析"下的"凭证查询"命令，系统弹出"凭证查询"窗口，如图 9-33 所示。

（2）选中一张凭证，单击工具栏中的"删除"按钮可删除标识为"未审核"的凭证。

（3）单击工具栏中的"冲销"按钮，可以对当前标识为"记账"的凭证进行红字冲销操作，自动生成与原凭证相同的红字凭证。

（4）单击工具栏中的"单据"按钮，显示生成凭证的费用一览表。

（5）单击工具栏中的"凭证"按钮，显示单张凭证界面。

图 9-33

9.5 | 月末处理

每月工资数据处理完毕后均要月末结转，将当月数据处理后结转至下月。工资项目中，有的项目是变动的，即每月的数据均不相同，在月末处理时，均需将此项目数据清零，第二个月时，再输入相应的数据，这样的项目称为清零项目（如高温补贴，随着月份的不同，在冬天时该工资项目就需要清零）。

（1）单击"业务处理"下的"月末处理"命令，系统弹出"月末处理"窗口，如图 9-34 所示。

图 9-34

（2）仔细阅读月末处理提示，若要进行月末处理，则单击"确定"按钮，系统提示"月末处理之后，本月工资将不许变动！继续月末处理吗？"，单击"是"按钮，系统将提示是否进行清零工作，如果是，则需要选择进行清零的项目。

（3）最后系统提示月末处理结束。

课 后 习 题

（1）工资管理系统是否只提供一种工资类别？

（2）能否批量变动工资数据？

实验七　工资管理

【实验目的】

1. 掌握工资基础方法。

2. 掌握工资日常业务处理。

3. 掌握工资报表的查询。

【实验内容】

1. 建立工资类别。

2. 分别导入部门信息和职员信息。

3. 工资项目设置。

4. 工资公式设置。

5. 工资数据录入。

6. 个人所得税处理。

7. 工资报表查询。

【实验资料】

1. 工资类别：管理人员

2. 部门档案。

代码	名称	工资类别
01	总经办	管理人员
02	财务部	管理人员
03	销售部	管理人员
04	采购部	管理人员
05	仓库	管理人员
06	生产部	管理人员
07	品管部	管理人员
08	行政部	管理人员

3. 职员档案。

代码	姓名	部门	工资类别
01	何小川	总经办	管理人员
02	贺君兰	财务部	管理人员
03	李丽	财务部	管理人员
04	王力保	销售部	管理人员
05	叶小英	采购部	管理人员
06	谭艳	仓库	管理人员
07	张先	品管部	管理人员
08	谢至星	行政部	管理人员

4. 管理人员类别下的公式如下表。

公式 1	应发合计 = 基本工资 + 奖金 + 福利费
公式 2	扣款合计 = 其他扣款 + 代扣税
公式 3	实发合计 = 应发合计 - 扣款合计

5. 管理人员工资。

职员代码	职员姓名	基本工资	奖金	福利费	其他扣款
01	何小川	10 000	500	50	50.23
02	贺君兰	8 000	300	50	45.78
03	李丽	3 500	100	50	23.18
04	王力保	5 000	100	50	45
05	叶小英	3 200	100	50	59.30
06	谭艳	3 000	100	50	67
07	张先	2 800	100	50	23
08	谢至星	3 100	100	50	55

【实验步骤】

1. 以"李丽"登录账套，新增管理人员和计件工资类别。

2. 导入部门信息。

3. 导入职员档案。

4. 新增管理人员类别下的公式如上表。

5. 录入上表管理人员工资。

6. 进行所得税设置，设置个税扣除基数 3 500。

7. 计算个税后，再返回工资录入中导入个税，再重新计算工资数据。

8. 费用分配凭证处理。

9. 查询设置工资条格式。

第10章 出纳管理系统

【学习重点】

通过本章的学习，了解现金日记账处理方法和现金对账，了解银行日记账处理方法，了解银行对账单录入，对账单如何与银行日记账进行对账处理，支票管理和各种出纳报表的查询。

企业财务一般设置会计、出纳两个岗位，会计管账，出纳管钱，实行分工合作，互相监督。

出纳在用友系统中的日常工作就是记录现金流水账、银行流水账、与银行对账、与会计所做的账务对账、购买支票、登记支票领用情况、打印支票、打印进账单。

如果没有启用出纳管理系统，则出纳人员也可以在总账系统中进行部分出纳业务处理。

10.1 系统设置

系统设置用于设置账套参数、用户权限、账户管理。

10.1.1 账套参数设置

账套参数设置如图 10-1 所示。

图 10-1

● 日记账出纳编号类型：设置日记账中出纳编号一列的排序规则，可以选择按照字符型排序，也可选择按数字型排序。默认为字符型。

● 日记账凭证号类型：设置日记账中凭证号一列的排序规则，可以选择按照字符型排序，也可选择按数字型排序。默认为数字型。

● 日记账的排序规则：提供三种日记账的排序规则，如按照凭证号升序、出纳编号升序以及录入顺序升序排列。

● 出纳签字功能：该参数控制出纳签字功能是从总账中使用，还是出纳管理中使用。

● 银行对账单余额方向：在使用银行对账功能前，需要在此设置其银行对账单余额方向，提供了出纳管理两种余额方向，默认的方向在借方。如果需要将日记账的借方与录入对账单的借方对账，那么在此需要选择余额在借方；如果需要将日记账的借方与录入对账单的贷方对账，那么在此需要选择余额在贷方。

● 结账前必须全部过账：指该账套内各个账户在月末结账前必须全部过账。

● 所有账户必须同时结账：如果有多个银行账户，结账时必须同时操作，不可某一账户单独结账。

● 结账前总账必须对平：选中此项代表结账之前，在出纳管理中的出纳账必须与财务软件的总账对平，才可进行结账操作。

● 日记账往来单位类型为必填项：用户添加日记账时必须填写往来单位项，不可忽略。

● 票据必须报销：领用的票据必须进行报销，即实际业务（金额）发生必须及时进行报销处理。

● 日记账自动制单：选中后，填写完日记账后直接可以将该账目向其他财务软件中生成凭证。

● 银行对账时只检查后四位结算号：指在进行银行对账时，选中按照结算号对账，只要满足结算号后四位相符便可自动对账。

● 日记账凭证号为必填项：指录入日记账时，凭证号一列为必填项，不可忽略。

● 日记账中出纳编号是否自动增加：选中后，添加一行日记账信息，下一条日记账信息的出纳编号会自动累计加1。

● 日记账结算方式为必填项：指录入日记账时，日记账结算方式一列为必填项，不可忽略。

● 日记账结算号为必填项：指录入日记账时，日记账结算号一列为必填项，不可忽略。

● 日记账摘要为必填项：指录入日记账时，日记账摘要一列为必填项，不可忽略。

● 日记账部门为必填项：指录入日记账时，日记账部门一列为必填项，不可忽略。

● 日记账报销/付款人为必填项：指添加日记账时，日记账报销/付款人列为必填项，不可忽略，显示在日记账界面就为"职员"一项。

● 日记账往来单位为必填项：指录入日记账时，日记账往来单位一列为必填项，不可忽略。

● 根据用户权限过滤票据管理账户列表：在票据管理模块中，在设定某些票据账户不需要显示在票据管理界面时，会牵扯到该选项。当选中该选项后则可以根据用户管理中的用户权限来设定该用户是否有修改权限；不选中此选项，就可在票据管理界面中直接进行过滤票据账户的操作。

● 日记账核算项目为必填项：指录入日记账时，日记账核算项目一列为必填项，不可忽略。

● 自动记账时显示日记账编辑窗口：当票据领用或是报销自动记账时是否弹出日记账编辑界面。

● 日记账出纳编号启用出纳类别字编号：该参数控制日记账编辑时出纳编号的规则，当不启用出纳类别字时出纳编号为普通的编号，当启用时编号前缀按照定义好的出纳类别字显示。

10.1.2 用户权限设置

用户权限用来定义某个用户具体的操作权限，其中包括了"账务处理权限"、"票据权限"、"票据管理权限"、"基础数据权限"、"系统设置权限"不同模块所有操作内容权限的设置，用户可以根据不同需要来定义各种详尽的权限。如图 10-2 所示。进入用户权限管理界面后，可以看到 U8 中所有用户，通过"设置权限"设置用户具体的使用权限。

图 10-2

10.1.3 账户管理设置

出纳对资金的收入、支出、结存进行登记时，往往要设置多个账户才能满足管理的需要，本模块可以方便您设置多个出纳账户。账户分为现金账户和银行账户。

增加账户。

例 10-1 单位 2010 年 1 月开始建立现金账户，日记账的期初数据为 5 000 元，建立的账户如图 10-3 所示。

与总账的对账科目

账户类型选择"现金"

图 10-3

例 **10-2** 单位 2010 年 1 月开始建立银行账户，工商银行日记账的期初数据为 311 460 元，建立的账户如图 10-4 所示。

银行账户需与银行对账单进行对账，所以需要录入对账单期初数。

图 10-4

● 账户名称：存款人以单位名称在银行开立银行结算账户，为单位银行结算账户。每个单位中可能有多个银行账户，为了区分在这里我们一般以各银行名称作为账户名定义。

● 账户类型：账户可分为现金账户和银行账户。

● 币种：在 U8 出纳管理中支持外币业务，在此可以选择一种货币作为记账本位币。

● 指定总账科目：当需要和用友财务通或 U8 中的总账进行对账时，在此可指定总账中的科目，即该账户中的日记账信息与总账中该科目信息进行对账。

● 建账银行：指的是哪个银行的账户，在资金报表中将会应用到。

● 建账日期：指建立账户的日期。默认当前日期，也可在日期处单击一下，弹出选择日期窗口，进行相应日期的选择。

● 日记账期初数余额：建账时日记账的期初余额。

● 对账单期初数余额：建账时对账单的期初余额。

● 对账单余额方向在借方：在使用银行对账功能前，需要在账套参数中设置其银行对账单余额方向，U8出纳管理提供了两种余额方向，默认的方向在借方。

● 开户信息：本单位在银行建立账户时的基本信息。

● 温馨提示：开户信息一定是客户信息中存在的数据。

● 单位类型：设置单位客户的类型。

● 项目大类：设置项目大类的内容。

● 自定义项目设置：需要添加日记账中缺少的项目时，进行对自定义项目的设置，主要关联自定义数据中添加的项目内容等。

账户录入完毕，需启用账户才能使用，如图10-5所示。

图10-5

账户可以启用、暂停、清空、冻结、反冻结。

当日记账的期初数与对账单的期初数不等时，该账户无法启用，需要先进行期初未达账的设置。

例 10-3　如果某单位日记账的期初数为498 000元，银行对账单期初数为500 000元，发现银行已经收到但企业未入账的金额为1 500元，银行已付但企业未付账的金额为4 500元，企业账面已经支付但银行未支付的金额为5 000元。因此我们在"企业未达账"中录入这部分金额。

10.2 基础档案

出纳系统基础档案设置包括票据用途、券别设置、自定义数据、参数设置、出纳类别字，如图10-6所示。

图 10-6

10.3 | 账务处理

出纳的账务处理包括填制现金日记账、银行日记账、银行对账、总账对账。

10.3.1 现金日记账

现金日记账用于出纳记录每天发生的现金流水账。

（1）打开账务处理，选择"现金日记账"命令，系统提示选择现金日记账账户，账户选择完毕，系统打开"现金日记账"窗口，如图 10-7 所示。

（2）单击"添加"按钮，系统进入"增加日记账"窗口，在此录入一笔现金业务信息，包括发生的日期、金额等，最后单击"确定"按钮保存该笔现金日记账业务。

> 提示　由于系统支持现金日记账可以直接制单生成记账凭证传递到总账系统，所以可以在此填入对方科目，这样，在系统制单时，就可以找得到生成记账凭证的对方科目，如果不考虑从现金日记账制单生成记账凭证传递到总账（记账凭证直接在总账系统中由会计自己制单），则在此不用选择对方科目；如果在填制现金日记账时能够知道总账中该笔业务的记账凭证时，则可以在此填入凭证号，如果不知道，则可以不填制该项。

准备结账之前须先对日记账进行过账操作，在现金日记账窗口中，单击"过账"命令进行过账，过账后的日记账信息不可修改。

单击现金日记账中的"出纳签字"命令，系统将列出在总账系统中由记账凭证所生成的现金日记账记录，如图 10-8 所示，在此执行签字处理。

图 10-7

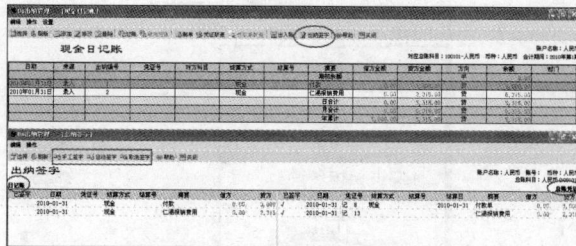

图 10-8

提示 总账系统记账凭证生成的现金日记账，需要指定现金科目，才能出来总账系统中的现金日记账。如果在总账系统中，已经执行了出纳签字功能，则在此不需要再执行出纳签字功能。

10.3.2 现金盘点

图 10-9

现金盘点是用来进行每日现金的实盘数与现金日记账的对账工作，如图 10-9 所示。

● 现金实盘数：是指出纳人员实际盘点的现金数目。其中"今日余额"是当日盘点后的现金数目，双击该单元格，直接输入数据即可。

● 现金日记账：是指现金日记账的发生额。

● 账存差额：是指现金实盘数与现金日记账的差额。

10.3.3 银行日记账

银行日记账用于出纳记录银行业务发生日记账，与现金日记账原理一样，如图 10-10 所示。

图 10-10

10.3.4 银行对账

加强现金、银行账的管理是应用信息化处理财务数据的重要内容之一。

银行对账是指将核算单位所做的银行账数据和核算单位开户银行反馈回来的数据进行勾对，以及时查询出哪些是未达账项，哪些是已达账项，为核算单位的业务提供指导。

会计知识：银行对账

银行对账的工作通常在月末进行，由会计人员将银行存款的账面余额与开户银行转来的对账单的余额核对一次。如果由清查人员进行清查，则事前要取得银行存款的对账单，并把本单位银行存款账面结清，再将二者逐笔相核对，查明账实是否相符及其差异原因。造成账实不符的原因有两方面：一是双方记账出现了差错，二是双方无错的情况下，未达账项的存在造成双方银行存款余额不一致。

未达账项是指核算单位与银行双方在凭证传递的过程中，由于凭证接收时间差异造成记账时间不一致，从而发生一方已经入账，另一方尚未入账的事项。

实际业务中，比如核算单位开出一张转账支票给 A 供应商 10 万元，然后在核算单位的银行账数据上做下已付 A 供应商 10 万元的数据，但是该 A 供应商根本就没有将这张转账支票去核算单位的开户银行进账（或者因为该张支票因为填写失误而不能进账），则有可能造成核算单位所做的银行账的数据（已转账 10 万元给 A）和核算单位开户银行反馈回来的数据（没有转账 10 万元给 A 的这笔业务存在）不一致，于是这就需要用到银行对账处理。

用友系统提供自动对账和手工对账两种方式。

● 自动对账是由系统进行银行对账，系统根据银行日记账未达账项与银行对账单进行自动核对、勾销，一般情况下是"结算方式 + 结算号 + 方向 + 金额"，或"方向 + 金额"两种方式。

● 手工对账是对自动对账的补充。执行完自动对账后，如果一些特殊的已达账项尚未勾对出来而被视作未达账面，则可以通过手工对账进行调整勾销。

注　系统要求对账的科目是在科目设置时定义为"银行账"辅助账类的科目。

对账单文件中一条业务记录与银行日记账未达账项文件中一条业务记录相同的情况下，系统能自动核销已对账的记录。

对账单文件中一条业务记录与银行日记账未达账项文件中多条业务记录、对账单文件中多条业务记录与银行日记账未达账项文件中一条业务记录相同、对账单文件中多条业务记录与银行日记账未达账项文件中多条业务记录相同的情况下，均不能由系统自动核销已对账的记录，只能通过人工挑选相应的业务，进行强制核销处理。

---

1. 录入银行对账单

银行对账单是核算单位开户银行所反馈回来的对账单据，将其手工录入总账系统中（也可以将符合需求格式的电子文档直接引入到总账系统中来），如图 10-11 所示。

图 10-11

2. 银行对账

银行对账时，可以选择自动对账，也可以手工对账，当企业的银行日记账记录与银行对账单的记录相匹配时，则在勾对项中标注上勾选字符，如图 10-12 所示。可以单击"取消"按钮取消对账字符。

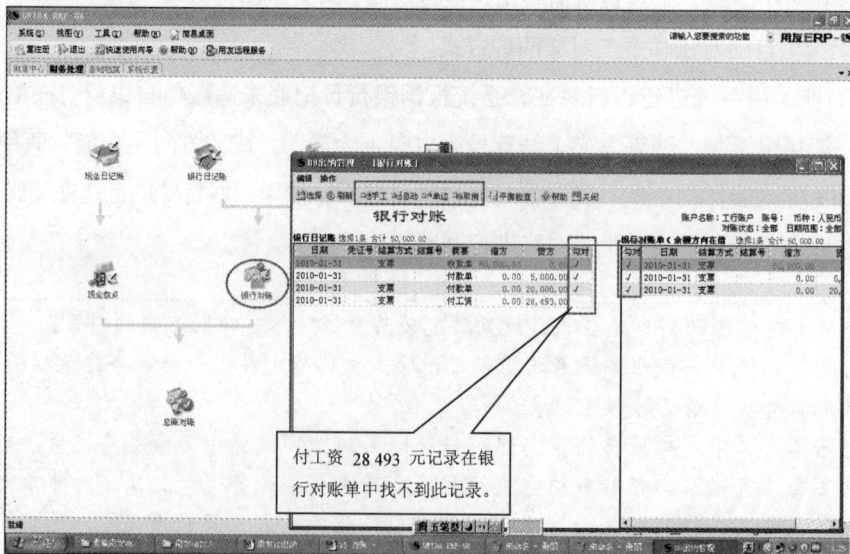

图 10-12

3. 查询余额调节表

对账完毕后，系统会自动生成银行存款余额调节表，此表是指先前输入截止到对账日期的余额调节表，若无对账截止日期，则为最新余额调节表，目的是检查对账是否正确，如图 10-13 所示。

10.3.5　总账对账

出纳与会计对账是一项较为重要的工作，如果两者之间的账不平时，应及时找出原因。本系统提供了一种简单而又实用的对账工具协助您完成对账工作。此处的总账金额及明细账的内容实现与 U8 总账中对应凭证同步显示，如图 10-14 所示。

图 10-13

图 10-14

10.3.6　月结

月结即每月在指定的时间进行结账操作。本期所有的出纳业务处理完毕之后，就可以进行出纳结账的处理。首先在"系统设置"的"账套参数"中指定月结的条件，如：月结前必须全部过账、所有账户必须同时结账。一旦进行结账，本期的出纳日记账、银行对账单数据将不能进行修改，也不能新增本期的各项数据，如图 10-15 所示。

图 10-15

说明	选择"结账",会计期间过渡到下一期间;选择"反结账",会计期间恢复到前一期间。

10.4

票据打印

图 10-16

票据打印功能模块集合了票据模版设计、打印,单张票据的查询、多张票据的联查,票据的汇总,票据的关联,票据的自动记账等多种实用操作。

出纳日常票据,主要包含填制支票和进账单,可以通过用友票据打印提供的功能,进行支票的进账单的套打,如图 10-16 所示。

票据打印之后,系统会自动记录曾经打印过的票据内容,后期可以进行查询。

10.5

票据管理

票据管理用于出纳对于任意票据的添加、领用、报销、核销全过程进行全程化管理,方便查看某类票据的各个状态的汇总数和明细,如图 10-17 所示。

图 10-17

10.6

支付操作

支付操作应用是与应付款系统数据相链接的，如图 10-18 所示，根据付款申请单（付款申请单在应付款管理系统中增加）生成付款单（付款单将被传回到应付款管理系统中形成付款单）。

如图 10-19 所示，可以通过付款单支付，付款单来自于应付款系统，也可以在此新增付款单，新增的付款单同样会被传递回应付款管理系统，支付操作后，系统将在出纳管理系统中形成支付的日记账。

图 10-18

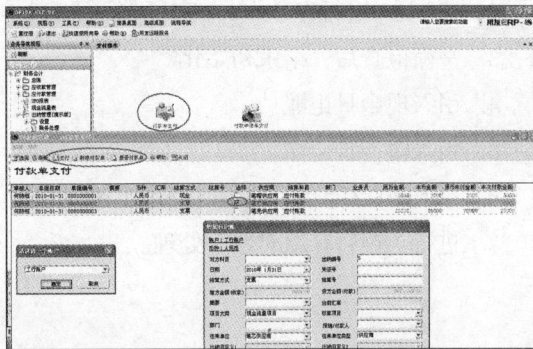

图 10-19

课 后 习 题

（1）银行对账单是否可以导入？

（2）票据打印时，票据格式是否可以自定义？

实验八　现金管理

【实验目的】

1. 掌握现金管理系统功能。

2. 掌握现金日记账和银行日记账的处理方法。

【实验内容】

1. 初始化设置

2. 现金日记账、银行日记账引入

3. 银行对账单录入

4. 银行存款对账

5. 报表查询

【实验资料】

2012年1月招行319本币银行对账单

日期	摘要	结算方式	结算号	借方金额（元）	贷方金额（元）
2012-1-8	提备用金	现金	201201001	12 000	0
2012-1-23	购买专利	支票	201201002	200 000	
2012-1-24	支付物料清洁费	支票	201201003	1 200	0

【实验步骤】

1. 以"李丽"登录账套，从总账引入初始数据。

2. 切换到"银行存款"下，完善"招行319本币"和"建行712美元"的银行名称和银行账号。

3. 平衡检查后，结束初始化。

4. 引入现金日记账。

5. 引入银行日记账。

6. 录入2012年1月招行319本币银行对账单。

7. 进行"银行存款对账"处理。

第11章 业务系统

【学习重点】

通过本章的学习，了解业务系统（采购、库存、销售、存货）各模块间的数据传递关系，了解业务系统中单据的基本使用和各种报表的查询方法。

11.1 概述

业务系统在用友 U8 系统是指的销售管理、采购管理、库存管理、存货核算四大模块，即俗称供应链系统。业务系统适合于企业需要同步管理物料动态、即时了解销售订单情况、即时采购进度和即时核算材料成本等需求。业务系统即适合于"工业会计人员"使用，也同时适合于各业务部门自行使用，如销售部负责销售管理模块的应用，采购部门负责采购管理模块的应用。业务系统数据传递关系如图 11-1 所示。

图 11-1

● 销售管理系统：主要负责销售业务处理，流程包括销售报价、销售订单、销售出库和销售发票，销售出库单与库存管理连接使用，形成数据共享，销售发票传递到"应收款管理"中供"收款单"结算处理。可以随时查询跟踪销售订单执行情况等报表。销售业务到财务处理业务流程，如图 11-2 所示。

● 采购管理系统：主要负责材料采购业务，接收物料需求计划系统传递的"采购计划"，也可手工录入采购订单（采购订单可以参照销售订单生成），根据订单生成采购入库单，由采购入库单生成采购发票以达到正确核算材料成本的目的，采购发票传递到"应付款管理"模块以供"付款单"结算处理。可以随时查询采购订单完成情况等报表。采购业务到财务处理业务流程如图 11-3 所示。

图 11-2

图 11-3

● **仓存管理系统**：主要负责企业物料管理业务，从采购管理接收"采购入库单"，从销售管理接收"销售出库单"，处理日常生产领料业务、成品入库和其他物料业务，如盘点业务，盘亏盘盈处理等。可以随时查询即时库存情况、库存台账、收发存汇总等报表。

● **存货核算系统**：主要负责物料成本核算工作，接收从仓存管理系统传递的各种出入库单据，先核算入库成本，最后核算出库成本，从而即时了解企业"库存资金"是否合理。可以随时查询采购成本、销售成本和生产成本等报表。各种出入库单据可以生成凭证传递总账系统，以供总账会计进行账务核算。

从仓库业务到存货核算业务流程，如图 11-4 所示。

图 11-4

11.2 初始设置

初始设置是对本系统的核算参数和基础资料进行设置，如只有设置某年某月开始使用本系统，才能知道期初数据应该录入什么数据；只有基础资料设置成功如果后才能正常进行单据处理。

11.2.1 系统参数设置

在"基础设置"中，展开"业务参数"下的"供应链"命令，在此可以设置供应链系统下的每个系统模块的业务参数，如选择"销售管理"命令，结果如图 11-5 所示。

每个业务参数的设置都会影响到系统中的业务控制，在销售管理选项设置中，如果勾选"普通销售必有订单"项，则表示销售中的所有业务都必须先有销售订单，后期的销售发货、销售开票都必须参照销售订单生成，而不能在无销售订单的情况下，独自增加销售发货单或销售开票。

销售管理业务参数设置完毕，再分别设置采购管理、库存管理、存货核算的业务参数。

图 11-5

11.2.2 科目设置

存货核算系统接收来自于库存管理系统中的各种出入库单据，然后通过单据记账命令，自动计算各种物料的入库成本、出库成本，最终将业务单据通过制单命令生成记账凭证传递到总账系统中。

在制单生成记账凭证时，系统根据存货核算系统中的科目设置，自动找到记账凭证的借方、贷方的会计科目。

在存货核算系统的科目设置中设置系统生成凭证所需要的各种存货科目、差异科目、分期收款发出商品科目、委托代销科目、运费科目、税金科目、结算科目和对方科目等。用户在制单之前应先在此将存货科目设置正确、完整，否则无法生成完整的凭证。

1. 存货科目

存货科目包含生成凭证所需要的各种存货科目、差异科目、分期收款发出商品科目、委托代销科目，系统制单生成凭证时会自动带出相应的会计科目。

🌸 11-1 参照"表 11-1"录入存货科目

表 11-1

存货分类编码	存货分类名称	存货科目编码	存货科目名称
01	原材料	1403	原材料
02	半成品	140501	自制半成品
03	产成品	140510	产成品
04	其他	660299	其他
06	委外品	1408	委托加工物资

（1）在存货核算系统中，单击"初始设置"下"科目设置"中的"存货科目"选项，系统弹出"存货科目"窗口，如图11-6所示。

图 11-6

（2）单击工具栏中的"增加"按钮，系统新增一项空白的存货科目记录。

（3）双击空白记录的项目栏，新增一个存货科目记录，输入存货分类编码"01"（原材料）、存货科目上编码"1403"（原材料），单击"保存"按钮保存设置。然后参照例11-1录入其他数据。

2．对方科目

此功能用于设置生成凭证需要的存货对方科目（即收发类别）所对应的会计科目，即设置各种不同业务行为所对应的会计科目。

例 11-2　参照表11-2录入对方科目

表11-2

收发类别编码	收发类别名称	对方科目编码	对方科目名称
11	原材料采购入库	1401	材料采购
12	半成品入库	5001010106	转出完工产品
13	产成品入库	5001010106	转出完工产品
14	生产退料入库	5001010101	直接材料
16	盘盈入库	1901	待处理财产损溢
18	委外加工入库	5001010107	委托加工直接材料
21	生产领料出库	5001010101	直接材料
22	半成品出库	5001010106	转出完工产品
23	销售发货出库	6401	主营业务成本
28	委外材料领用出库	5001010107	委托加工直接材料

（1）在存货核算系统中，单击"初始设置"下"科目设置"中的"对方科目"选项，系统弹出"对方科目设置"窗口，结果如图11-7所示。

图 11-7

（2）单击工具栏中的"增加"按钮新增空白记录，在收发类别编码中填入"01"，对方科目编码中填入"1201"，然后参照例11-2录入其他对方科目。

11.2.3 初始数据录入

第一次启用各功能模块时，还需要将截止到该模块启用时尚未有处理完成的业务单据和期初数据录入到各功能系统中，以便于后期业务处理时的引用，使得前后业务的处理有着连续性。比如账套从2010-1-1开始启用，则需要盘点仓库中的各存货的数量，然后录入库存管理系统中作为该账套库存的期初余额；然后录入一些未处理完成的单据，如有一些销售发票是在2009年11月产生的，但是该张销售发票并没有完全核销（即客户尚有未付清该张发票的应收账款），于是在录入期初余额时，则需要录入该张销售发票基本信息作为期初销售单据，为2009年在执行销售收款核销使用。

如果系统中上年已经启用了用友软件，则可以在系统管理中使用"结转上年数据"功能，将上年度该模块系统的期末数据自动结转本年形成该模块系统的期初数据。

1. 销售管理系统期初数据

销售系统的期初数据是指在启用销售管理系统之前尚未有处理完成的数据。

期初发货单可处理建账日之前已经发货、出库，尚未开发票的业务，包括普通销售、分期收款发货单。

用户可以录入启用日之前已经发生但未完全结算的委托代销发货单。如果在销售选项设置时没有勾选有委托代销业务，则本功能将被关闭。

（1）在"销售管理"窗口中，展开的"设置"下的"期初录入"菜单，单击"期初发货单"命令，系统弹出"期初发货单"录入窗口，如图 11-8 所示。

图 11-8

（2）单击"增加"按钮，可新增一张期初发货单，在此录入期初发货数据，录入完毕，单击"审核"按钮，以确认新增数据。

提示	1. 期初发货单按照正常发货单录入，发货日期小于系统启用日期。
	2. 期初发货单不影响现存量、可用量、待出库数等数据。
	3. 期初发货单在销售管理系统的开票处理同正常发货单，但加期初标记。
	4. 期初分期收款发货单被存货核算系统取数后就不允许再弃审。

2. 采购管理系统期初数据

期初记账是将采购期初数据记入有关采购账、受托代销商品采购账中。期初记账后，期初数据不能增加、修改，除非取消期初记账。

期初记账后输入的入库单、发票都是启用月份及以后月份的单据，在"月末结账"功能中记入有关采购账。

期初数据包括期初暂估入库、期初在途存货。

期初暂估入库：将启用采购管理系统时，没有取得供货单位的采购发票，而不能进行采购结算的入库单输入系统，以便取得发票后进行采购结算，录入期初暂估入库单的方法就是指在尚未进行采购记账时而在采购管理系统中录入的采购入库单。

期初在途存货：将启用采购管理系统时，已取得供货单位的采购发票，但货物没有入库，而不能进行采购结算的发票输入系统，以便货物入库填制入库单后进行采购结算。录入期初在途存货的方法就是指在尚未进行采购记账时而在采购管理系统中录入的采购发票。

期初受托代销商品：将启用采购管理系统时，没有与供货单位结算完的受托代销入库记录输入系统，以便在受托代销商品销售后，能够进行受托代销结算。录入期初受托代销商品的方法就是指在尚未进行采购记账时而在采购管理系统中录入的期初受托代销商品单。只有在建账时，账套企业类型被选择为商业时才会有受托代销业务。

注

- 没有期初数据时，也可以期初记账，以便输入日常采购单据数据。系统启用日期与启用自然日期不同，系统启用日期为当前会计月的第一天，期初数据以系统启用日期为准，启用日期以前的数据为期初数据。
- 采购管理已做月末结算，或者采购管理已经进行了采购结算，或者存货核算已进行期初记账不能取消记账。

（1）在进行采购期初记账前，需要先将期初暂估入库、期初在途存货、期初受托代销商品录入采购系统中。

（2）在"采购管理"窗口中，展开的"设置"下的"其他设置"菜单，单击"采购期初记账"命令，系统弹出"期初记账"窗口中，如图11-9所示。

（3）单击"记账"按钮，系统提示记账成功。记账后如果需要取消记账，则在"期初记账"窗口中单击"取消记账"按钮即可。

说明

在进行采购期初记账前，录入的采购入库单、采购发票、受托代销单系统都会自动显示其为期初采购入库单、期初采购发票、期初受托代销单，一旦期初记账执行后，所录入的采购入库单、采购发票、受托代销单都可以在后期执行正常的业务操作。

注

如果读者是以"demo"操作员进入了999演示账套进行操作的，系统会提示"已有其他会计月份结账或者存货核算系统已经期初记账，或者本系统有结算单，不能取消期初记账！"，这是因为999演示账套数据中采购管理系统已经执行了结算等操作，如果读者有兴趣需要详细了解期初记账操作方式，则需要建立一套新账进行操作。

图 11-9

3. 库存管理和存货核算系统期初数据

用于录入使用库存管理前各仓库各存货的期初结存情况（即启用库存管理系统时的库存现状，所以需要在此时进行盘点，然后将盘点数据输入库存管理系统中作为期初结存）。不进行批次、保质期管理的企业，只需录入各存货期初结存的数量；进行批次管理、保质期管理、出库跟踪入库管理的企业，需录入各存货期初结存的详细数据，如批号、生产日期、失效日期、入库单号等；进行货位管理的企业，还需录入货位。

> **注** 库存管理和存货核算的期初数据分别录入处理，则库存管理和存货核算可分别先后启用，不必一起启用。即允许先启存货核算再启库存管理，或相反。

例 11-3 在库存管理系统中参照表 11-3 录入存货的期初结存数据。

表 11-3

仓库	存货名称	数量	成本单价
材料库	B	25	150 元
材料库	E	100	100 元
材料库	F	20	1 200 元
材料库	G	10	200 元
半成品仓	C	2	2 600 元
半成品仓	D	1	1 200 元
产成品库	A	10	3 100 元
产成品库	K	6	3 000 元

（1）在"库存管理"窗口中，展开"初始设置"下的"期初数据"菜单，单击"期初结存"命令，系统打开"库存期初数据录入"窗口，如图 11-10 所示。

图 11-10

（2）首先选择需要录入期初结存的仓库。

（3）单击"修改"按钮，分别修改仓库中的期初结存。

（4）填写完毕，发现单据有错，可以直接将光标移到相关栏目进行修改。

（5）在单据保存前，可以放弃当前单据，返回单据查询界面；如未保存退出，系统提示"此单据尚未保存，确定退出吗？"如选择是，则不保存单据退出；否则返回录入界面。

保存单据，单据状态为未审核。未审核的单据可以修改、删除。

（6）然后再选择其他仓库，分别录入例11-3其他仓库的期初结存。单击"批审"则审核当前单据仓库中的所有结存数据。未审核的单据可以审核，单据状态为已审核，不能修改、删除。有日常业务发生（如已填制了其他的出入库单据），则期初结存不能弃审。

说明	单击"取数"按钮，库存管理系统中的期初结存可以从"存货核算"系统的期初数时行取数，这是因为存货核算系统与库存管理系统中一期初数应为一致，所以不必录入两次。只有第一年启用时，才能使用取数功能，以后年度结转上年后，取数功能不能使用，系统自动结转期初数据。

注	单击"审核"按钮只能审核仓库中当前指定的一个存货的初始数据，单击"批审"按钮才能审核当前仓库中所有的初始数据。

单击"对账"按钮，将库存管理的期初数据与存货核算相同月份的期初数据核对，并显示核对不上的数据，如图11-11所示。

图 11-11

如果在仓库管理系统中已经录入了期初数据，可以单击"取数"按钮，从仓库管理系统中将期初余额数据取至存货系统中来。

（7）参照例11-3录入期初数据（如果在库存管理系统中已经录入了期初数据，则可以单击"取数"命令从库存系统中将期初数据取到存货核算系统中来，然后再录入各期初所对应的会计科目），当期初余额输入完毕后，单击工具栏中的"记账"按钮对期初余额进行记账。

提示　库存管理系统和存货核算系统的期初数据可以分别录入，也可以各自从对方系统中取得期初余额数据，在期初余额录入窗口中，单击"对账"按钮，则系统将库存管理系统和存货核算系统的期初余额数据进行对账，若库存管理系统与存货核算系统期初对账一致，则系统提示对账成功。

11.3 销售业务

11.3.1 销售报价

销售报价是指客户向企业询价时，由企业向客户提供货品、规格、价格、结算方式等信息，当客户确认向企业购买产品时，销售报价单可以转为有效力的销售合同或销售订单。可以针对不同客户、不同存货、不同批量提出不同的报价、扣率。销售报价单在销售管理系统中不是必填单据，企业可根据业务的实际需要来决定是否进行销售报价。

提示　在进行销售报价时，可以根据价格政策进行报价，如果原材料的价格波动很大，可以使用售前分析系统，先进行模拟分析所报价产品的成本价格，然后在此基础上再报价。

销售报价单是用来记录企业向客户进行报价的单据。

例 11-4　接到客户"北京远东集团"需购买 5 台"A"的询价，于是"北京远东集团"制定一张销售报价单，销售部门"销售一部"，业务员"何亮"，销售商品"A"，数量"5"，含税报价"4 300"。

（1）在销售管理系统中，展开的"销售报价"菜单，单击"销售报价单"命令，系统弹出"销售报价单"窗口，如图 11-12 所示。

图 11-12

（2）单击"增加"按钮，参照例11-4中的内容新增一张销售报价单，单击"保存"按钮保存该张报价单，单击"审核"按钮可审核该张销售报价单，被审核之后的销售报价单的"审核"按钮就变成了"弃审"按钮，如果需要弃审该张单据，则可以单击"弃审"按钮。经审核后的报价单可以打印出来传送给客户，等待客户回复。

单击"附件"按钮可以将该张报价单与附件文件进行挂接，便于查询。

（3）如果报价单执行完毕，该单据就可以关闭了；对于确实不能执行的某些单据，经主管批准后，也可以关闭该单据。如果单据已关闭，但又要执行，可以打开订单。单据只能整张关闭/打开，不可拆单。单击"关闭"按钮则执行关闭功能。

（4）用户可以对单据进行批量处理，包括批审、批弃、批关、批开。单击"批量"按钮执行批量处理功能。

（5）单击"退出"按钮退出销售报价单处理。

| 注 | 只有经过审核，但未关闭的销售报价单才可以被参照复制生成销售订单；没有被审核或已关闭的销售报价单都不可以被参照复制生成销售订单。请参阅本章中销售订货。 |

11.3.2 销售订货

销售订货是指由企业和客户双方确认的客户要货需求的过程，用户根据销售订单组织货源，并对订单的执行进行管理、控制和追踪。

销售订单是反映由企业和客户双方确认的客户订货需求的单据，它可以是企业销售合同中关于货物的明细内容，也可以是一种订货的口头协议。

如果设置了必有订单的业务模式（请参阅销售管理系统选项业务参数设置），则销售订单是必填单据，因为销售发货、销售开票等业务都参照拷贝销售订单而生成。

⚙ 11-5 2010-1-1，接到客户"北京远东集团"订单需购买50台"A"，销售单价为4 300元（含17%税），购买28台"K"，销售单价为4 400元（含17%税），要求的交货日期均为2010-1-25，销售部门"销售一部"，业务员"何亮"。

（1）展开的"业务"下的"销售订货"菜单，单击"销售订单"命令，系统弹出"销售订单"录入窗口。

（2）单击"增加"按钮，可新增一张销售订单。

销售订单的生成可以参照销售报价单而来，操作方法是在销售订单窗口中，首先单击"增加"按钮，然后选择"生单"下的"报价"按钮，则系统会弹出"选择报价单"过滤窗口，在此输入过滤条件，然后单击"确认"命令，则系统列出符合条件的报价单，然后在此选择需要生成销售订单的销售报价单，如图11-13所示。

（3）参照例11-5填制销售订单，单击"保存"按钮保存该张新增订单。

（4）在销订单中录入"预计发货日期"、"预计完工日期"，单击"保存"按钮保存该张销售订单，最后结果如图11-14所示。

图 11-13

图 11-14

> **提示** 销售订单的表体中，有一个项是"预发货日期"，该日期会作为到期发货预警和报警提示及查询。

（5）在销售订单的表体中，单击鼠标右键，则系统会弹出一组小菜单，选择"查看现存量"可查看库存中存货的现存量情况，用来在做销售订单时就可以直接查询到该存货现在库存中还有的数量情况，以便做出应对；选择"查看当前订单的累积开票情况"查看当前订单的累计开发票情况，因为有一张订单分次开票的情况；选择"查看当前订单的累积发货情况"查看当前订单的累计发货情况，因为有一张订单分次发货的情况；选择"当前订单预估毛利"预测当前订单的预估毛利，预估毛利（本币）=（无税金额（本币）-参考成本）（参考成本请参阅本书第 4 章中的存货档案设置）× 数量；选择"查看当前订单对应的发货单"查看当前订单所成的发货单；选择"查看当前订单对应的发票"查看当前订单所生成的发票。如图 11-15 所示。

图 11-15

> **注** 订单的发货、开票情况查询是指由该张订单复制生成了销售发货单、销售发票之后的查询结果。请参阅销售发货和销售开票。如果在销售选项设置中勾选了可执行直运业务，则销售订单则可以被采购系统参照复制生成采购订单。

（6）单击"审核"按钮可以审核该张销售订单，销售订单被审核之后则不能执行修改了（除非取消审核），但可以单击"变更"按钮，变更销售订单信息，变更后即生效不必再次审核，即状态依然为"已审核"。

> **提示**
> ● 变更后的数量（各种计量单位数量）必须大于等于订单累计发货量、订单累计出库量、订单累计开票量中的任一个。
> ● 变更后的金额必须大于等于订单即累计发货金额、订单累计开票金额中的任一个。

（7）如果该张销售订单执行完毕（即该张销售订单被参照生成了销售发货单、销售发票），则该单据就可以关闭了；对于确实不能执行的某些单据，经主管批准后，也可以关闭该单据。如果单据已关闭，但又要执行，可以打开订单。单据只能整张关闭／打开，不可拆单。

| 注 | 已经被关闭之后的销售订单不能参照生成销售发货单或销售发票，练习时最好不要使用销售订单关闭功能。 |

（8）单击"退出"退出订单窗口。

| 提示 | 如果在销售选项中设置了需要进行信用额度控制，则当该客户或部门，或销售业务员的应收款额度超过该客户档案或部门档案，或职员档案中所设置的信用额度时，系统将会报警。 |

| 提示 | 产成品仓库中的货物"A"的数量是10，"K"的数量是6（请参阅库存期初余额录入），所以根本就不能满足此次新增的销售订单要货数据需求，如果是商业企业，则需要对A和K进行采购以满足交货需求；如果是生产型企业（A和K是通过其他物料生成加工而成），则需要交由物控部门进行材料采购和生产加工来满足交货需求。 |

11.3.3 销售发货

销售发货是企业执行销售订单，将货物发往客户的行为，是销售业务的执行阶段。如果客户所订的货备齐完毕（如生产完毕或采购完毕）之后，则可以执行销售发货了。

11.3.4 发货单

发货单是销售方作为给客户发货的凭据，是销售发货业务的执行载体，发货单是销售管理系统的核心单据。

例11-6 将例11-5中的销售订单，执行销售发货。

（1）展开的"销售发货"菜单，单击"发货单"命令，系统弹出"发货单"窗口，如图11-16所示。

图 11-16

（2）单击"增加"按钮，新增一张销售发货单。

如果在销售选项的业务控制中勾选了"普通销售必有订单"，则销售发货单必须参照复制销售订单生成。

如果在"销售选项"的"其他控制"中设置了新增发货单默认参照订单生成，则在销售发货单中单击"增加"按钮后，系统将自动打开销售订单过滤窗口，如果没有设置，也可以在销售发货单中，单击"订单"按钮打开销售订单过滤窗口，在销售订单过滤窗口中输入过滤条件，然后单击显示，系统列出所有符合条件的销售订单，然后选择例 11-5 的销售订单，单击"确认"按钮则可以将所选定的需要发货数据复制入销售发货单中，在销售发货单中可修改此次发货数量。

> **注**　只有使用了销售发货单参照拷贝销售订单生成的情况，才能建立起销售订单与销售发货单之间的联系，也才能在销售订单执行统计表中查询到该张订单的执行情况（请参阅本章销售订货）。在销售订单过滤窗口中，"可发货数"栏显示此次可发货的数量，发货数量可以修改，一张订单可以分次发货，系统会列出该张销售订单现在生成销售发货单时的可发货数量，如果在销售选项中勾选了"是否有超订单发货控制"项，则每次发货之后，系统都会倒扣可发货数量，避免了超出订单数量发货的情况。否则每次的可发货数量都与销售订单数量一致，不管以前该张销售订单是否有参照而生成过发货单。

（3）单击"保存"按钮保存数量。单击"审核"按钮可对该张发货单进行审核。如图 11-17 所示。

图 11-17

> **提示**　被审核之后的发货单，则被传递到库存管理系统中，系统自动生成销售出库单，由库管人员查询到该张单据，库管人员根据单据内容进行备货、办理货物出库手续，并审核该张销售出库单就可以完成存货出库业务。
> 如果在销售选项中设置了可用量控制，则销售发货单中发货数量如果超过了仓库的可用数量，则系统将会提示超可用量出库，不能执行。读者如果依据本书所举例子顺序进行操作，则库存中的期初数据我们还没有录入，所以在此不要进行可用量控制。

11.3.5　退货单

销售退货业务是指客户因货物质量、品种、数量等不符合要求而将已购货物退回本企业的业务。退货单是发货单的红字单据，可以处理客户的退货业务。退货单也可以处理换货业务，货物发出后客户要求换货，则用户先按照客户要求退货的货物开退货单，然后再按照客户所换的货物开发货单。

因为是退货业务，所以退货单的退货数量一定要为负数。如果需要指定退货业务由某张销售订单或销售发货单而产生的，则单击"订单"或"发货"按钮，系统弹出销售订单或销售发货单过滤窗口，选择该订单或发货单的原有业务数据进行参照。

注	只有使用了退货业务参照拷贝销售订单或销售发货单生成，才能建立起退货业务与销售订单或销售发货单之间的链接，便于查询。退货业务操作方式请参阅发货业务。

提示	被审核之后的退货单，则被传递到库存管理系统中生成销售出库单（数量为负），由库管人员对该张单据和所退货物进行比照，确认无误之后，并审核就可以完成存货入库业务（即退货入库）。

11.3.6 销售开票

销售开票是在销售过程中，由企业向客户开具销售发票及其所附清单的过程，它是销售收入确认、销售成本计算、应交销售税金确认和应收账款确认的依据，是销售业务的重要环节。

1. 销售发票

销售发票是在销售开票过程中用户所开具的原始销售单据，包括增值税专用发票、普通发票及其所附清单。

销售发票在销售管理系统中填制，经过销售管理系统复核之后，自动传递到"应收款管理"系统中，经过"应收款管理"系统中再次复核，则正式形成该客户的应收账款，并在该系统中完成应收款核销、制单生成凭证传递到总账系统等操作。请参阅本书第7章中的应收款处理。

发票分为专用发票和普通发票两种，销售专用发票即增值税专用发票，销售普通发票即普通发票。

例 11-7 将例11-5订单生成一张普通销售发票。

（1）展开"销售开票"菜单，单击"销售普通发票"命令，系统弹出"销售普通发票"窗口，如图11-18所示。

（2）单击"增加"按钮，可新增一张销售发票。也可以单击"订单"可参照销售订单生成发票，在此选择参照例11-5的销售订单而生成销售发票；单击"发货"可参照销售发货单生成发票；单击"采购"可参照采购发票生成销售发票。

图 11-18

（3）单击"保存"按钮保存该张发票。

单击发票上的"代垫"按钮则新增代垫费用单，表头记录根据当前发票带入，表体记录由用户录入。代垫费用指随货物销售所发生的，不通过发票处理而形成的暂时代垫将来需向客户收取的费用项目，如运杂费、保险费等。代垫费用实际上形成了用户对客户的应收款，代垫费用的收款核销由应收款管理处理。

单击发票上的"支出"按钮则新增销售支出单，表头记录根据当前发票带入，表体记录由用户录入。销售支出指在销售业务中，随货物销售所发生的为客户支付的业务执行费、现金折扣让利等费用，货物赠送也可按其成本价进行登记。销售支出处理的目的在于让企业掌握用于某客户费用支出的情况，以及承担这些费用的销售部门或业务员的情况，作为对销售部门或业务员的销售费用和经营业绩的考核依据。销售支出单在销售管理系统中仅作为销售费用的统计单据，与其他产品没有传递或关联关系。

未复核的发票可单击"现结"进行现结，现结后可以弃结。现结是在货款两讫的情况下，在销售结算的同时向客户收取货币资金。在销售发票、销售调拨单、零售日报等收到货款后可以随时对其单据进行现结处理，现结操作必须在单据复核操作之前。一张销售单据可以全额现收，也可以部分现收。在销售发票复核前进行现结／弃结，已复核的发票不能再现结／弃结；现结处理后在"应收款管理"中做收款核销处理。支持外币现付，现结汇率以发票上的汇率为准。应收总额大于 0 时，结款单的总金额必须大于 0；应收总额小于 0 时，结款单的总金额必须小于 0。支持全额现收和部分现收，结算金额不得大于应收金额。

（4）单击"作废"可对未复核的发票作废，作废后可以弃废。单击"复核"可复核该张发票，如图 11-19 所示。

2. 红字发票

红字销售发票是销售发票的逆向处理业务单据，当客户要求退货或销售折让，但用户已将原发票作账务处理时，需要向客户开具红字销售发票。

红字发票分为红字专用发票和红字普通发票两种。

图 11-19

11.4

采购业务

11.4.1 请购业务

请购是指企业内部向采购部门提出采购申请，或采购部门汇总企业内部采购需求提出的采购清单。请购单的审核，一般情况下是由采购部经理审核或负责采购业务的公司副总审核，有的小型企业则由老板亲自审核。请购单也可以由 MRP/MPS 计划生成。

请购是采购业务处理的起点，在此描述和生成采购的需求，如采购什么货物、采购多少、何时使用、谁用等内容；同时，也可为采购订单提供建议内容，如建议供应商、建议订货日期等。采购请购单可根据企业实际业务需要，来决定是否需要使用。采购请购单如图 11-20 所示。

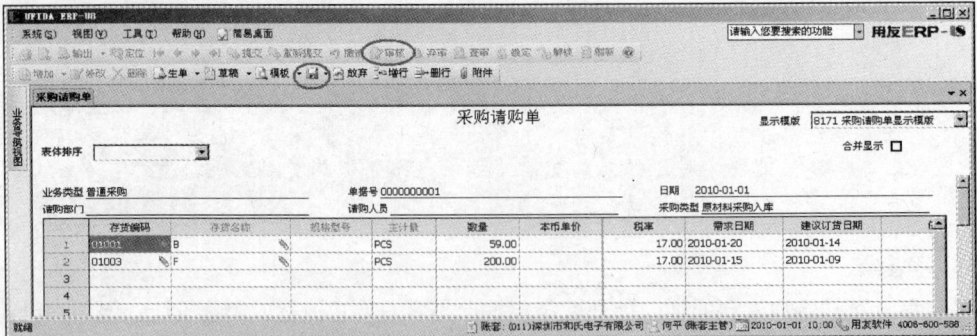

图 11-20

| 提示 | 请购时可以不填请购单价，而是在请购业务批准后，再去寻找合适的供应商询价，在请购单中可以注明需要该货物的日期，建议供应商。 |

单击"保存"按钮保存该张采购请购单，单击"审核"按钮审核该张采购请购单。

11.4.2 采购订货业务

采购订货是指企业根据采购需求,与供货单位之间签订采购合同、购销协议。

采购订单是企业与供应商之间签订的采购合同、购销协议等,主要内容包括采购什么货物、采购多少、由谁供货,什么时间到货、到货地点、运输方式、价格、运费等。它可以是企业采购合同中关于货物的明细内容,也可以是一种订货的口头协议。

通过采购订单的管理,可以帮助企业采购业务的事前预测、事中控制与监督,采购订单如图 11-21 所示。

> **提示**　如果设置了必有订单业务模式(采购管理系统选项业务参数设置),则以订单为中心的采购管理是标准、规范的采购管理模式,订单是整个采购业务的核心,整个业务流程的执行都回写到采购订单,通过采购订单可以跟踪采购的整个业务流程,后期的到货、退货、入库、开票等业务都需要参照采购订单生成。

- 复制采购请购单:采购订单可以参照经过审核之后的采购请购单生成。
- 复制采购订单:采购订单可以参照其他采购订单生成。
- 复制销售订单:采购订单可以参照销售订单生成(此功能常用于商贸企业,即卖什么,则买什么)。

图 11-21

> **提示**　采购订单的表体中,有一项是"计划到货日期",用于到货日期的预警和报警使用。

11.4.3 采购到货业务

采购订单下达给供应商(可以将采购订单打印出来传真给供应商)之后,经过一段时间,供应商根据订单上的要求(货物、数量、交货期)将货物送过来,则需处理到货业务,采购到货是采购订货和采购入库的中间环节,一般由采购业务员根据供应商通知或供应商交过来的送货单填写,确认对方所送货物、数量、价格等信息,以入库通知单的形式传递到仓库作为保管员收货的依据。采购到货单是可选单据，用户可以根据业务需要选用。

采购到货单可以被库存管理系统参照生成的采购入库单。请参阅库存管理系统中的入库业务。

如果在采购管理系统中不处理到货业务，则当采购订单下达给供应商之后，经过一段时间，供应商将货物送过来，此时就直接进入到库存管理系统中，进行采购入库处理（采购入库可参照采购订单生成），在库存管理系统中生成的采购入库单会传递给采购系统的采购入库中，所以采购管理系统中的采购入库单是不能增加的，而是由库存系统传递过来的。

到货单的作用一般是用于处理到货检验，检验合格的货物则在库存管理系统中生成采购入库单，检验不合格的则生成到货退回单。

采购到货单如图11-22所示。

到货单可参照采购订单生成，到货数量可以更改（即一张订单可以分次到货，如果在采购选项中设置了，不允许超订单到货，则每次到货数量，系统会自动累加，最终的到货数量不允许超过订单的订货数量，如图11-23所示）。

图 11-22

图 11-23

> **提示** 采购到货单参照采购订单生成，则建立起了本次到货与采购订单之间的业务链接，才能查询整个采购业务执行情况。采购到货单保存之后不需要审核。

11.4.4 采购退货单

采购到货单经过审核之后，被传递到库存管理系统中，然后库存管理系统中的采购入库单可以参照采购到货单生成，如果采购到货单已经被参照生成了采购入库单（相当于货物已经入库），此时要对已入库后的退货，可以先在此填制采购退货单，然后在库存管理系统中再参照到货退货单生成红字入库单。

> **提示** 采购到货单和采购到货退回单的数据经过保存之后，单据上均没有"审核"命令，这是因为这些单据都传递到库存管理系统中，由仓库人员对到货（退货）进行确认审核，而不是由采购人员进行确认审核的。请参阅库存管理系统中的入库业务。

11.4.5 到货拒收单

采购到货单经过保存审核之后，还没有被库存管理系统中的采购入库单参照生成采购单时，要进行入库前的拒收作业，可以通过填制到货拒收单来实现。到货拒收单是采购到货单的红字单据。具体操作方式不再详细描述了。

11.4.6 采购入库

如果没有启用库存管理系统，则可在采购管理系中录入采购入库单据；如果库存管理系统启用后，则必须在库存管理系统录入采购入库单据（库存管理系统中的采购入库单也是根据采购管理系统中的采购到货单或采购订单而生成），然后将入库信息再传递回采购管理系统中。该单据在采购系统中只能进行查看，在采购管理系统可以根据采购入库单生成采购发票。

暂估处理：本月存货已经入库，但采购发票尚未收到，可以对货物进行暂估入库。待发票到达后，再根据该入库单与发票进行采购结算处理。

> **提示** 如果启用了库存管理系统，所以以下所操作的采购入库单是从库存管理系统中的采购入库单传递过来的。

1．采购入库单

采购入库单是根据采购到货签收的实收数量填制的单据。对于工业企业，采购入库单一般指采购原材料验收入库时所填制的入库单据。对于商业企业，采购入库单一般指商品进货入库时所填制的入库单据。

采购入库单按进出仓库方向分为：蓝字采购入库单、红字采购入库单；按业务类型分为：普通采购入库单、受托代销入库单（商业）。

采购入库单如图11-24所示。

图 11-24

2. 红字入库单

红字入库单是采购入库单的逆向单据。在采购业务活动中，如果发现已入库的货物因质量等因素要求退货，则对普通采购业务进行退货单处理。

如果发现已审核的入库单数据有错误（如多填数量等），可以原数冲回，即将原错误的入库单，以相等的负数量填制红字入库单，冲抵原入库单数据。

注 如果启用了库存管理系统，则红字采购入库单是由库存管理系统生成的，而库存管理系统的红字采购入库单也可能是参照采购管理系统中的采购退货单而生成的。

11.4.7 采购发票

采购开票是供应商开出销售货物的发票，用户根据采购发票确认采购成本，进行记账和付款核销。采购发票是供应商开出的销售货物的凭证，系统将根据采购发票确认采购成本，并据以登记应付账款。

采购发票按业务性质分为蓝字发票和红字发票。

采购发票按发票类型分为增值税专用发票、普通发票和运费发票。

增值税专用发票的单价为无税单价。

增值税普通发票包括普通发票、废旧物资收购凭证、农副产品收购凭证、其他收据，这些发票的单价、金额都是含税的。普通发票的默认税率为0，可修改。

运费发票的运费主要是指向供货单位或提供劳务单位支付的代垫款项、运输装卸费、手续费、违约金（延期付款利息）、包装费、包装物租金、储备费、进口关税等。运费发票的单价、金额都是含税的。运费发票的默认税率为7，可修改。

在收到供货单位的发票后，如果没有收到供货单位的货物，可以对发票压单处理，待货物到达后，再输入系统做报账结算处理；也可以先将发票输入系统，以便实时统计在途货物。

发票经过保存之后，就自动传递到应付系统中，在应付系统中可执行应付单审核，以确认该笔应付账款，并进行后期的付款核销等业务。

1. 专用采购发票

专用采购发票即增值税专用发票，单价是无税单价、金额是无税金额。

采购发票如图 11-25 所示。

图 11-25

采购发票也可以选择拷贝采购订单或拷贝采购发票而生成。

单击"现付"可对当前单据进行现付，发票左上角注明"已现付"红色标记。单击"弃付"可取消现付，如图 11-26 所示。

图 11-26

采购发票传递到应付款管理系统中，对采购发票审核并登记应付明细账，并回填采购发票审核人，发票左上角会显示"已审核"字样。

2. 普通采购发票

普通发票包括普通发票、废旧物资收购凭证、免税农产品收购凭证、其他收据，单价是含税单价、金额是价税合计。

普通采购发票与专用采购发票的操作方式一样。

3. 运费发票

运费发票是记录在采购货物过程中发生的运杂费、装卸费、入库整理费等费用的单据。运费发票记录可以在手工结算时进行费用分摊，也可以单独进行费用结算。

注	运费发票的表体存货只能是在存货档案中设定属性为"应税劳务"的存货（请参阅本书第 4 章的存货档案设置，其实就是将运费项目以存货的方式进行档案建立）。运费发票如果与采购入库单或直接与存货进行结算，会产生一张结算单。

提示	运费发票中的存货只能选择在存货档案中属性为"应税劳务"存货（请参阅本书第 4 章中的存货档案设置），其实这个存货真实意义是并不存在的，只不过为了做运费发票，所以虚拟一个存货（如存货名称就叫做"运输费"）。

（1）单击"保存"按钮保存新增单据。

（2）单击"现付"可对当前单据进行现付，发票左上角注明"已现付"红色标记。单击"弃付"可取消现付。

提示	运费发票也会传递到应付款管理系统进行处理。运费发票中的存货只能选择在存货档案设置中存货属性为"应税劳务"的存货。

4. 红字发票

红字发票是采购发票的逆向单据。红字发票的处理方式与蓝字发票的处理方式一样，在此不再详细讲解。

11.4.8 采购结算

采购结算也称采购报账，是指采购核算人员根据采购入库单、采购发票核算采购入库成本；采购结算的结果是采购结算单，它是记载采购入库单记录与采购发票记录对应关系的结算对照表。

提示	采购结算后的存货入库成本单价会自动填写回库存管理系统中采购入库单的存货单价里面，如果原采购入库单中存货有单价，则将覆盖其原来的存货单价。比如原采购入库单中的存货采购单价是 50 元，但是此次结算时，可能将运费一起分摊进入库成本中，则有可能存货的入库成本单价会增加。经过结算后的入库成本会经库存管理系统中的采购入库单传递到存货核算系统中采购入库单中，为存货核算系统中核算其出库成本（即成本结转，如先进先出、后进后出等做准备）。

采购结算从操作处理上分为自动结算、手工结算两种方式；另外运费发票可以单独进行费用折扣结算。

1. 自动结算

自动结算是由系统自动将符合结算条件的采购入库单记录和采购发票记录进行结算。系统按照三种结算模式进行自动结算：入库单和发票、红蓝入库单、红蓝发票。

（1）展开"采购结算"菜单，单击"自动结算"命令，系统打开"自动结算"条件过滤和结算模式勾选窗口，如图 11-27 所示。

（2）在此根据需要输入结算条件，系统根据输入的条件范围自动结算，并产生结算结果列表。如没有则提示"没有符合条件的单据，不能继续"。

（3）在"采购管理"窗口中，展开的"业务"下的"采购结算"菜单，单击"结算列表"命令，可查询、打印本次自动结算结果。

入库单与发票：将供应商、存货、数量完全相同的入库单记录和发票记录进行结算，生成结算单。发票记录金额作为入库单记录的实际成本。记录自动结算到行。

红蓝入库单：将供应商、存货相同、数量绝对值相等符号相异的红蓝入库单行记录进行对应结算，生成结算单。入库单记录可以没有金额，只有数量。记录自动结算到行。

图 11-27

红蓝采购发票：将供应商、存货相同、金额绝对值相等符号相异的采购发票记录对应结算，生成结算单。结算的金额即为各发票记录的合计金额。记录自动结算到行。

2. 手工结算

● 入库单与发票结算。

● 蓝字入库单与红字入库单结算。

● 蓝字发票与红字发票结算。

溢余短缺处理。在企业的采购业务中，由于运输、装卸等原因，采购的货物会发生短缺毁损，应根据不同情况，进行相应的账务处理。

在采购结算时，如果入库数量与发票数量不一致，确定其是否为合理损耗，合理损耗直接记入成本，即相应提高入库货物的单位成本；非合理损耗则根据业务选择相应的非合理损耗类型，并由存货核算系统根据结算时记录的非合理损耗类型自动生成凭证。

费用折扣分摊。费用包括专用发票、普通发票上的应税劳务存货记录、折扣存货记录，以及运费发票上的应税劳务存货记录。费用可以在手工结算时进行费用分摊，运费发票记录也可以单独进行费用结算。手工结算时，可以将应税劳务存货、折扣存货的发票记录、运费发票记录分摊到入库单记录。

费用结算：运费发票记录可以单独进行结算，可以与采购入库单记录结算，也可以直接分摊到具体的存货。

手工结算时可拆单拆记录，一行入库记录可以分次结算；可以同时对多张入库单和多张发票进行手工结算。

手工结算支持到下级单位采购，付款给其上级主管单位的结算；支持三角债结算，即支持甲单位的发票可以结算乙单位的货物。

（1）展开"采购结算"菜单，单击"手工结算"命令，系统打开"手工结算"处理窗口，如图11-28所示。

图11-28

> **说明** "相同供应商"，选择该项时，则结算时只结算一个供应商的记录。不选择，可以同时进行不同供应商的采购结算，采购结算单取其中一个供应商；不同供应商的入库记录和发票记录之间也可结算，采购结算单取发票的供应商。

费用分摊方式：如果涉及费用分摊进入存货成本的情况，则在此选择按金额或按数量进行分摊。

费用分摊：用户可以把某些运费、挑选整理费等费用按会计制度可以摊入采购成本，按"选单"时手工选择费用折扣存货的发票记录，或按"选单"时选择运费发票记录，所选记录显示在窗口下方的费用结算列表。

应用举例：采购存货A，数量1，价值90 000元；采购存货B，数量也是1，价值10 000元，共用去运输费1 000元。如果选择按数量分摊，则存货A的入库成本为90 500元，存货B的入库成本为10 500元。如果选择按金额分摊，则存货A的入库成本为90 900元，存货B的入库成本为10 100元。存货价值相差较大的情况，建议使用按金额分摊。

（2）单击"过滤"按钮，系统弹出"结算选单"窗口，然后再分别单击"刷入"和"刷票"过滤按钮进行入库单选择和采购发票选择。

（3）在所选择出来的采购发票中，选择要结算的发票，单击"选择"栏使其变为"Y"字样。

（4）在所选择出来的入库单中，选择需要结算的入库单，单击"选择"栏使其变为"Y"字样。如图 11-29 所示。

图 11-29

> **提示** 　选择了入库单记录，可单击"按入"（按入库单匹配发票），系统自动寻找所选入库单记录的匹配记录，提示"可以匹配的发票共有 × 条"，并将匹配的记录打勾，未匹配的记录取消选择。

选择了发票记录，可点击"按票"（按发票匹配入库单），操作同上。

（5）单击"确定"按钮，系统返回"手工结算"窗口，如图 11-30 所示。

（6）在此检查一下是否选单有误，如有误，可重新选单。

（7）如果有运费发票需要进行分摊（运费发票显示在窗口的下方），则单击"分摊"按钮，系统会根据所设置好的分摊方式进行分摊。

（8）然后单击"结算"按钮，系统开始结算，最后提示结算完毕。

图 11-30

| 注 | 经结算后的存货入库单价则返填回采购入库单的单价中，如果有费用分摊进入库成本的情况，则可以查看到采购入库单上的单价与供应商开过来的采购发票是不同的，这是因为采购入库单上的单价在原来单价的基础上再加上了运费发票分摊进来的费用，并在一起计为该存货的入库成本，为将来在存货核算中，计算出库成本做准备，如图11-31所示。而供应商开过来的采购发票上的单价并没有变，该发票仍然是传递到应付款系统经过审核之后形成该供应商应付款的依据。 |

图 11-31

（9）经过结算后的单据，可以通过结算单列表进行查看，如果发现结算有误，可将结算单删除之后，重新进行结算。

存货、结算数量相等的入库和发票记录可以结算，如选择了"相同供应商"，则必须供应商、存货、结算数量相同才可结算。发票记录金额作为入库单记录的实际成本。记录结算到行。

红蓝入库单：存货相同、结算数量之和为0的入库单（退库单）记录可结算。如选择了"相同供应商"，则必须供应商、存货、结算数量相同才可结算。结算的成本即为各入库单记录的暂估金额。记录结算到行。

红蓝采购发票：存货相同、结算数量之和为0的红蓝采购发票记录对应结算，生成结算单。如选择了"相同供应商"，则必须供应商、存货、数量相同才可结算。金额不同的红蓝发票记录也可结算，此时业务含义为实物退回，购销双方各自承担一部分损失。结算的金额即为各发票记录的金额。记录结算到行。

3. 结算单列表

采购结算单列表将符合过滤条件的采购结算单记录以列表的格式显示，便于用户快速查询和操作单据。

（1）展开"采购结算"菜单，单击"结算单列表"命令，系统打开"现存量查询"条件过滤窗口。

（2）在此录入过滤条件，然后单击"过滤"，系统列出所有符合条件的记录，如图11-32所示。

（3）双击具体的记录，可以打开该张结算单进行详细查询，如果结算有误，可以单击"删除"按钮删除该张结算单，然后重新进行采购结算。

图 11-32

11.5 库存业务

11.5.1 入库业务

仓库收到采购或生产的货物，仓库保管员将验收货物的数量、质量、规格型号等，确认验收无误后入库，并登记库存账。

入库业务单据主要包括：采购入库单、产成品入库单、其他入库单。

1. 采购入库单

采购入库单是根据采购到货签收的实收数量填制的单据。工业企业的采购入库单一般指采购原材料验收入库时所填制的入库单据（如果启用了委外管理系统，则委外入库也以本张采购入库单据来处理），商业企业的采购入库单一般指商品进货入库时所填制的入库单据。

采购入库单按进出仓库方向分为：蓝字采购入库单、红字采购入库单；按业务类型分为：普通采购入库单、受托代销入库单（商业）、委外加工入库单（工业）。

红字入库单是采购入库单的逆向单据。在采购业务活动中，如果发现已入库的货物因质量等因素要求退货，则对采购业务进行退货单处理。

如果发现已审核的入库单数据有错误（多填数量等），也可以填制退货单（红字入库单）原数冲抵原入库单数据。原数冲回是将原错误的入库单，以相等的负数量填单。

> **注** 在采购管理中指定的批次、生产日期、失效日期等，在库存管理不可修改；建议用户由仓库管理部门指定以上内容，避免因发生错误而不能及时入库。
> 采购管理设置必有订单（普通、受托）时，相应的采购入库单（普通、受托）不可手工录入存货，须参照采购订单或采购到货单（采购到货单参照采购订单生成）生成。

如图 11-33 所示。

图 11-33

单击"增加"按钮可新增一张采购入库单，也可以单击"生单"按钮，系统会弹出"选择采购订单和采购到货单"窗口，在此可参照采购管理系统的采购订单或采购到货单而生成采购入库单。

如图 11-34 所示。

在已生成的采购入库单中，可以修改此次入库数量、仓库等信息，单击"保存"保存单据内容，单击"审核"可审核该张采购入库单。该采购入库单也会分别传递到采购管理系统（请参阅采购入库）和存货核算系统。

2. 产成品入库单

产成品入库单一般指产成品验收入库时所填制的入库单据，是工业企业入库单据的主要部分。只有工业企业才有产成品入库单，商业企业没有此单据。

产成品一般在入库时无法确定产品的总成本和单位成本，所以在填制产成品入库单时，一般只有数量，没有单价和金额。

图 11-34

如图 11-35 所示，产成品入库单也可以参照生产订单系统中的生产订单生成（前提是该张生产订单已经从仓库领料进车间、并生产完成）。

图 11-35

　　参照生产订单而生成的产成品入库单，就是在生产订单与产成品入库单之间建立起了链接，从而可以查询一张生产订单的生产完工情况。

　　单击"审核"按钮审核入库数量，如图 11-36 所示。

图 11-36

3. 其他入库单

　　其他入库单是指除采购入库、产成品入库之外的其他入库业务，如样品入库、赠品入库、调拨入库、盘盈入库、组装拆卸入库、形态转换入库等业务形成的入库单。其他入库单一般由系统根据其他业务单据自动生成（如调拨、盘点、组装拆卸、形态转换），也可手工填制。

注	只能修改、删除业务类型为其他入库的单据；由其他单据或其他业务（如调拨业务、盘点业务）形成的其他入库单，不能修改、删除。 如果用户需要修改、删除其他单据或其他业务形成的其他入库单，应通过其他单据（调拨单）或其他业务（盘点、组装、拆卸、形态转换业务）进行修改、删除。

11.5.2 出库业务

出库单据包括销售出库单、材料出库单和其他出库单。

1. 销售出库单

销售出库单是销售出库业务的主要凭证，在库存管理用于存货出库数量核算，在存货核算用于存货出库成本核算（如果存货核算销售成本的核算选择依据销售出库单）。工业企业的销售出库单一般指产成品销售出库时所填制的出库单据，商业企业的销售出库单一般指商品销售出库时所填制的出库单。

销售出库单按进出仓库方向分为蓝字销售出库单和红字销售出库单；按业务类型分为普通销售出库单、委托代销出库单和分期收款出库单。

如果销售管理系统未启用，则可直接在库存管理系统中填制销售出库单，否则不可手工填制，只能使用"生单"功能参照销售管理系统的业务单据生单，包括：

- 参照销售发货单生成。先发货后开票业务：根据销售管理的发货单生成销售出库单。
- 参照销售发票生成。开票直接发货业务：根据销售管理的销售发票生成销售出库单。
- 参照销售调拨单生成。根据销售管理的销售调拨单生成销售出库单。
- 参照零售日报生成。根据销售管理的销售日报生成销售出库单。

提示	销售发票、销售调拨单、零售日报在销售管理复核时，同时生成发货单。在参照发货单窗口，以上三种单据都有发货单号、发票号，单据类型分别为对应的销售发票、销售调拨单、零售日报，所以也可统称为参照发货单。

注	在销售管理指定的批次、生产日期、失效日期、入库单号等，在库存管理不可修改；建议用户由仓库管理部门指定以上内容，避免因发生错误而不能及时出库。

如图 11-37 所示。

图 11-37

如果没有启用销售管理系统，则可以直接单击"增加"按钮新增一张销售出库单。如果启用了销售管理系统，则销售出库单由销售管理系统传递过来，在此直接单击"审核"即可。

> **注**　在此的销售出库单数据是由销售管理系统中的销售发货单传递过来的。

2. 材料出库单

材料出库单是领用材料时所填制的出库单据，当从仓库中领用材料用于生产时，就需要填制材料出库单，只有工业企业才有材料出库单，商业企业没有此单据。

如图 11-38 所示。

图 11-38

材料出库单可以参照"领料申请单"、"生产订单"生成。

> **提示**　材料出库单可以参照生产订单或委外订单生成，由此也建立起了材料出库单与生产订单或委外订单之间的链接，在生产订单管理系统或委外管理系统中就可以查询得了该张生产订单或委外订单的材料领用情况。

3. 其他出库单

其他出库单指除销售出库、材料出库之外的其他出库业务，如样品出库、赠品出库、调拨出库、盘亏出库、组装拆卸出库、形态转换出库、不合格品记录等业务形成的出库单。其他出库单一般由系统根据其他业务单据自动生成，也可手工填制。

> **注**　只能修改、删除业务类型为其他出库的单据；由其他单据或其他业务（如调拨、盘点）形成的其他出库单，不能修改、删除。如果用户需要修改、删除其他单据或其他业务形成的其他出库单，应通过其他单据（调拨单、不合格品记录单）或其他业务（盘点、组装、拆卸、形态转换业务）修改、删除。

11.5.3　调拨业务

调拨单是指用于仓库之间存货的转库业务或部门之间的存货调拨业务的单据。同一张调拨单上，如果转出部门和转入部门不同，表示部门之间的调拨业务；如果转出部门和转入部门相同，但转出仓库和转入仓库不同，表示仓库之间的转库业务。

调拨业务也常用在各办事处之间调货使用，办事处之间出库与入库中间有时间差（即货物在途问题），一般情况下是设置一个虚拟仓库（如在途仓库），出库时，做调拨入在途仓库处理，入库时做从在途仓库调入到目的仓库，这样也便于查询调拨在途的货物。

1. 调拨申请单

调拨申请单用于录入调拨申请数据。

（1）展开"调拨业务"菜单，选择"调拨申请单"命令，系统打开"调拨申请单"录入窗口，如图11-39所示。

图 11-39

（2）单击"增加"按钮新增一张调拨申请单。

在表头中录入调拨的转出部门、转入部门、转出仓库、转入仓库、入库类别、出库类别等信息，在表体中录入需要调拨的物料。

（3）单击"保存"按钮保存调拨申请单，单击"审核"按钮审核调拨申请单。

2. 调拨单

> 提示
> ● 调拨单参照其他单据（生产订单、委外订单、调拨申请单）生成时，用户需要在单据设计中增加调拨单的表头"订单类型"、"订单号"、"调拨申请单号"项目。
> ● 调拨单可以修改、删除、审核、弃审。
> ● 调拨单审核后生成其他出库单、其他入库单。

（1）展开"调拨业务"菜单，单击"调拨单"命令，系统打开"调拨单"窗口，如图11-40所示。

（2）单击"增加"按钮新增一张调拨单，新增调拨单时，可以选择本张调拨单参照其他单据（调拨申请单）生成。

（3）单击"保存"按钮保存该单据，单击"审核"按钮审核该单据，结果如图11-41所示。

> 提示　出库类别应为调拨出库，入库类别应为调拨入库。调拨单审核后生成其他出库单、其他入库单，所生成的其他出库单和其他入库单还需要经过审核之后系统才能更改库存数量。

图 11-40

图 11-41

11.5.4 盘点

为了保证企业库存资产的安全和完整，做到账实相符，企业必须对存货进行定期或不定期的清查，查明存货盘盈、盘亏、损毁的数量以及造成的原因，并据以编制存货盘点报告表，按规定程序，报有关部门审批。

经有关部门批准后，应进行相应的账务处理，调整存货账的实存数，使存货的账面记录与库存实物核对相符。

盘点时系统提供多种盘点方式，如按仓库盘点、按批次盘点、按类别盘点、对保质期临近多少天的存货进行盘点等等，还可以对各仓库或批次中的全部或部分存货进行盘点，盘盈、盘亏的结果自动生成其他出入库单。

盘点单是用来进行仓库存货的实物数量和账面数量核对工作的单据，用户可使用空盘点单进行实盘，然后将实盘数量录入系统，与账面数量进行比较。

（1）单击"盘点业务"命令，系统打开"盘点单"窗口，如图11-42所示。

（2）录入盘点表头栏目，指定盘点仓库。

（3）可直接录入要盘点的存货，也可单击"盘库"、"选择"批量增加存货。系统将自动带出对应存货不同自由项、批次的账面数量、账面件数、账面金额等。

（4）单击"保存"保存盘点单。将盘点表打印出来，到仓库中进行实物盘点。

（5）实物盘点后，打开盘点单，单击"修改"按钮。输入盘点数量/件数，保存此张盘点单。

（6）单击"审核"对盘点单进行审核。

周期盘点预警：周期性盘点指可以按照存货或仓库＋存货设置存货的盘点周期，到盘点周期的存货，系统可以进行预警。设置方式请参阅本书第4章中的存货档案设置。

图 11-42

新增盘点单时，单击"盘库"，设置盘点选项"是否按周期盘点"。系统将符合条件的存货带入盘点单。

提示	盘点单审核时，根据盘点表生成其他出入库单，业务号为盘点单号，单据日期为当前的业务日期。所有盘盈的存货生成一张其他入库单，业务类型为盘盈入库。所有盘亏的存货生成一张其他出库单，业务类型为盘亏出库。盘点单弃审时，同时删除生成的其他出入库单；生成的其他出入库单如已审核，则相对应的盘点单不可弃审。

注	上次盘点仓库的存货所在的盘点表未审核之前，不可再对此仓库此存货进行盘点，否则系统提示错误。 应用举例：第一张盘点表是对甲仓库中的A存货进行盘点，该盘点表未审核时，又新增了一张盘点表。如果第二张盘点表也对甲仓库中进行盘点，则第二张盘点表中不能有A存货，只能对第一张盘点表中没有的存货进行盘点。 要想在第二张盘点表中对甲仓库中的A存货再次进行盘点，必须将第一张盘点表审核或删除后才可以重盘。 如果第二张盘点表是对除甲仓库之外的其他仓库进行盘点，则没有此限制。 盘点前应将所有已办理实物出入库的单据处理完毕，否则账面数量会不准确。

11.6 存货核算系统

11.6.1 日常业务

存货核算系统的日常业务主要是处理各类出入库单据、月末时对车间生产线进行盘点，从而计算当月耗用材料成本（假退料业务）等操作。

入库业务的处理在存货核算系统中体现为填制"采购入库单"、"产成品入库单"和"其他入库单"。

出库业务的处理在存货核算系统中体现为填制"销售出库单"、"材料出库单"和"其他出库单"。

如果存货核算系统与采购、库存、销售系统集成使用，则入库、出库单据由这些系统传递过来，在存货核算系统中不能新增入库、出库单据。

提示	有很多读者都问到，在库存管理系统里面可以处理各种物料的出入库，在存货核算系统中也可以处理各种物料的出入库，那么库存管理系统和存货有些什么区别呢？库存管理系统的使用者是面向的是库存操作管理人员，而存货核算系统的使用者面向的是财务部的材料成本核算人员，库存管理系统中可以处理调拨、盘点、补料、参照生产订单（委外订单）发料及成品入库、配比出库、限额领料、库龄分析等业务在存货核算系统中都是完不成的，而存核算中的假退料、产成品成本分析、结转材料出库成本等业务在库存管理系统中也是完不成的。有的企业非常小，如小商业企业（无生产），库存商品很少，有的时候就直接由财务人员兼任仓库管理和核算人员，为了简化手续和节约成本，于是在使用用友软件时只启用了存货核算系统，而没有启用库存管理系统，此时采购管理系统中的采购入库单会直接传递到存货核算系统中的采购入库单中，销售管理系统中的销售发货单会直接传递到存货核算系统中的销售出库单中，而关于仓库中的盘点或调拨业务，则可以在存货核算系统中通过其他出库单和其他入库单来完成（在库存管理系统中的调拨和盘点业务，最终也是生成其他出库单和其他入库单）。

11.6.2 业务核算

业务核算主要包括产成品成本分配、单据记账和期末处理工作。

1. 产成品成本分配

产成品成本分配表用于对已入库但未记明细账的产成品进行成本分配。

产成品成本分配功能主要用来计算一个月内某一种产成品的总成本除以总数量之后，单一产成品的成本价格。

在企业中，产成品入库单一般是由仓库管理人员进行录入，而入库成本仓库管理人员是不清楚的，到月底时由财务来执行产成品成本分配。

🖎 11-8 对库存管理系统传递过来的产成品入库业务，将金额 53 750 元分配到数量为 43PCS 的半成品 D 中，将金额 124 400 元分配到数量为 40 台的产成品 A 中，将金额为 66 000 元分配到 22 台的产成品 K 中。

（1）展开"业务核算"菜单，单击"产成品成本分配"命令，系统弹出"产成品成本分配表"窗口，如图 11–43 所示。

（2）单击工具栏中的"查询"按钮，系统弹出"产成品成本分配表查询"对话框，单击"全选"按钮，再单击"确认"按钮，系统列出所有产成品入库记录，如图 11–44 所示。

图 11–43

图 11–44

（3）在"产成品成本分配表"选择产成品入库记录，然后在"金额"项中录入该批产成品入库的总金额，单击工具栏中的"分配"按钮，系统将总金额除以数量，最后得出每台电脑整机的入库成本单价，并写回产成品入库单中，并提示分配操作顺利完成（单击"恢复"按钮可以清除所分配的数据）。被分配好的产成品成本可以在产成品入库单上查到，如图 11-45 所示。

图 11-45

> **提示** 用友 ERP-U8 中有一个成本管理系统（本书 011 账套没有启用），在该系统中可以对半成品、产成品的单位成本进行明细的计算（单位成本中包含了人工费、材料费等），如果没有启用该系统，则半成品或产成品的成本分配只能使用本功能来完成，因为存货核算系统中只是对材料费进行了计算，而其他费用（如人工费、固定资产折旧等）则需要人为进行统计之后再加上材料费进行分摊。当然这个成本分配因为使用的是整体分配方案，所以对于某一个半成品或产成品的成本没有绝对的准确，只是保证总体成本准确即可，就好像一家生产空调企业一样，不可能把这台空调和那台空调的成本计算到几分钱一样，因为这样也没有实际意义。对于成本计算要求非常严格的企业，则可以启用成本管理系统，否则没有必要启用成本管理系统，而直接使用存货核算系统，用来计算材料成本。

2. 单据记账与恢复记账

单据记账与恢复记账是两个相反的操作。

（1）单据记账

单据记账用于将用户所输入的单据登记存货明细账、差异明细账、差价明细账、受托代销商品明细账以及受托代销商品差价账。恢复记账用于将用户已登记明细账的单据恢复到未记账状态。

先进先出、后进先出、移动平均、个别计价这四种计价方式的存货在单据记账时进行出库成本核算；全月平均、计划价、售价法计价的存货在期末处理处进行出库成本核算。

① 展开"业务核算"菜单，单击"正常单据记账"命令，系统弹出"正常单据记账条件"对话框，如图 11-46 所示。

② 在该对话框中选择"仓库"、"单据类型"等，然后单击"确认"按钮，系统列出符合条件的记录，如图 11-47 所示。

此处可以看到，出库业务的单据是没有单价的，因为这个出库成本价是单据记账之后，根据存货核算系统选项中的核算方式和计价方式（先进先出、后进先出等）自动计算出来，由系统反填回单据中的。

图 11-46

图 11-47

③ 勾选需要记账的单据，然后单击工具栏中的"记账"按钮，即可对所勾选的单据进行记账。

注	出库成本的计算与所设置出库成本计件方式有关，如选择的是"全月平均法"，则在单据正常记账之后，还需要进行"期末处理"操作之后（请参阅本章中的期末处理），出库成本的单价才会由系统算出来，反填回前面的出库单据的单价中。如果选择的是"先进先出法"，则只要单据一记账，系统就可以计算出来，并反填回单据中。

提示	关于产成品成本分配，在企业中实际业务中，一般是在计算出材料成本之后，再计算产成品的入库成本，然后再对产成品入库单进行记账。

④ 经过记账之后的出入库业务单据，其成本已经由系统自动计算出来了，如图11-48所示。

图 11-48

> **提示** 由于产成品成本不仅包括材料成本，而且还包括人工费用、设备折旧等因素，所以产成品成本是通过产成品分配而来的，而不是通过单据记账系统自动计算出来的。

（2）恢复记账

如果记账前的数据尚未处理完或者需要修改记账前的数据，则需要恢复记账，恢复记账用于将用户已登记明细账的单据恢复到未记账状态。

① 展开"业务核算"菜单，单击"恢复记账"命令，系统弹出"恢复单据记账条件"对话框，如图 11-49 所示。

图 11-49

② 录入过滤条件，然后单击"确认"按钮，在列出的记录上执行恢复记账操作。

注	恢复记账功能操作相当复杂，受成本计算规则影响比较大，所以在记账和恢复记账时都请多看帮助提示。

3．期末处理

期末处理用来计算按全月平均方式核算的存货的全月平均单价及其本会计月出库成本；计算按计划价/售价方式核算的存货的差异率/差价率及其本会计月的分摊差异/差价；对已完成日常业务的仓库/部门/存货做处理标志。

（1）展开"业务核算"，单击"期末处理"命令，系统弹出"期末处理"对话框，如图11-50所示。

图 11-50

（2）在"未期末处理存货"页中，勾选需进行期末处理的存货，然后，单击"确认"按钮，系统提示"是否处理所选仓库？"，单击"是"开始进行期末处理工作。

提示	此处显示与存货核算系统选项中设置的核算方式有关，即按仓库、按存货、按部门核算，分别做出不同的显示。

注	在进行期末处理时，采购管理、库存管理、销售管理必须结账方可。

11.6.3　财务核算

财务核算包括生成凭证传递到总账、凭证查询和与总账对账。

1．生成凭证

生成凭证用于对本会计月已记账单据生成凭证，然后传递到总账系统中，所生成的凭证可在账务系统中显示并生成科目总账。

（1）展开"财务核算"菜单，单击"生成凭证"命令，系统弹出"生成凭证"窗口，如图11-51所示。

（2）单击工具栏中的"选择"按钮，系统弹出"查询条件"对话框。

（3）在此输入查询条件，单击"确认"按钮，系统在"选择单据"窗口中列出所有符合条件的记录。

图 11-51

（4）在需要生成凭证的记录的"选择"双击，也可以单击"全选"按钮选择所有单据，如图 11-52 所示。

图 11-52

（5）单击工具栏中的"确定"按钮，系统再次弹出所选单据的"生成凭证"窗口，如图 11-53 所示。

（6）在"生成凭证"窗口中选择需要生成凭证的凭证类别，单击工具栏中的"生成"按钮，系统显示生成的凭证。用户在生成凭证之前可以修改凭证类别、凭证摘要、借方科目、贷方科目以及金额，也可以增加或删除借贷方记录，但应保证借贷方金额相平，并等于所选记录的金额，如图 11-54 所示，凭证生成后，直接传递到总账系统中。

2. 凭证列表

用于查询本会计年度的存货核算系统的凭证。

（1）展开"财务核算"菜单，单击"凭证列表"命令，系统弹出"查询条件"对话框，如图 11-55 所示。

图 11-53

图 11-54

图 11-55

（2）在此输入凭证查询条件，单击"确认"按钮，系统打开"凭证列表"窗口，并在其中显示所有符合条件的记录，如图 11-56 所示。

图 11-56

（3）选中指定记录，单击工具栏中的"单据"按钮，打开"凭证联查单据列表"窗口，在此查询生成该记录的原始单据，再双击具体的单据，即可打开该单据窗口。

课 后 习 题

（1）画出业务系统（采购、库存、存货、销售）数据传递关系图。

（2）采购结算的意义是什么？

（3）怎么删除采购结算记录？

实验九　业务系统

【实验目的】

1. 掌握业务系统的基本功能。

2. 掌握业务系统的参数设置。

3. 掌握业务系统的初始化数据录入。

4. 掌握业务系统的日常操作。

【实验内容】

1. 系统参数设置

2. 初始化数据录入

3. 销售模块应用

4. 采购模块应用

5. 仓库模块应用

6. 存货核算系统材料成本核算

7. 报表查询

【实验资料】

1. 仓库档案

代码	名称
1	原材仓
2	半成品仓
3	成品仓

2. 物料档案

物料大类	1 原材料			3 产成品
代码	101	102	103	301
名称	K-16G 盘	K-32G 盘	木纹包装盒	16G 盘
规格型号			20cm × 8cm × 4cm	
物料属性	外购	外购	外购	自制
计量单位组	数量组	数量组	数量组	数量组
基本计量单位	支	支	个	支
计价方法	加权平均法			
存货科目代码	1403	1403	1403	1405
销售收入科目代码	6001	6001	6001	6001
销售成本科目代码	6401	6401	6401	6401

说明：301——16G 盘是由 101 与 103 包装而成。

3. 仓库期初数据

仓库名称	物料代码	物料名称	期初数量	期初金额（元）
原材仓	1.01	K-16G 盘	80	2 840
原材仓	1.02	K-32G 盘	17	2 720
原材仓	1.03	木纹包装盒	120	240
成品仓	3.01	16G 盘	80	3 200

4. 采购入库单

日期	供应商	物料代码	物料名称	收料仓库	单位	实收数量	含税单价（元）	含税金额（元）
2012-1-11	广州速龙数据公司	1.01	K-16G 盘	原材仓	支	400	41.5	16 600
2012-1-12	广州唯安包装公司	1.03	木纹包装盒	原材仓	个	500	2	1 000

说明：广州速龙数据公司供应商需要新增。

5. 领料单

日期	领料部门	物料代码	物料名称	发料仓库	单位	实发数量
2012-1-13	生产部	1.01	笔芯	原材仓	支	420
		1.04	纸箱	原材仓	个	420

6. 成品入库单

日期	领料部门	物料代码	物料名称	收料仓库	单位	实收数量
2012-1-16	生产部	3.01	16G 盘	成品仓	支	420

7. 销售出库单

日期	客户	物料代码	物料名称	发货仓库	单位	实收数量	含税价
2012-1-20	上海常星礼品公司	3.01	16G 盘	成品仓	支	500	70

8. 2012-1-25 付 5 000 元广州浩友塑胶制品厂货款。

9. 2012-1-28 收 30 000 元上海常星礼品公司货款。

【实验步骤】

1. 以"贺君兰"登录账套,建立下表仓库档案。

2. 建立物料档案。

3. 双击【系统设置】→【初始化】→【仓存管理】→【系统参数设置】,启用期间设置为 2012 年 1 月,其他保持默认。

4. 录入仓库期初数据。

5. 启用业务系统。

6. 以"叶小英"登录账套录入上表采购入库数据,并且审核。说明:广州速龙数据公司供应商需要新增。

7. 以"李丽"登录账套,录入领料单并审核。

8. 录入成品入库单并审核。

9. 录入销售出库单并审核。

10. 以参考仓库单据方式,生成采购发票和销售发票,默认专用发票,税率都为 17%。

11. 2012-1-25 付广州浩友塑胶制品厂货款,以引用"发票"作为源单生成付款单,本次付款 5 000 元,并且生成凭证。

12. 2012-1-28 收上海常星礼品公司货款,以引用"发票"作为源单生成收款单,本次收款 30 000 元,并且生成凭证。

13. 进行存货核算处理,相关单据并生成凭证。

14. 查询存货核算下的材料明细账和存货收发存汇总表。

附　　录

实操考试一

涉及模块：总账、报表

涉及内容：建立账套、用户管理、初始化设置、会计科目管理、期初数据录入、各类凭证录入、凭证查询、凭证审核、凭证过账、期末转账、期末调汇、账表查询、资产负债表、损益表和期末结账。

考试要求：从初始化到出具财务报表一系列操作都必须会操作。检查要点：每一张凭证上的制单人是否有"考试者"的姓名，报表输出是否符合要求。

说明	当出现"姓名"时，表示当前考试者的姓名。目的：防止考试者使用账套恢复功能互相导入，从而作弊。

一、账套信息和用户

1. 建立账套

账套号：考试学号

账套名称：考试姓名 A（如：考试者是"贺君兰"，则录入"贺君兰 A"。）

账套路径：系统默认值

公司名称：考试姓名 A

注	建账时选择"2007 新会计制度"

2. 系统启用参数设置

设置会计期间：2012 年 01 月 01 日 ~ 2012 年 12 月 31 日

3. 总账参数设置

启用会计年度：2012 年

启用会计期间：1 月

4. 操作人员及权限分工见表考试表 1。

考试表 1-1

用户名	权限	分工
考试姓名 A	账套主管	负责审核"考试姓名 B"录入的业务数据和出报表
考试姓名 B	基础资料、总账、报表	负责凭证录入等日常业务

二、基础设置

5. 新增 HKD——港币，汇率为 0.81。

6. 新增"记"凭证字。

7. 建立客户和供应商档案，见考试表 1-2。

考试表 1-2　　　　　　　　　　　　　　客户和供应商

客户		供应商	
代码	名称	代码	名称
01	深圳 A 客户	01	A 供应商
02	深圳 B 客户	02	B 供应商

8. 新增和修改会计科目，见考试表 1-3。

考试表 1-3　　　　　　　　　　　新增和修改会计科目

科目代码	科目名称	币别核算	期末调汇	核算项目
100201	工行东桥支行 125	否	否	
100202	人行东桥支行 128	单一外币（港币）	是	
1122	应收账款			客户
2202	应付账款			供应商
400101	何成越			
400102	王成明			
500101	基本生产成本			
50010101	直接材料			
50010102	直接人工			
50010103	制造费用转入			
510101	折旧费			
510102	员工工资			
660101	差旅费			
660102	业务招待费			
660103	业务员工资			
660201	办公费			
660202	伙食费			
660203	管理员工资			
660204	折旧费			

三、期初数据

9. 客户期初余额，见考试表 1-4。

考试表 1-4　　　　　　　　　　　客户初始数据

客户	日期	应收账款	预收账款	期初余额
深圳 A 客户	2011-12-31	13 000.00		13 000.00
深圳 B 客户	2011-12-31	25 000.00		25 000.00

10. 供应商期初余额，见考试表1-5。

考试表1-5　　　　　　　　　　　　　　供应商初始数据

客户	日期	应付账款	预付账款	期初余额（元）
A供应商	2011-12-31	8 000.00		8 000.00

11. 科目期初余额，见考试表1-6。

考试表1-6　　　　　　　　　　　　　　科目初始数据

科目代码	科目名称	方向	期初余额（元）
1001	人民币	借	5 000.00
100201	工行东桥支行125	借	285 000
1122	应收账款	借	38 000.00
1403	原材料	借	56 000
1601	固定资产	借	156 000
1602	累计折旧	贷	32 000
2202	应付账款	贷	8 000.00
400101	何成越	贷	250 000.00
400102	王成明	贷	250 000.00

四、日常业务资料

12. 以"考试姓名B"用户录入考试表1-7中所有凭证，注意部分科目的新增和客户档案的新增。

考试表1-7　　　　　　　　　　　　　　凭证　　　　　　　　　　　　　　单位：元

凭证号	日期	摘要	会计科目	币别	汇率	原币金额	借方	贷方
记-1	2012-1-8	实收投资款	100202 人行东桥支行128	HKD	0.81	100 000	81 000	
			400102 王成明					81 000
记-2	2012-1-12	业务部经理报销招待费	660102 业务招待费				2 350	
			1001 现金					2 350
记-3	2012-1-13	向A供应商采购原材一批	1403 原材料				45 000	
			22210101 进项税				7 650	
			2202 应付账款—A供应商					52 650
记-4	2012-1-15	给A供应商付部分货款	2202 应付账款—A供应商				30 000	
			100201 工行东桥支行125					30 000
记-5	2012-1-17	销售C客户产品	1122 应收账款—C客户				81 900	
			6001 主营业务收入					70 000
			22210105 销项税					11 900
记-6	2012-1-18	收到A客户货款	100201 工行东桥支行125				13 000	
			1122 应收账款—深圳A客户					13 000
记-7	2012-1-22	购买荣威350	1601 固定资产				95 600	
			100201 工行东桥支行125					95 600
记-8	2012-1-31	本期生产领料	50010101 直接材料				38 970	
			1403 原材料					38 970
记-9	2012-1-31	期末固定资产计提折旧	510101 折旧费				1 200	
			660204 折旧费				2 150	
			1602 累计折旧					3 350

13. 以"考试姓名 A"进入凭证的审核和过账。

14. 期末调汇，港币期末汇率为 0.80。

15. 自定义期末结转凭证模板，并且生成相应的凭证。

16. 期末结转损益。

17. 生成资产负债表和损益表，调整格式，以 A4 纸张作为打印纸张输出。

18. 会查询各种账簿和报表。（条件允许安装 PDF 打印机，让考试学员输出 PDF 格式文件上交。）

实操考试二

涉及模块：账务处理、报表、固定资产、工资、采购、销售、仓存、存货核算和应收应付。

涉及内容：建立账套、用户管理、初始化设置、应收、应付往来处理、固定资产卡片处理、现金管理、凭证处理和出财务报表。

考试要求：让考试者熟悉标准财务模块数据关系流程，掌握这些模块的操作方法。

说明	当出现"姓名"时，表示当前考试者的姓名。目的：防止考试者使用账套恢复功能互相导入，从而作弊。

一、账套信息和用户

1. 建立账套。

账套号：考试学号 2

账套名称：考试姓名 B（如：考试者是"贺君兰"，则录入"贺君兰 B"。）

账套路径：系统默认值

公司名称：考试姓名 B

注	建账时选择"2007 新会计制度"。

2. 账套启用参数设置。

设置会计期间：2012 年 01 月 01 日 ~ 2012 年 12 月 31 日

3. 总账参数设置。

启用会计年度：2012 年

启用会计期间：1 月

选中"凭证过账前必须审核"

4. 应收款管理参数设置。

启用会计年度：2012 年

启用会计期间：1 月

设置"坏账计提方法"和"科目设置"

5. 应付款管理参数设置。

启用会计年度：2012 年

启用会计期间：1 月

设置"科目设置"

6. 固定资产管理参数设置。

启用会计年度：2012 年

启用会计期间：1 月

7. 应付款管理参数设置。

启用会计年度：2012 年

启用会计期间：1 月

设置"科目设置"

8. 出纳管理参数设置。

启用会计年度：2012 年

启用会计期间：1 月

9. 工资新增一个"总类别"。

10. 操作人员及权限分工见表考试表 2。

考试表 2-1

用户名	权限	分工
考试姓名 A	账套主管	负责审核"考试姓名 B"录入的业务数据和出报表
考试姓名 B	账套主管	负责日常业务处理，如凭证录入、固定资产和工资录入

二、基础设置

11. 新增 HKD——港币，汇率为 0.81。

12. 新增"记"凭证字。

13. 建立考试表 2-2 至考试表 2-4 基础资料。

考试表 2-2　　　　　　　　　客户和供应商

客户		供应商	
代码	名称	代码	名称
01	深圳 A 客户	01	A 供应商
02	深圳 B 客户	02	B 供应商

考试表 2-3　　　　　　　　　计量单位

组别	代码	名称	系数
数量组	11	台	1

考试表 2-4　　　　　　　　　　**部门、职员**

部门		职员		
代码	名称	代码	姓名	部门
01	总经办	01	何成越	总经办
02	财务部	02	考试姓名 A	财务部
03	销售部	03	考试姓名 B	财务部
04	采购部	04	郝达	销售部
05	仓库	05	张琴	采购部
06	生产部	06	王平	仓库
07	品管部	07	张强	生产部
08	行政部	08	赵理	生产部
		09	李小明	生产部
		10	李大明	生产部
		11	王长明	品管部
		12	李闯	行政部

14. 建立一个"办公设备"固定资产类别,建立"公司办公楼"一个存放地点。

15. 新增和修改会计科目,见考试表 2-5。

考试表 2-5　　　　　　　　　　**新增和修改会计科目**

科目代码	科目名称	币别核算	期末调汇	核算项目
100201	工行东桥支行 125	否	否	
100202	人行东桥支行 128	单一外币(港币)	是	
1122	应收账款			客户
2202	应付账款			供应商
400101	何成越			
400102	王成明			
500101	基本生产成本			
50010101	直接材料			
50010102	直接人工			
50010103	制造费用转入			
510101	折旧费			
510102	员工工资			
660101	差旅费			
660102	业务招待费			
660103	业务员工资			
660201	办公费			
660202	伙食费			
660203	管理员工资			
660204	折旧费			

三、期初数据

16. 应收客户期初余额，见考试表2-6，在应收款管理"初始化"模块中处理。

考试表 2-6　　　　　　　　　　客户初始数据　　　　　　　　　　单位：元

客户	日期	应收账款	预收账款	期初余额
深圳 A 客户	2011-12-31	13 000.00		13 000.00
深圳 B 客户	2011-12-31	25 000.00		25 000.00

17. 应付供应商期初余额，见考试表2-7，在应付款管理"初始化"模块中处理。

考试表 2-7　　　　　　　　　　供应商初始数据　　　　　　　　　　单位：元

客户	日期	应付账款	预付账款	期初余额
A 供应商	2011-12-31	8 000.00		8 000.00

18. 固定资产初始数据，见考试表2-8。

考试表 2-8　　　　　　　　　　固定资产初始卡片

基本信息		部门及其他		原值与折旧	
资产类别	办公设备	固定资产科目	1601	币别	人民币
资产编码	B001	累计折旧科目	1602	原币金额	9 800
名称	IBM 手提电脑	使用部门	总经办	开始使用日期	2011-6-7
计量单位	台	折旧费用科目	660204	预计使用期间数	60
数量	1			已使用期间数	6
入账日期	2011-6-7			累计折旧	882
存放地点	公司办公楼			预计净残值	980
使用状况	正常使用			折旧方法	平均年限法（基于入账原值和预计使用期间）
变动方式	购入				

19. 科目期初余额，见考试表2-9。

考试表 2-9　　　　　　　　　　科目初始数据　　　　　　　　　　单位：元

科目代码	科目名称	方向	期初余额
1001	人民币	借	5 000.00
100201	工行东桥支行125	借	448 082.00
1122	应收账款	借	38 000.00
1403	原材料	借	8 000.00
1601	固定资产	借	9 800.00
1602	累计折旧	贷	882.00
2202	应付账款	贷	8 000.00
400101	何成越	贷	250 000.00
400102	王成明	贷	250 000.00

四、日常业务资料

20. 以"考试姓名 B"录入考试表 2-10 其他应付单据。

考试表 2-10　　　　　　　　　　其他应付单据　　　　　　　　　　　单位：元

日期	供应商	金额
2012-1-11	A 供应商	12 500
2012-1-12	B 供应商	90 000

21. 以"考试姓名 B"录入考试表 2-11 其他应收单据。

考试表 2-11　　　　　　　　　　其他应收单据　　　　　　　　　　　单位：元

日期	客户	金额
2012-1-20	C 客户	83 000

22. 付 A 供应商货款，以引用"其他应付单"作为源单生成付款单，本次付款 12 000 元。

23. 收深圳 A 客户的货款，以引用"其他应收单"作为源单生成收款单，本次收款 13 000 元。

24. 其他应付单生成凭证、付款单生成凭证。

25. 其他应收单生成凭证、收款单生成凭证。

26. 在"总工资"类别，并引入所有的部门和职员，然后核算工资，生成费用分配凭证。

27. 计提固定资产折旧。

28. 以"考试姓名 B"用户录入考试表 2-12 中所有凭证，注意部分科目的新增和客户档案的新增。

考试表 2-12　　　　　　　　　　凭证

凭证号	日期	摘要	会计科目	币别	汇率	原币金额	借方	贷方
记 -1	2012-1-8	实收投资款	100202 人行东桥支行 128	HKD	0.81	100 000	81 000	
			400102　王成明					81 000
记 -2	2012-1-12	业务部经理报销招待费	660102 业务招待费				2 350	
			1001 现金					2 350

29. 以"考试姓名 A"进入凭证的审核和过账。

30. 期末调汇，港币期末汇率为 0.80。

31. 自定义期末结转凭证模板，并且生成相应的凭证。

32. 期末结转损益。

33. 生成资产负债表和损益表，调整格式，以 A4 纸张作为打印纸张输出。

34. 会查询各种账簿和报表（条件允许安装 PDF 打印机，让考试学员输出 PDF 格式文件上交）。

实操考试三

涉及模块：账务处理、报表、固定资产、工资、采购、销售、库存、存货核算和应收应付。

涉及内容：建立账套、用户管理、初始化设置、进销存单据处理、材料成本核算、应收应付往来处理、固定资产卡片处理、出纳管理、凭证处理和出财务报表。

考试要求：让考试者了解财务业务一体化的数据关系流转，懂这些模块的操作方法，熟练程度为"会操作"即可。

说明	当出现"姓名"时，表示当前考试者的姓名。目的：防止考试者使用账套恢复功能互相导入，从而作弊。

一、账套信息和用户

1. 建立账套

账套号：考试学号3

账套名称：考试姓名C（如：考试者是"贺君兰"，则录入"贺君兰B"。）

账套路径：系统默认值

公司名称：考试姓名C

注	建账时选择"2007新会计制度"。

2. 账套启用参数设置

设置会计期间：2012年01月01日～2012年12月31日

3. 财务所有模块参数设置

启用会计年度：2012年

启用会计期间：1月

4. 进销存参数设置

启用会计年度：2012年

启用会计期间：1月

5. 操作人员及权限分工见表考试表3-1

考试表3-1

用户名	权限	分工
考试姓名B	账套主管	负责审核"考试姓名C"录入的业务数据和出报表
考试姓名C	账套主管	负责日常业务处理，如单据录入、凭证录入、固定资产和工资录入

二、基础设置

6. 新增HKD——港币，汇率为0.81。

7. 新增"记"凭证字。

8. 建立考试表3-2至考试表3-6基础资料。

考试表3-2　　　　　　　　　客户和供应商

客户		供应商	
代码	名称	代码	名称
01	深圳A客户	01	A供应商
02	深圳B客户	02	B供应商

考试表 3-3 计量单位

组别	代码	名称	系数
数量组	11	PCS	1
其他组	21	台	1
	22	辆	1

考试表 3-4 部门、职员

部门		职员		
代码	名称	代码	姓名	部门
01	总经办	01	何成越	总经办
02	财务部	02	考试姓名 B	财务部
03	销售部	03	考试姓名 C	财务部
04	采购部	04	郝达	销售部
05	仓库	05	张琴	采购部
06	生产部	06	王平	仓库
07	品管部	07	张强	生产部
08	行政部	08	赵理	生产部
		09	李小明	生产部
		10	李大明	生产部
		11	王长明	品管部
		12	李闯	行政部

考试表 3-5 仓库

代码	名称
01	原材仓
02	半成品仓
03	成品仓

考试表 3-6 物料

物料大类	1 原材料				3 产成品
代码	1.01	1.02	1.03	1.04	3.01
名称	笔芯	笔壳	笔帽	纸箱	圆珠笔
规格型号	蓝色		蓝色	500PCS 装	蓝色
物料属性	外购	外购	外购	外购	自制
计量单位组	数量组	数量组	数量组	数量组	数量组
基本计量单位	PCS	PCS	PCS	PCS	PCS
计价方法	加权平均法				
存货科目代码	1403	1403	1403	1403	1405
销售收入科目代码	6001	6001	6001	6001	6001
销售成本科目代码	6401	6401	6401	6401	6401

9. 建立一个"办公设备"固定资产类别，建立"公司办公楼"一个存放地点。

10. 新增和修改会计科目，见考试表3-7。

考试表 3-7　　　　　　　　　新增和修改会计科目

科目代码	科目名称	币别核算	期末调汇	核算项目
100201	工行东桥支行125	否	否	
100202	人行东桥支行128	单一外币（港币）	是	
1122	应收账款			客户
2202	应付账款			供应商
400101	何成越			
400102	王成明			
500101	基本生产成本			
50010101	直接材料			
50010102	直接人工			
50010103	制造费用转入			
510101	折旧费			
510102	员工工资			
660101	差旅费			
660102	业务招待费			
660103	业务员工资			
660201	办公费			
660202	伙食费			
660203	管理员工资			
660204	折旧费			

三、期初数据

11. 存货初始数据，见考试表3-8。

考试表 3-8　　　　　　　　　存货初始数据

仓库名称	物料代码	物料名称	期初数量	期初金额
原材仓	101	笔芯—蓝色	10 000	1 000

12. 应收客户期初余额，见考试表3-9。

考试表 3-9　　　　　　　　　客户初始数据

客户	日期	应收账款	预收账款	期初余额
深圳 A 客户	2011-12-31	13 000.00		13 000.00
深圳 B 客户	2011-12-31	25 000.00		25 000.00

13. 应付供应商期初余额，见考试表 3-10。

考试表 3-10　　　　　　供应商初始数据

客户	日期	应付账款	预付账款	期初余额
A 供应商	2011-12-31	8 000.00		8 000.00

14. 固定资产初始数据，见考试表 3-11。

考试表 3-11　　　　　　固定资产初始卡片

基本信息		部门及其他		原值与折旧	
资产类别	办公设备	固定资产科目	1601	币别	人民币
资产编码	B001	累计折旧科目	1602	原币金额	9 800
名称	IBM 手提电脑	使用部门	总经办	开始使用日期	2011-6-7
计量单位	台	折旧费用科目	660204	预计使用期间数	60
数量	1			已使用期间数	6
入账日期	2011-6-7			累计折旧	882
存放地点	公司办公楼			预计净残值	980
使用状况	正常使用			折旧方法	平均年限法（基于入账原值和预计使用期间）
变动方式	购入				

15. 科目期初余额，见考试表 3-12。

考试表 3-12　　　　　　科目初始数据

科目代码	科目名称	方向	期初余额
1001	人民币	借	5 000.00
100201	工行东桥支行 125	借	448 082.00
1122	应收账款	借	38 000.00
1403	原材料	借	8 000.00
1601	固定资产	借	9 800.00
1602	累计折旧	贷	882.00
2202	应付账款	贷	8 000.00
400101	何成越	贷	250 000.00
400102	王成明	贷	250 000.00

四、日常业务资料

16. 以"考试姓名 C"录入考试表 3-13 至表 2-16 业务单据，并且审核。

考试表 3-13　　　　　　采购入库单

日期	供应商	物料代码	物料名称	收料仓库	单位	实收数量	含税单价	含税金额
2012-1-11	A 供应商	101	笔芯	原材仓	pcs	10 000	1	10 000
		104	纸箱	原材仓	pcs	500	5	2 500
2012-1-12	B 供应商	102	笔壳	原材仓	pcs	20 000	3	60 000
		103	笔帽	原材仓	pcs	20 000	1.5	30 000

考试表 3-14　　　　　　　　　　生产领料单

日期	领料部门	物料代码	物料名称	发料仓库	单位	实发数量
2012-1-13	生产部	101	笔芯	原材仓	pcs	10 000
		102	笔壳	原材仓	pcs	10 000
		103	笔帽	原材仓	pcs	10 000
		104	纸箱	原材仓	pcs	20

考试表 3-15　　　　　　　　　　产品入库单

日期	领料部门	物料代码	物料名称	收料仓库	单位	实收数量
2012-1-16	生产部	301	圆珠笔	成品仓	pcs	10 000

考试表 3-16　　　　　　　　　　销售出库单

日期	客户	物料代码	物料名称	发货仓库	单位	实收数量	含税价
2012-1-20	C 客户	301	圆珠笔	成品仓	pcs	10 000	8.30

17. 以参考仓库单据方式，生成采购发票和销售发票，默认专用发票，税率都为17%。

18. 付 A 供应商货款，以引用"发票"作为源单生成付款单，本次付款 12 000 元，并且生成凭证。

19. 收深圳 A 客户的货款，以引用"发票"作为源单生成收款单，本次收款 13 000 元，并且生成凭证。

20. 进行存货核算处理，相关单据并生成凭证。

21. 建立一个"总工资"类别，并引入所有的部门和职员，然后核算工资，生成费用分配凭证。

22. 计提固定资产折旧。

23. 以"考试姓名 C"用户录入考试表 3-17 中所有凭证，注意部分科目的新增和客户档案的新增。

考试表 3-17　　　　　　　　　　凭证

凭证号	日期	摘要	会计科目	币别	汇率	原币金额	借方	贷方
记-1	2012-1-8	实收投资款	100202 人行东桥支行 128	HKD	0.81	100 000	81 000	
			400102　王成明					81 000
记-2	2012-1-12	业务部经理报销招待费	660102 业务招待费				2 350	
			1001 现金					2 350

24. 以"考试姓名 B"进入凭证的审核和过账。

25. 期末调汇，港币期末汇率为 0.80。

26. 自定义期末结转凭证模板，并且生成相应的凭证。

27. 期末结转损益。

28. 生成资产负债表和损益表，调整格式，以 A4 纸张作为打印纸张输出。

29. 会查询各种账簿和报表（条件允许安装 PDF 打印机，让考试学员输出 PDF 格式文件上交）。

习 题 答 案

第 1 章答案

（1）会计信息系统（Accounting Information System，AIS）是管理信息系统的一个子系统，是专门用于企事业单位处理会计业务，收集、存储、传输和加工各种会计数据，输出会计信息，并将期反馈给各有关部门，为企业的经营活动和决策提供帮助，为投资人、债权人、政府部门提供财务信息的系统。

（2）会计核算系统、会计管理系统、会计决策支持系统。

（3）1. 提高了数据的准确性；2. 提高了数据的处理速度；3. 提高了会计信息的系统性、全面性；4. 提高了会计信息的共享性。

（4）计算机硬件、计算机软件、数据、会计规范、人员。

（5）1. 理论研究与定点开发阶段；2. 第一批商品化会计软件开发时期；3. 商品化会计软件不断成熟时期；4. 财务业务一体化软件时期。

（6）1. 规范会计科目体系，整理期初数据；2. 往来账户的清理；3. 银行账的清理；4. 存货的清理；5. 固定资产的清理。

（7）模块组成和各模块之间数据流向如下图所示。

第2章答案

1. 硬件环境

● 服务器：主频 700MHz 以上、内存 1GB 以上、硬盘剩余空间大于 20GB，分区的文件系统格式应为 NTFS。

● 客户端：主频 500MHz 以上、内存 512MB 以上、硬盘剩余空间大于 5GB 以上。

2. 软件环境

● 服务器：操作系统为 Windows 2000 Server 或 Windows 2003 Server（建议使用 Windows 2003 Server）。

● 客户端：操作系统建议使用 Windows XP。

● 网络协议：TCP/IP。

后台数据库为 SQL Server 2000/2005/2008。

第3章答案

（1）两种，一是系统管理员（admin），二是账套主管。

系统管理员和账套主管的区别

	系统管理员（admin）	账套主管
系统	（1）设置 SQL Server 口令 （2）设置备份计划（可进行年度账或账套备份） （3）升级 SQL Server 数据库 （4）注销功能 （5）设置安全策略	（1）注销功能 （2）设置年度账备份计划
账套	建立、引入和输出账套，但无法修改账套信息	修改所管的账套信息
年度账	无	可清空、引入、输出年度账
操作员及其权限	设置账套主管，增加或注销角色和操作员，修改角色或操作员权限	改变角色或操作员权限
视图	（1）能刷新，阅读系统和上机日志 （2）清除异常任务，清除选定任务、清除所有任务、清退站点、清除单据锁定、刷新阅读上机日志	

（2）有限制，最多时，可以同时存在 999 套账。

（3）手工备份和自动备份。

第4章答案

（1）会计科目是填制会计凭证、登记会计账簿和编制会计报表的基础。

（2）用户可以给明细的科目指定一个对应的受控系统。在用户录入应收应付模块中的收付款等单据时，系统将只允许使用那些被指定为受控于应收应付系统的科目，在总账中填制记账凭证时，系统不允许使用受控系统中的会计科目，受控系统科目的记账凭证只能由受控系统生成并传递到总账系统中。

（3）在经济业务发生时的记账汇率，期末调整汇兑损益时，系统自动按对应期间的记账汇率折算，并调整汇兑损益额度。

（4）如果启用销售管理系统、应收款管理系统时，则必须要设置客户档案，如果在总账系统中，将往来科目（如应收款、预收款）设置其辅助核算为"客户往来"时，也需要设置客户档案。

（5）使用供应链系统时必须将存货档案设置，以供各种出、入库单据引用存货信息。

第5章答案

（1）审核人不能与制单人相同。

（2）可以恢复。

（3）总账系统提供8种转账形式：自定义结转、对应结转、销售成本结转、售价（计划价）销售成本结转、汇兑损益结转、期间损益结转、自定义比例结转、费用摊销和预提。

（4）本期所有凭证已经记账，如果其他业系统已启用（比如固定资产管理、薪资管理等），则所有业务系统都需要先结账之后，总账才能结账。

第6章答案

（1）在"格式"状态下，可以设计报表的格式和取数公式，但不能进行数据的录入或计算等操作；"数据"状态下可以看到报表的全部内容，包括格式和数据，但此时不能修改格式和取数公式。

（2）可以，在"格式"状态下通过公式单元设置，可以取指定账套、年度的数据。

（3）支持，在"格式"状态下通过公式单元设置时，可以包含未记账凭证。

第7章答案

（2）3种方式，应收余额百分比法，销售收入百分比法，账龄分析法。

（3）4种，应收冲应收、预收冲应收、应收冲应付、红票对冲。

第8章答案

（1）可以不同步启用。

（2）可以不计提折旧，选中系统参数中的"不折旧"项即可。

（3）当期已进行变动的资产不能清理。

（4）可通过固定资产减少进行处理。

（5）不一定操作，当系统无使用工作量折旧固定资产时，可以不使用该功能。

第9章答案

（1）不是，可以提供多种工资类别。

（2）可以。

第10章答案

（1）可以导入。

（2）可以自定义。

第 11 章答案

（1）

生产领料、其他出库

产品入库、其他入库

| 采购管理 | 收料通知
外购入库 | 库存管理 | 发货通知
销售出库 | 销售管理 |

采购发票

出入库单据

销售发票

付款单 → 应付款管理 ← 采购发票 → 存货核算 ← 应收款管理 ← 收款单

凭证　　　　凭证　　　凭证

总　账

供应链系统

（2）采购结算也称采购报账，是指采购核算人员根据采购入库单、采购发票核算采购入库成本。

（3）通过删除采购结算列表来取消采购结算。

参 考 文 献

［1］韩庆兰. 会计信息系统［M］. 北京：机械工业出版社，2011.

［2］张耀武. 会计信息系统［M］. 湖北：武汉大学出版社，2003.